胖嘟嘟

张曼娟 主编　高培耘 著

张曼娟
成语学堂2

中信出版集团 | 北京

图书在版编目（CIP）数据

胖嘟嘟 / 高培耘著 . -- 北京 : 中信出版社 ,
2020.1
（张曼娟成语学堂 / 张曼娟主编 . 2）
ISBN 978-7-5217-1254-4

Ⅰ . ①胖… Ⅱ . ①高… Ⅲ . ①汉语—成语—故事—青少年读物 Ⅳ . ① H136.31-49

中国版本图书馆 CIP 数据核字 (2019) 第 269710 号

本书通过四川一览文化传播广告有限公司代理，经张曼娟紫石作坊有限公司授权出版中文简体字版本

胖嘟嘟

（张曼娟成语学堂 2）

主　　编：张曼娟
著　　者：高培耘
出版发行：中信出版集团股份有限公司
（北京市朝阳区惠新东街甲4号富盛大厦2座　邮编　100029）
承 印 者：北京盛通印刷股份有限公司

开　　本：880mm × 1230mm　1/32　　印　　张：5.75　　字　　数：89千字
版　　次：2020年1月第1版　　印　　次：2020年1月第1次印刷
广告经营许可证：京朝工商广字第8087号
书　　号：ISBN 978-7-5217-1254-4
定　　价：152.00元（全四册）

目录

第二章　外婆的时光钥匙

第三章　嘟嘟的隐藏版礼物

“张曼娟学堂”系列总序

让“语文力”陪伴孩子一生

張曼娟

在“张曼娟小学堂”快乐学国学

2005 年我在台湾做了一件事，利用暑假期间开办私塾“张曼娟小学堂”。我们招收了大概 120 个孩子，刚开始是将他们分成四个年级，从小学三年级到六年级，给孩子们上传统文化和写作课程。家长们常常抱怨，孩子的创作力缺乏，表达力欠佳，我认为这些都与素养和内涵有关，而中国传统文化提供了无穷无尽的养分。

台湾的孩子一直都在读经，但是他们读经的方式比较呆板，比如背整本的《三字经》和《弟子规》，孩子不懂，但是大人说先背着，长大就懂了。这是对

孩子说的善意谎言。

在“张曼娟小学堂”里，我们会尝试另一种方法。比如今天谈“勇敢”，我会问小朋友：“你们觉得什么是勇敢？如果班上有一个同学常常被人欺负，你们觉得该怎么办？如果觉得这样不对，会怎么样处理？你会袖手旁观还是挺身而出？”因为这跟他们的生活有关系，孩子们都很热烈地参与讨论，他们会谈自己怎么样处理这个问题。接下来，让他们读一段《弟子规》，看里面怎么说。在他们觉得《弟子规》说得有道理时，就会不自觉地背起《弟子规》来。接着是一段故事，让大家讨论。然后，我们转向孔子，看看孔子关于“勇敢”又说了些什么，孩子们充分理解了、认可了，然后就会背起来。就这样不知不觉地背诵，而且背得很开心。

● 从“张曼娟小学堂”到“张曼娟学堂”系列

“老师什么时候要为我们这些小孩子写书呢？”到现在，我依然记得最初提出这个请求的那个女孩说这句话的声音，她是2005年“张曼娟小学堂”第一届的学生。

而我确实是呼应了她的愿望，开始策划并创作一个又一个“学堂”系列。我和几位优秀的创作者——张维中、孙梓评、高培耘与黄羿瓅反复地开会讨论着，编写全部内容。

我们察觉到孩子对成语的无感，只是机械式地运用，于是创作了“成语学堂”；感受到孩子无边无际的想象力在成长中不断减少，于是创作了“奇幻学堂”；意识到孩子对于美感和情感的领受变得浮夸而浅薄，于是创作了“唐诗学堂”。

这样的初心和作品，获得了许多家长、老师的认同，更令我们感到欣喜的是，孩子们的真心喜爱。

这让我们知道，“张曼娟学堂”系列不只是古典新释，更是探讨孩子成长中各种情境的系列作品，有着这样深刻的意义。

“语文力”是什么？

也是在演讲活动的时候，常有家长询问：“我的孩子考数学，演算题全对，但是一到应用题就完蛋了，他根本看不懂题目呀。到底该怎么办？”这是发生在许多成绩优秀的孩子身上的悲剧。

我想，这都与“语文力”相关。“语文力”不仅能提升语文水平，还是提升一切学科的基础，这样的认知放在当下飞速发展的社会环境中，已经有些狭窄。“语文力”，不仅是阅读力，还有理解力与表达力。能不能看懂考题、在考试时拿高分，固然重要；然而，更大的隐忧却是，应付考试，得到高分的岁月，只占了短短几年。孩子们未来长长的人生，假若没有足够的理解与表达能力，他们将如何面对社会激烈的竞争？如何与他人建立良好的人际关系？这样的担忧与期望，才是我们十年来投入许多心血与时间，为孩子创作的初衷。

十年（2005—2015年），仿佛只在一瞬之间，许多孩子长大了，他们都是很好的成年人了。也许不是念中文相关专业的，可是，他们一直保持着对于文字的敏感度，对于人情世故的理解。

感谢中信出版集团将“张曼娟学堂”系列的简体版以全新的面貌呈现，也相信更多正在成长路上的孩子会因此受益。而我们，仍在创作的路上，以珍爱的心情，成为孩子最知心的陪伴。

遥指梦里村

張曼娟

《美女与野兽》的故事，我并不是听来的，也不是读来的，而是一张图一张图拼起来的。七八岁的时候，常常有这样的场景，我从午觉中醒来，在还没获得起床许可的时光里，和弟弟躺在父母的大床上，翻阅着母亲从教会领回来的书籍杂志打发时间。

有一本图文书，上面的文字既不是中文，也不是英文（可能是德文或法文），里面鲜亮饱满的彩图完全吸引住我。一个父亲与三个女儿住在一幢简陋的房子里，父亲背着包袱要出门了，和三个女儿话别，最小的女儿亲吻了他。接着便是回程，父亲遭遇了疾风骤雨，一座阴森而华丽的古堡，满桌丰盛的食物，花园里开满各种颜色的玫瑰花。父亲伸手采下一朵鲜艳的

玫瑰，霎时，天黑了，电闪雷鸣，一个可怕的怪兽出现，玫瑰惊恐地坠落到地上。啊！我和弟弟一齐叫出声，钻进被子里，又笑又闹。

故事是自己拼出来的，那种乐趣是无可取代的。我们有了自己版本的“美女与野兽”故事，那是野兽大变身的故事，或偷取玫瑰的爱情故事。在半梦半醒之间，没有电玩也没有电视的岁月里，一本无法阅读的故事书，给了我们一个如梦似幻的村庄，成为我们最疯狂的游乐场。

如果真的有一个叫作“梦里村”的地方，那会让我们的梦想实现吗？会牵引着不可能的相逢吗？会看见通往未来的阶梯吗？梦里村的居民，应该就是一个又一个既年轻又古老的故事吧。

继“张曼娟成语学堂 1”系列、“张曼娟论语学堂”系列、“张曼娟奇幻学堂”系列和“张曼娟唐诗学堂”系列之后，我们再度敲开了“梦里村”的大门。这次和我们相伴的仍然是很会讲故事的四位创作好手，他们将成语典故与崭新的故事结合，推出了“张曼娟成语学堂 2”。

高培耘在“张曼娟成语学堂 1”系列中写的是《寻兽记》，这次，她可真的要带我们去寻兽了呢。一个叫

小光的小男孩，失去了他最好的朋友——一只叫作嘟嘟的白色小狗。他想尽办法要把狗狗找回来，却一再落空。在这个世界上，很多东西失去了，是不是就永远找不回来了？像是嘟嘟，像是外婆的记忆力，仿佛都找不回来了。但总有一些什么，是永远不会失去的吧。在培耘的《胖嘟嘟》里，这是小光的功课，也是我们的追寻。

张维中在“张曼娟成语学堂1”系列中写的是《野蛮游戏》，情节十分惊险刺激，新书《完美任务》，又是怎样的一场特别任务呢？三个性格不同的好朋友，成天抱怨着“无聊啊，真无聊”，在现实生活中做着自己不想做的事，不是补习，就是学才艺。如果可以生活在电玩的世界里，应该再也不会无聊了吧。他们的梦想成真了，但严苛的考验接踵而来。原来，电玩的世界比真实世界更加冷酷无情，三个人必须要同心协力，才能闯关成功。而他们的最终目的只有一个——重返再也不无聊的真实世界。

黄羿瓅在“张曼娟成语学堂1”系列中写的是《我是光芒》，描述校园中的各种人际关系。她这一次则为大家带来一个跨海寻亲的故事：生长在美国、叫作山米的少年，带着他的身世之谜，来到台湾，与一群并

无血缘关系的人生活在一起，而他们似乎是他寻亲的唯一线索。连那只叫作浪花的小狗，也成了山米的好哥们儿。不长不短的夏天，河与海交界的淡水小镇，聆听着潮汐的声音，山米能找到他的生身父母吗？或者他还能得到更多？

孙梓评在“张曼娟成语学堂 1”系列中写的是《爷爷泡的茶》，一篇温馨又感伤的离别赋。告别，也是这本新书《星星坏掉了》的重要主题。初中生小杰有温暖的家庭，有和谐的校园生活，还有过人的绘画天赋，只是没人发觉他内心的那个伤口：多年前的某个夜晚，满天星星都坏掉了，一片灰暗。那场大地震中，年幼的小杰无法与爸爸告别。当妈妈准备再婚时，那如琉璃般易碎，又如海洋般深邃的少年的心灵坍塌了，他必须启程，开始一场命中注定的告别之旅。

依然是读着故事学成语，而我们还想跟孩子分享更多，怎么与宠物建立情感，又怎么与它们分离？如何体贴老人家的心情，当他们的记忆一点一点失去？所谓完美，其实并不存在，不管在真实世界，还是在虚拟的世界，如果不能互助合作，怎么能够挑战未来？成长不一定得失去对人的热情与付出，当你主动伸出臂膀，你就有机会拥抱世界。每个人的心中都有伤口，

有的人选择流泪，有的人选择微笑，你会怎么选择？

四位创作者都真诚地写出了他们珍爱的故事，我想要温暖的安慰，想要成长的启示，想要落泪的感动，想要欢笑的趣味——借问故事何处有？牧童遥指梦里村。

胖嘟嘟

张曼娟
成语学堂2

第一章

送给嘟嘟的成绩单

闻鸡起舞

闻到烤鸡的香味，就高兴得跳舞？

“嘟嘟！嘟嘟！我回来啦！”

小光蹦蹦跳跳地从河堤上跑下来，三步并作两步，往家的方向冲，进家门之前，猛地站住了，打开书包翻翻找找，把成绩单抽出来再确认一次。真的是第十九名啊，他笑得合不拢嘴，终于考进前二十名了！

“嘟嘟！嘟嘟！你在哪里？”

平常小光只要走到河堤，嘟嘟就会从家里奔出来，快活地吠两声，朝他迎去。今天不知道野到哪儿去了，该不会又发现它最喜欢的蝴蝶了吧？这家伙，最近迷上蝴蝶，竟然忘记我要放学了？小光打开陈旧的木门，走进小庭院，朱槿花开得艳红，吐出金黄色花蕊。可能是今天太高兴了，小光忽然觉得外婆种的朱槿花原来这么漂亮。尽管外婆已经不住这里了，她种的花还是开得欣欣向荣，好像等着主人随时回来似的。

真是的，还不如朱槿花！从小养大的嘟嘟，到底跑到哪里去了？

“臭嘟嘟！你给我出来！我这么用功，还不是为了你的新家，你躲到哪里去了？”

小光脱掉鞋子，站在木地板上，这是外公传给爸爸的居酒屋，也是外公留下来的老房子。这幢日式建筑，据说有八十年历史了，外公就是在这里出生的。黄昏时整栋屋子看起来又老旧又阴暗，怪不得他的同学都说：“小光家很恐怖，好像鬼屋一样！”

“喂！鬼屋的孩子，你都跟鬼一起玩吗？”有些顽皮的孩子这样嘲笑他。

“对啊！我叫两只鬼去陪你玩吧，你想要哪一种呢？”小光从小都这样回答，没人教过他。

听到小光这么说，那些孩子就住嘴了，好像真的很怕小光会叫鬼朋友来找他们似的。

嘎吱——嘎吱——嘎吱——空无一人的居酒屋，每走一步都会传来木板的呻吟声。

“我们为什么不换新的地板啊？”他曾经这样问外婆。

“这地板用的是很好的桧木，现在已经找不到这么好的木板了。”外婆蹲在他身边说。

“可是，我们走在地板上，它都在哀叫，很惨啊。”

“不是的，我们是在帮它们按摩，帮它们做SPA（按摩）啦，它们觉得很舒服。”外婆边说边牵起小光的手，一老一小，就这么左一步右一步地帮地板做起了按摩。

嘎吱——嘎吱——嘎吱——在地板的伴奏声中，外婆拉着小光，嘴里还哼着嘭嚓嚓、嘭嚓嚓的拍子……祖孙俩像是跳起了华尔兹，真是快乐的时光啊。

“外婆，我们现在是不是在‘闻吱起舞’呢？一边嘎吱，一边跳舞。”小光踩着凌乱的步伐，忽然想起之前似乎听过这几个字。

外婆起先一愣，然后开心地笑了起来：“小光知道‘闻鸡起舞’这个成语，不简单噢！不过，这个成语并不是一边听嘎吱声，一边跳舞的意思。晋代有个叫祖逖的人，看见天下动荡不安，很想为国家做些事。有一天夜里，睡在床上的祖逖忽然听到远处公鸡的啼叫声，当时天色还很暗，祖逖想到时间宝贵，不可以再浪费，便起床到院子里舞剑、锻炼身体，每天都不间断。后来，祖逖被皇帝任命为大将军，带领军队平定动乱，让人民过上了安定的日子，终于完成了报效国家的心愿。这就是‘闻鸡起舞’的故事，意思是要我们珍惜时间，奋发向上。小光懂了吗？”

小光点点头，他觉得外婆好厉害，什么故事都知道，就像一本会走路的故事书呢。

“说到这个故事啊，”外婆摸摸小光的头，“小光以后也要好好珍惜时间，晚上早一点睡，早上不要再赖床，别再迟到啦。你每次迟到，外婆看到老师都不好意思了。”

小光咧嘴笑着，因为每天早上他都跟枕头棉被纠缠老半天才心不甘情不愿地起床。而且，动作拖拖拉拉的他，总要外婆三催四请才肯出门，赶到幼儿园的时候，早就迟到了。

这些都是小光上小学之前的回忆，他还记得仰头看着外婆笑呵呵的脸。那时候，外婆还跟他们住在一起，有时玩累了，就和外婆在地板上打个盹儿、睡个午觉。

如果外婆知道他考了第十九名，应该会很高兴吧？嘎吱——嘎吱——嘎吱——小光拿着成绩单蹦蹦跳跳地跑回自己的房间。

闻鸡起舞

【成语出处】《晋书·祖逖传》

与司空刘琨俱为司州主簿，情好绸缪，共被同寝。中夜闻荒鸡鸣，蹴琨觉曰：“此非恶声也。”因起舞。

【成语释义】听到鸡啼声，立刻起床舞剑、锻炼身体。比喻志士及时奋发。

【近 义 词】奋发图强、自强不息

【反 义 词】朽木不雕、得过且过

山雨欲来风满楼

大风吹来后，就要下大雨了。

上次小光和妈妈去快乐小区看外婆，那是一个专门收容失智老人的地方。难得那天外婆的精神好，还认得出妈妈和小光。小光跟她说了很多话，说到很想帮嘟嘟盖一间狗屋，让嘟嘟有自己的房子住。外婆说："那很容易啊，请爸爸给它钉个狗屋吧。"

"他如果考进前二十名，爸爸就给嘟嘟钉一间。"光妈坐在窗边，一边说一边削苹果。

"小光现在都第几名啊？"外婆问。

"二十三。"小光小声地回答。

"二十三很不错了啊！"外婆活力十足地说，转头看光妈，"你以前差不多也就是二十几名啊。"

"妈！"光妈皱着眉头，好像对手中的苹果很不满意似的，"我们那时候一个班有六十几个人，你知道他们现在一个班有多少人吗？”

还没等到外婆的回答，光妈便迫不及待地说：“二十五个！他们班只有二十五个人！他考了二十三名！差很多吧？”

“二十三名很棒啊！”外婆摸摸小光的头，“那就表示我们还有很大的进步空间，对不对？你看那个考第一名的，多可怜，他再进步也只能考第一名……”

外婆说得没错，我的进步空间真的很大。小光把手脚摊平，躺在房间的地板上，眼睛盯着旧旧的木头天花板看。第十九名，是我送给嘟嘟的成绩单，它可以拥有自己的新房子了。

小光伸出手指头在空中画着嘟嘟的新狗屋，屋顶做斜顶还是平顶呢？门框做成半圆形好了，这样嘟嘟就不容易撞到头；旁边再开一扇窗户，应该会很通风……小光越想越乐，这可是他好几天不看卡通，用功念书才换得的奖励。

小光转头看了一下房间外面，空荡荡的，连个影子也没有。臭嘟嘟，平常就会跟进跟出，现在要送你礼物了，竟然还不现身？

门外一阵声响，小光连忙翻身爬起来，三步并作两步地跑去开门，喊着：“嘟嘟！”

眼前提着大包小包的是光爸，还有走在后面的寿司师傅星野叔叔，他们采买完毕，准备要开门营业了。

“小光回来啰！”星野叔叔虽然是日本人，中文却说得不错。

只是小光没心情和他聊天，他望向星野叔叔的身后，什么也看不到。他问光爸：“爸，你有没有看见嘟嘟？”

“嘟嘟？嗯，没注意，它不是都跟你一起玩吗？”

小光摇摇头：“不知道跑哪里去了，平常它都会等我放学的……天都快黑了。”

光爸吩咐星野叔叔把水果提进居酒屋，他顺手打开了灯。这是小光最喜欢的时刻，外面的天色暗了，居酒屋内外却都亮了起来。这时候，整个老屋不再显得陈旧，而是像一个木制的大灯笼，让人觉得温暖。

就在屋内所有的灯都点亮之后，光爸还会点燃窗边的油灯，这是外公最喜欢的油灯。虽然锡制的灯座早已斑驳，虽然外公早已远离人世，但每晚燃亮的油灯，是爸爸对外公的承诺，也是外公对居酒屋的守护。

只是，今晚油灯燃亮的瞬间，忽然吹来一阵风，把灯芯上的火花吹熄了。

“风还真大，说不定会下雨呢。”爸爸重新划亮火柴，小小的烛火在风中摇曳着。

“这是不是中文说的……‘山雨欲来风满楼’？”星野叔叔突然从后面冒出来，“我们老师说这是唐代诗人许浑的诗。一个秋天的傍晚，许浑登上咸阳古城楼欣赏风景，这时远处飘来一片乌云，凉风阵阵吹来，天地间显得萧瑟寂寥。许浑想起自己富庶的家乡，想起那些蹉跎的时光，再对照如今朝廷的腐败，作了一首诗抒发心情，诗里就有这句‘山雨欲来风满楼’。后来大家便引用这句话来形容事情发生前紧张的气氛或征兆。”

“哇！没想到星野对中国的成语故事这么清楚，不简单啊。”光爸感到相当惊讶。

“其实，我最喜欢的中国朝代是唐朝，那个时代的一切简直就像我的故乡日本嘛！”星野叔叔开心地说，语气里充满了自豪。

“不是吧！日本才是唐朝的山寨版吧！”光爸幽幽地回话。

听着爸爸和星野叔叔抬杠，小光根本不想知道日本和唐代之间究竟有什么错综复杂的关系，他只想赶快找到嘟嘟，天已经黑了，平常这时候，嘟嘟不可能还没回家。

山雨欲来风满楼

【成语出处】《咸阳城东楼》

一上高城万里愁，蒹葭杨柳似汀洲。

溪云初起日沉阁，山雨欲来风满楼。

【成语释义】比喻冲突或战争爆发之前的紧张气氛。

乐极生悲

乐极妈妈生了一个叫悲的小孩？

“这是我们小光的成绩单啊？十九名！是不是真的啊？”光爸洪亮的声音从屋里传了出来。

小光趴在小庭院的地上，头也没抬，努力在每一丛树底下找着。嘟嘟，你在哪里啊？

“小光终于进入前二十名了，厉害呀。你想怎么设计嘟嘟的新房子呢？”光爸蹲在小光的身边问。

臭嘟嘟，到底躲哪里去了？小光失望地拍拍身子站起来，走到台阶上坐下。

“还是没找到嘟嘟吗？”光爸也跟着走来坐着。

小光摇摇头，这时他看见光爸手中捧着他的成绩单，像捧着一个不可置信的礼物似的。

光爸看起来开心极了，眼睛都弯成了一道弧线。没想到小小的进步，竟然让爸爸像中彩票那样兴奋。

原来，有进步真是一件不错的事。今天秦老师也对小光微笑呢。“小光这次进步很大，下次再加油。”老师发成绩单的时候这么说。也许因为有了老师的鼓励，小光上起课来特别专心，还答对了一个问题。

老师今天教的成语是“乐极生悲”，并且问大家知不知道这句成语的意思。“老师，我知道。”机车王举起手。

机车王是班上公认最没人缘的人，总是喜欢抢答。他一举手，全班就笑起来了。老师很有耐心地对机车王说：“你真的知道吗？要好好回答哟。”

“乐极是悲的妈妈，有一天，她把悲生出来了！”机车王大声地说。

全班同学笑得东倒西歪，但是，小光看见年轻的秦老师轻轻叹了口气：“你们已经四年级了，还不知道这个成语的意思吗？”

大家的笑声停下来之后，小光举起手说：“快乐到极点，接下来就有悲伤的事要发生了。”

外婆曾经跟小光讲过这个成语。

“小光说得很对。”秦老师再度对着小光微笑，“大家都知道孔子吧？孔子和他的学生把水倒进一种特制的酒杯里面，倒了一半的时候，杯子端端正正的，可是倒满之后，杯子却翻了。”

“为什么会这样呢？”同学们都很好奇。

“孔子借这个机会，教育他的学生，世上的事都是这样。太阳到了正中午最热、最高，之后却也慢慢落下了；月亮到了十五最圆，接下来就一天天缺损了。欢乐到了极点，往往会转生悲哀，所以，凡事要适可而止。”

小光听得入神，即使早就听过一遍了，还是觉得很有趣，专心听课真的很不错。

考了第十九名，答对老师的问题，看到爸爸那样开心……小光觉得自己真是太厉害了，现在就剩下妈妈、嘟嘟、外婆不知道他进步的事。

他抬头看着夜空，远方是无止境的黑。不知怎么的，小光突然感到一阵奇异的心慌，他想到了那个成语——“乐极生悲”。

难道在最快乐的时候，就会有不好的事发生……

“我去找嘟嘟。”小光像被雷打到一样，倏地起身跑了出去，爸爸在后头喊他，他也不管，只要能找到嘟嘟，回家被罚跪也没关系，只要能找到嘟嘟……

乐极生悲

【成语出处】《淮南子·道应训》

夫物盛而衰，乐极则悲，日中而移，月盈而亏。

【成语释义】欢乐到了极点，往往会转生悲哀。

【近 义 词】兴尽悲来、乐极悲来

【反 义 词】否极泰来、苦尽甘来

方寸已乱

心好乱，不知道该怎么办。

为什么就是找不到？小光像无头苍蝇似的到处探看，那些和嘟嘟去过的地方都找遍了，就是看不见嘟嘟白色的身影。

强烈的失落感让小光的脚步越来越沉重，回到家时，光妈已经在门口等他了。刚下班的她听说嘟嘟不见的事，担心地看着小光："还是没找到嘟嘟吗？会不会又躲在桌子底下了？"

嘟嘟之前也失踪过一次。那次，嘟嘟在光妈最喜欢的坐垫上尿尿，平常看起来笨笨的它竟然还知道自己闯祸了，便一溜烟地躲起来，任凭光妈怎么软硬兼施地喊它，甚至还拿出它最爱的水梨四处引诱，嘟嘟就是不肯现身。

光妈确信嘟嘟躲在家里，因为庭院的门是关着的，它不可能跑出去。只是，光妈一直想不通，这个她从小生活的地方，还有哪个角落是她没想到的。

后来光妈开始整理房间，拿着鸡毛掸子想把桌子底下的灰尘掸出来时，忽然感觉到鸡毛掸子被卡住了，她向后拉了一下，鸡毛掸子又被拉进去一些，两边像是在拔河……光妈狐疑地弯下身子掀开桌布一看，只见两颗黑亮亮的眼珠子盯着她，白森森的牙齿还咬着鸡毛掸子——竟然是嘟嘟。

原来找了半天，嘟嘟就躲在垫子旁边，而且还知道最危险的地方就是最安全的。

“没想到嘟嘟平常看起来笨笨的，逃命时还挺聪明。”光妈觉得好气又好笑。

但不管嘟嘟是聪明还是笨，它一定会认得小光，无论是说话声还是脚步声，甚至连小光身上的气味，嘟嘟都非常熟悉，因为他们是最好的伙伴。

从小光五岁生日那一天，也是嘟嘟刚出生满一个月的那一天开始，他们就在彼此的生命里留下深刻的印记了。

然而此刻，被小光称为跟屁虫的嘟嘟，到底跑哪里去了呢？小光觉得心好慌：“家里都找过，外面也没有……我到处喊它……”

“先别急，说不定它去谁家玩到忘记时间了，这附近的人都认识嘟嘟。”光妈只是想安慰安慰小光，其实她也相当不安。

“会不会被坏人抱走了？”小光忽然睁大眼睛。

小光家附近有一家宠物店，宠物店的橱窗经常贴着一些广告，其中就夹杂着几张寻狗启事。每一次只要有新的寻狗启事贴出来，小光就会停下脚步，认真读上面的文字和照片。他觉得那些主人和失踪的狗狗很可怜，总会在心底祈求老天爷让狗狗赶快回家。只不过，旧的寻狗启事还没撕下来，新的寻狗启事却越贴越多。

“嘟嘟很机灵的，要是它觉得不对劲儿，一定会大叫。邻居们不是都领教过它的魔音吗？我们再去附近找找看，假如……”光妈的声音停顿了一下，“我是说假如今天真的找不到嘟嘟……”

听到光妈这样说，寒意从小光的脚底生起，他觉得好冷，身体不自觉地发抖了。

光妈感觉到小光全身紧绷，便轻轻抚着他的肩膀：“我们再去它平常会去的地方找一遍，也问问邻居有没有看到它。至少，可以先缩小范围，再考虑下一步该怎么做。”

在计算机公司写程序的光妈冷静地厘清混乱的局面，一边拉着小光往前走，一边说：“记住，不管遇到任何事，一定要先稳住自己的情绪，再想办法面对问题。要是方寸已乱，就什么事都做不了。”

“‘方寸已乱’是什么意思？只要方寸不乱，就会找到嘟嘟吗？”小光着急得思绪乱乱的。

“‘方寸已乱’就是心绪很乱的意思。”妈妈解释。

小光看着妈妈：“我知道了，为了找回嘟嘟，我一定不能慌乱。”

方寸已乱

【成语出处】《三国志·蜀书·诸葛亮传》

本欲与将军共图王霸之业者，以此方寸之地也。今已失老母，方寸乱矣，无益于事，请从此别。

【成语释义】形容心绪很乱的样子。

【近 义 词】心慌意乱、六神无主

【反 义 词】当机立断、心安理得

风吹草动

即使改变只有一点点，还是不可大意。

“你们回来啦，准备吃饭啰，星野准备了他最拿手的日式猪排饭，先去洗手，等会儿就可以开动了。”光爸一见到母子俩的身影，连忙从居酒屋跑到后面来。

他看看一脸严肃的光妈，再看看不发一语的小光，知道事情不妙，令人担心的事终于发生了。

小光脱下鞋子，打开浴室的灯，走进浴室关上了门。在哗哗的水声中，星野叔叔端来了猪排饭，他快速地瞄了一下光爸和光妈，明白了一切。

小光安静地走到饭桌旁坐下，眼睛红红的，但没有哭。

“小光，这是星野特制日式猪排饭，请慢用。”星野叔叔用充满元气的声音帮小光打气。

“谢谢。”小光落寞地点点头，拿起筷子夹了一片炸得金黄酥脆的猪排，只是，猪排停留在半空中，然后又放回盘子里了。小光想起自己以前都会瞒着爸爸妈妈，偷偷留一小口猪排给嘟嘟吃，虽然小光知道炸猪排对嘟嘟的身体不好，但嘟嘟喜欢，这是他们之间的小秘密。

不知道躲在哪里的嘟嘟，如果闻到炸猪排的味道，会不会忍不住跑出来呢?

“小光，先把饭吃完，待会儿妈妈就上宠物网站贴消息，明天再去附近的宠物店贴寻狗启事。嘟嘟身上也植入了芯片，要是有人看到它，带它去医院扫描一下，就知道它住在哪里了。”

小光抬头看了一下妈妈，似乎想说什么，但嘴唇抿成一条线，最后什么也没说。

“我会带嘟嘟的照片给中文班同学看，请他们多留意。”星野叔叔也加入寻狗队伍。

“等一下我就请居酒屋的客人帮忙留意，有任何的风吹草动，绝对逃不过我们的法眼。”光爸拍胸脯保证。

“我和妈妈去公园找过了，风很大，草也在动，每次看见草动起来，我都以为是嘟嘟躲在那里，可是，都不是。”小光闷闷地说。

“风很大，草也在动？”光爸听了之后，试图想改变这股消沉的气氛，索性坐了下来，对着大家讲故事，"'风吹草动'是发生在春秋时代的故事，楚平王很喜欢漂亮的女人，还霸占了自己的儿媳妇。大臣伍奢坚决反对楚平王的行为，没想到楚平王竟然下令杀掉了伍奢和他的大儿子。伍奢的二儿子伍子胥见情况不对便赶紧逃命，并发誓一定要为父兄报仇。他一路上躲躲藏藏，任何的风吹或草摇动的声音都会惊吓到他。"

故事讲到这里，光爸故弄玄虚地停下来，然而，小光只是无精打采地抬了抬眼睛，倒是星野听得津津有味，不停追问："后来呢？后来怎么样？"

有了忠实的听众，光爸得到鼓舞，继续往下说："有一天啊，伍子胥在江边遇到一位渔翁，伍子胥恳求渔翁带他过江，到达对岸后，伍子胥解下祖传宝剑送给渔翁，请渔翁不要告诉别人。但渔翁拒绝了，他说他知道伍子胥是楚平王重金悬赏的犯人，他连那些奖赏都不想要，怎么还会要宝剑呢？后来，伍子胥被吴王重用，带兵攻打楚国，终于报仇雪恨。后来的人就引用'风吹草动'这个成语，形容轻微的变化。"

"所以，任何细微的线索，都有可能让我们把嘟嘟找回来的。"光妈笃定地看着小光的眼睛。

小光点点头："嗯，我明天带一些嘟嘟的照片去学校请同学帮忙留意，无论是风吹还是草动，我都不会放过的。”

风吹草动

【成语出处】《敦煌变文集·伍子胥变文》

偷踪窃道，饮气吞声，风吹草动，即便藏形。

【成语释义】风吹起，草木摇动。比喻轻微的动荡或变故。

【近 义 词】草木皆兵、风声鹤唳

【反 义 词】风平浪静、悄无声息

铁石心肠

铁做的东西，可以拿去做资源回收吗？

“这是嘟嘟啊，好可爱呀。”

“我一定会帮你留意的！”

“我们家的狗去年不见了，到现在还没找到。我妈一想到就会哭，希望你可以赶快找到嘟嘟。”下课后，同学们聚拢在小光的桌子前，看着嘟嘟的照片，你一言、我一语，讨论很是热情。

平常跟同学没有太多交集的小光，忽然得到许多关心与注意，一时之间觉得很不习惯，却又觉得心里暖暖的。

“你的狗狗几岁啦？”

“它的眼睛超可爱的！”

“我阿姨家的狗狗跟嘟嘟很像，说不定是两姐妹！”

“嘟嘟是男生啦！”小光赶紧说明。

“你们在看什么啊？让让……让让……”机车王从人群中拨开一条路走进来，停在小光面前。

他拿起嘟嘟的照片，随意翻看着，最后下了结论：“这是你们家的狗啊？怎么看起来跟它的主人一样呆呆的！”

“机车王你真的很无聊啊，滚远一点。”

“最讨厌你这种人。”

“小光家的狗不见了，你还说什么风凉话，走开啦。”机车王自以为幽默，没想到却引起大家的挞伐，被轰出了人群。

“什么？你家的狗不见了？”机车王像是听见天大的消息，又拼命挤进来。

“嗯。”小光闷闷地说，“请大家帮帮忙，要是在路上看到像嘟嘟的狗，就赶快告诉我。”

“好啦，要是我看到这只笨……”机车王说到这里吞了一下口水，“要是看到它的话，我再跟你说。”

大家不敢置信地看着机车王，没想到这个全班公认的无聊指数爆表的人，竟然会流露出浓浓的同学友爱，主动提出帮忙找狗。

只不过惊喜仅维持三秒钟，机车王又开口了：“对了，你有没有听过一句话叫‘旧的不去，新的不来’？

反正嘟嘟是旧狗了，刚好趁它失踪，请你妈再买一只新狗给你不就好了？这样你还有新狗可以玩，别再浪费时间去找嘟嘟了。”机车王觉得这个建议很棒，脸上堆满了得意的表情。

“机车王，你在说什么啊？嘟嘟是一只狗，你把它当成什么了？你不要的玩具吗？”同学米其林终于受不了了。

“走开啦你……我们这里不需要你帮忙，真是越帮越忙。”同学们合力把机车王挤出去，再也不让他加入。

“我是说真的啊！宠物店里的狗那么多，要几只嘟嘟都可以。”机车王撇撇嘴，他觉得自己的苦心都白费了。

“那是因为你没有像嘟嘟这样的好朋友，你根本就不懂！”小光忽然对着机车王生气地大喊。

机车王立刻反驳：“狗又不是人，干吗把它当朋友啊？”

“无聊，不要理他，没见过这么铁石心肠的人。”米其林摇摇头。

“我的心肠是肉做的，你的才是破铜烂铁，拿去做资源回收好了。”没想到机车王的耳朵那么尖。

听到机车王的回答，大家安静下来，没多久，一阵哄堂大笑，只见机车王一脸莫名其妙。

“喂！没知识也要有常识，没常识那就不要乱讲话。上次秦老师才讲过‘铁石心肠’的意思，你都没记住吗？”米其林一脸快要晕倒的样子。

“我要告诉老师说你们欺负我。”机车王不甘示弱。

“怎么啦？”秦老师的声音忽然从后面传来。

“机车王说他不懂‘铁石心肠’的意思。”同学们指着他。

“好，谁帮老师再讲一遍给王辙听呢？”秦老师左看看右看看。

人群中只有小光举手：“‘铁石心肠’里的铁块和石头都是坚硬的东西，用它们来形容一个人的心，就表示这个人的意志非常坚定。不过，后来‘铁石心肠’的意思改变了，用来形容一个人没有同情心。”

“小光说得很好。”秦老师赞美小光，又转向机车王，“你懂了吗？”

在秦老师面前，机车王只好乖乖点头，然而，趁老师不注意的时候，却对所有人扮鬼脸，真不愧是讨人厌第一名的机车王。

铁石心肠

【成语出处】《三国志·魏书·武帝纪》

领长史王必，是吾披荆棘时吏也。忠能勤事，心如铁石，国之良吏也。

【成语释义】比喻意志坚定，不轻易动摇。本来是赞美的话，后来形容人心肠很硬，没有同情心。

【近 义 词】木人石心、冷血动物

【反 义 词】菩萨心肠、心慈肠软

独当一面

最有本事的人站在最前面。

“对了，小光，你过来一下，老师有话跟你说。”秦老师忽然转过头来，机车王扭曲的鬼脸来不及收起来，看起来僵硬又古怪，像是被吓到一样，逗得大家哈哈大笑。

“你的脸抽筋啦？”秦老师忍住笑意看着机车王。

“没……没事。”机车王一边揉着脸，一边赶紧逃离现场。

秦老师带着小光到教室后方的导师桌旁坐下，突如其来的举动，让小光忐忑不安，不知道是不是因为带嘟嘟的照片来学校的关系。

“是这样的，老师觉得小光似乎懂很多成语，想请小光当我们班的成语小老师，不知道小光愿不愿意呢？”

“成语小老师？我？”小光很惊讶，毕竟自己的成绩都是班上倒数的，怎么可能当小老师？班上的小老师都是在各科中名列前茅的同学。

秦老师微笑着说：“小光对成语的认识比大家多，要是小光可以常常讲成语故事给同学听，大家就会进步很大。比如王辙可能就不会以为‘铁石心肠’是形容人是破铜烂铁做的了。”原来，秦老师都听见了。

“可是我，我觉得我可能……”小光急得抓头，他虽然很想试试，却不知道自己能不能胜任这个工作。

“别担心，老师会协助你的，我这里有好几本成语故事书可以借给你，你可以选自己喜欢的成语故事跟同学分享。”秦老师从书架上取下好几本书，放在小光面前。

小光还是抓抓头：“我怕做不好会被同学笑。”

“没问题的，我相信小光一定可以做得很好。你平常很喜欢看成语故事书吧！”秦老师鼓励着小光。

“其实很多故事都是外婆跟我讲的，我外婆懂得才多，她以前是小学老师，而且她讲的故事都很好听。”

“那更好啊，有外婆在，小光就更适合当成语小老师了。”秦老师显得很高兴。

“不过……外婆现在不跟我们住一起，她住在快乐小区，妈妈说，住在那里的人大都是忘光光的快乐老人。”小光解释。

“忘光光的快乐老人？”

“对啊，外婆把很多事都忘掉了，有时候，连我和妈妈她也会忘掉，有时候她又会记得……”

秦老师完全明白了：“小光一定听外婆讲过很多好听的故事，我想外婆也希望小光将来有一天能‘独当一面’吧。”

小光点点头：“外婆以前讲过‘独当一面’的故事。”

“真的吗？老师有点忘记这个故事了，可以请小光讲讲看吗？”

小光看着秦老师，眼神充满自信：“秦朝末年，刘邦和项羽在争夺天下。有一次，刘邦被项羽打败了，他生气地问军师张良谁可以帮他报仇。张良推荐了可以担负重任的韩信、讨厌项羽的英布及彭越三个人。后来，这三个人果真打败项羽，立下大功劳。当时张良就用‘可属大事，当一面’来形容韩信，而这就是成语‘独当一面’的由来，形容人可以独力负责，担当重任。”

“小光很厉害啊，这么多人名都记得，把故事讲得很完整，同学们一定会很喜欢听小光讲故事。”秦老师点头称赞。

“可惜，外婆已经很久没有讲故事给我听了。”小光垂下眼睛。

“小光。”秦老师靠近小光，温柔地注视着他，“没关系的，你把这些成语故事读熟了，以后，你可以讲故事给外婆听啊。现在，你先讲给同学们听，就当作是练习，好不好？”

小光抬起头，双眼亮亮的，点点头：“我会把老师给我的故事书读得更熟一些，我要讲给同学们听，还要讲给外婆听。”

当然，也要讲给嘟嘟听。

独当一面

【成语出处】《史记·留侯世家》

而汉王之将，独韩信可属大事，当一面。即欲捐之，捐之此三人，则楚可破也。

【成语释义】形容可独力担当一方的重任。

【近 义 词】独当大任、独负重任

【反 义 词】才力不称

第二章

外婆的时光钥匙

柳暗花明

原以为走到尽头了，没想到又出现新的路。

已经好几天了，嘟嘟依然下落不明，即使各大宠物网站、附近的宠物店都上传和张贴了寻狗启事，邻居、居酒屋的客人、小光的同学……都知道有一只白色的狗失踪了，却没有人见过嘟嘟，一点线索也没有。

“这么久还没找到嘟嘟？会不会被外星人绑架啦？”昨天，机车王忽然丢来这句话。

“机车王，地球真的很不适合你，你什么时候才回火星啊？”米其林没好气地顶了回去。

小光抬抬眼皮看了一眼机车王，什么话也没说又低下头去。嘟嘟失踪后，小光一直很落寞，还好同学们都和他站在同一阵线，帮他抵挡住机车王的无聊话语。小光只希望周末赶快到来，这样他就有更多时间去找嘟嘟。

星期六，光妈决定带小光去探望外婆，小光原本不想去，只想在住家附近找嘟嘟，即使那些地方他已经找过好几遍了。

“小光，妈妈的同事说他们家的狗也失踪过，后来还是找回来了。”

“真的？”小光的精神为之一振，“怎么找回来的？”

“他们的朋友去乡下玩，在一户人家的院子里发现一只很眼熟的狗，竟然就是我同事家的狗。据说当初它被人抱走后，大概是对方玩腻了，竟把它丢在路边，那户人家看它可怜，就收容了它。”光妈说得轻描淡写，却给了小光一丝希望。

如果住家附近都找不到，是不是要把范围再扩大一些？

在前往快乐小区的路上，小光东张西望的，并在心里喊着嘟嘟的名字，希望自己也能像别人一样好运，和嘟嘟不期而遇。只不过一直到快乐小区的门口，奇迹都没有出现。

小光跟着妈妈走到了外婆住的房间，外婆看起来精神很好，还叫得出光妈和小光的名字。

“小光怎么闷闷的？见到外婆不高兴啊？”外婆侧着头看小光。

小光挤出一丝笑容:“外婆，我这次考了第十九名。”

“十九名？哇！小光这么棒，比妈妈小时候考得还好，爸爸妈妈应该很高兴吧！有没有说要送小光什么礼物呢？”外婆期待着。

“爸爸说要帮嘟嘟做一间狗屋……不过现在……可能用不到了。”小光低下头，讲得很小声。

“什么？外婆听不清楚。”

“妈，嘟嘟前几天不见了。”光妈提高音量。

“不见了？”外婆很惊讶。

“嘟嘟不知道跑到哪里去了，我到处找，就是找不到它，臭嘟嘟。”小光撇着嘴说。

“这样啊。”外婆摸摸小光的头，“外婆有没有跟小光讲过‘柳暗花明’这个成语？”

小光摇摇头。

“‘柳暗花明’原是出自宋代诗人陆游诗里的两句话:‘山重水复疑无路，柳暗花明又一村。’意思是说坐着小船在弯弯曲曲的溪水中前行，本以为前面已经没有路了，谁知道转个弯，原本阴暗的景色，忽然开阔起来，眼前出现一片明亮的风景。后来的人就用‘柳暗花明’来形容绝处逢生、忽现转机。”

“外婆，您知道的事情那么多，可以告诉我去哪里找嘟嘟吗？我要去哪里找，才会有‘柳暗花明’的机会？”

外婆脸上出现了一抹神秘的微笑：“这里找不到，那就换另一个地方找。”

柳暗花明

【成语出处】《游山西村》

莫笑农家腊酒浑，丰年留客足鸡豚。

山重水复疑无路，柳暗花明又一村。

【成语释义】比喻在曲折艰辛之后，忽现转机。

【近 义 词】峰回路转

【反 义 词】山穷水尽

一去不返

说了再见，就再也看不到你了。

趁妈妈去给小区医生送水果，外婆凑到小光的耳边，悄悄地说："如果外婆有办法让你找到嘟嘟，你想不想试试？"

小光狐疑地看着外婆，猜测外婆的话究竟有几分真实。

"不相信外婆啊？"外婆仍是笑笑的，似乎真有什么方法可以找到嘟嘟。

只是，外婆有好几次连自己的家都找不到了，小光不知道该不该把外婆的话当真。因为，外婆的记忆生病了。

小光起先不太明白那是怎么一回事，像他自己有时候也会忘记带课本或彩色笔去学校，妈妈总是念叨坏习惯要赶快改过来。然而，当他不止一次发现外婆把折好的衣服放进冰箱里收着，一个晚上喂嘟嘟吃好几次晚餐，在家门口附近走来走去说找不到家在哪里……小光开始感觉到外婆忘东忘西的毛病似乎比他的还严重。

但也奇怪，外婆却对以前发生的事印象特别深刻。像是外公收藏的那些古董，她大都记得每件古物背后的往事；像是妈妈小时候想做蛋糕给全家吃，却把锅子烧得焦黑的糗事；还有那些说也说不完的好听故事。

小光总觉得外婆只是不想记住那么多事，就像他为了应付考试拼命记住那么多无聊的习题，想想就觉得好辛苦。

直到有一天，外婆忽然对着居酒屋的客人大吼大叫，骂他们是闯进她家的强盗，拿起扫把想把客人全赶出去时，小光真的被吓到了，他不明白眼前情绪激动、让人害怕的人，怎么和那个从小最熟悉、世界上最好的外婆完全不一样。

后来，妈妈带外婆去看医生，医生说外婆的记忆生病了。

“记忆会生病吗？”小光好奇地问妈妈。

“就跟我们的身体会生病一样，只是这种病虽然可以暂时吃药控制，却没办法完全康复，也就是说，外婆原本记得的很多事情，会随着时间消失得无影无踪。”妈妈用小光能理解的说法解释给他听。

“外婆会忘记很多事吗？”小光接着问。

妈妈点点头。

“所以外婆的记忆会‘一去不返’啰？”小光说。

“你知道‘一去不返’的意思？”

小光点点头：“外婆讲过。”

“外婆讲给你听的故事，你都记得吗？”

“记得啊，因为外婆讲的故事都很好听。”

妈妈的表情变得很复杂，过了半晌才说：“你一定要把外婆跟你说过的事都记在心里……说不定到最后，外婆很多事都忘记了，连小光也不认得了。”话才说完，妈妈就把脸转开，仿佛快要哭出来了。

小光无法想象有一天外婆会把他忘记，把妈妈忘记，把什么事情都忘记。这么重要的人，怎么可能忘记呢？

可是，已经发生过不止一次，外婆笑嘻嘻地看着光妈和小光，问他们：“你们来找人？”

“妈！是我啦，这是小光啦！”光妈大声地呼唤，像是要把外婆喊醒。

"噢，是啦。你们来啦。"还好，一会儿，外婆就认出他们了。

只是，从此以后，想到"一去不返"这句成语，小光感受到的不再是荆轲刺秦王的豪壮之情，而是一种淡淡的哀愁。

一去不返

【成语出处】《战国策·燕策三》

又前而为歌曰："风萧萧兮易水寒，壮士一去兮不复还！"复为慷慨羽声，士皆瞋目，发尽上指冠。

【成语释义】形容人离去之后音信全无，或事物消逝，无影无踪。

【近 义 词】杳如黄鹤、杳无信息

【反 义 词】东山再起

老马识途

老马竟然比人类还聪明呢。

“小光在想什么？怎么看起来傻傻的？”外婆摊开的手掌在小光面前挥了挥。小光如梦初醒般连忙摇头：“外婆，您说有办法让我找到嘟嘟，是真的吗？”外婆又露出神秘的微笑，她起身走向置物柜，缓缓拉开抽屉，把手伸到抽屉里翻呀翻。

小光伸长脖子看，心想外婆说这里找不到，那就换地方找……难道嘟嘟就藏在抽屉里面？不会吧？小光急急起身，连忙走到外婆的身边，他探头探脑地往抽屉里瞧，杂七杂八的东西不少，就是没有嘟嘟。

难道，外婆又忘记自己说过的话了？

“找到了。没想到竟然还在，真是太神奇了。”外婆兴奋地叫着，像发现丢失已久的宝藏一样。

小光连忙凑过去，只见外婆拿着一把看起来旧旧的、不锈钢的小汤匙："这可是宝贝啊。"外婆先对着汤匙呵气，再用衣角轻轻擦拭着，仿佛那是百年难得一见的宝物。

"外婆，这把汤匙很特别吗？"小光看了老半天，不懂这把汤匙和家里其他的汤匙有什么不同，形状都差不多啊，而且光爸有时候还会淘汰一些这样的旧汤匙。

"可别小看它，"外婆边说边往门外瞧，像怕被别人听见似的，"其实，它是一把时光钥匙，可以帮你去任何你想去的地方。"

"时光钥匙？"小光看看外婆手里的旧汤匙，再看看外婆一脸严肃的神情，猜想到底是自己的眼睛有问题，还是外婆的记忆又生病了。

它明明就是一把用旧的不锈钢汤匙啊。

外婆把小光拉到房间最里边，确定不会被别人看见后，把小汤匙交到小光的手里："外婆跟你说，你回家后用这把钥匙去开锁，它就会带你找到嘟嘟。不过千万要记住，绝对不能跟别人透露这把钥匙的秘密，否则外婆再也帮不了你了。记住啦？"

小光握着冰凉的汤匙，听得一愣一愣的。

"你们在说什么啊？"光妈突然出现在门口。

“噢，我正在讲故事给小光听。”外婆一边说话，一边赶紧将汤匙藏进小光裤子后面的口袋。

“什么故事啊？我也要听，我最爱听故事了。”光妈兴致高昂地加入听故事行列。

外婆接过光妈递来的樱桃，放入嘴中慢慢咀嚼着：“刚刚正要说‘老马识途’的故事。春秋时代，有一次管仲跟随齐桓公去讨伐孤竹国，出发时是春天，但返回时已是冬天了，由于景物变化太大，整支军队迷路了。正当所有人陷入恐慌时，管仲忽然想到老马可以记得以前走过的路，于是挑选了几匹老马，让它们走在军队前面，果然没多久就找到了正确的方向。‘老马识途’便可以用来形容人经验丰富。”

外婆讲完后，又拿起一颗樱桃吃。

小光悄悄摸着裤子后面的口袋，心想外婆是否正是用这个临时想出来的故事告诉他，其实这把看起来毫不起眼的旧汤匙，将会是带他找到嘟嘟的钥匙。

只不过，汤匙要怎么开锁啊？而且，要开的锁又在哪里呢？

小光抬起头，正好看见外婆悄悄对他眨了一下眼睛。

老马识途

【成语出处】《韩非子·说林上》

管仲、隰朋从于桓公而伐孤竹。春往冬返，迷惑失道。管仲曰：“老马之智可用也。”乃放老马而随之，遂得道。

【成语释义】比喻有经验的人对情况比较熟悉。

【近 义 词】谙熟门路、老马之智

【反 义 词】人生地疏、迷途羔羊

切肤之痛

皮肤被锋利的刀子割到，当然会很痛。

小光躺在房间的地板上，高举着外婆的小汤匙，前前后后端详着，喃喃自语：“钥匙……任何想去的地方……”

他一下子把汤匙放到嘴边，一下子把汤匙当成眼罩，一下子又将汤匙竖在头顶当天线，唉，这把钥匙要怎么用啊？他已经试遍了家里所有的孔和窟窿，统统不合适。

“咦？小光在家啊！”星野叔叔的声音忽然从门外传来。

小光赶紧坐起身，只是手中的小汤匙来不及藏好，让星野叔叔看见了，没想到星野叔叔却微笑着说：“真热啊，你想吃冰激凌对不对，我去挖几球给你吃。”说着转身走回前方的居酒屋。

嘎吱——嘎吱——嘎吱——星野叔叔的脚步声渐渐远去，看着他满身大汗的模样，小光知道他又帮忙去找嘟嘟了。这几天，爸爸和星野叔叔除了工作，便四处奔波寻找嘟嘟。有一次，看见爸爸他们再度空手而回，小光忽然生气地说：“不用再找了，反正都找不到！”

“小光！不要这样说。”星野叔叔安抚着小光，“我们只要相信能找到，就一定可以找到的。”那么温柔的语气，让小光对自己的任性感到不好意思。

嘎吱——嘎吱——嘎吱——星野叔叔又回到房门口。

“巧克力、草莓、杧果，三种口味都是小光喜欢的。”星野叔叔端着两个玻璃冰碗坐到小光身边。

“谢谢星野叔叔。”小光接过其中一个。

“不客气。”星野叔叔举起汤匙，从自己的冰碗中舀了一匙冰激凌放进嘴里。

星野叔叔只拿了一把汤匙吗？小光愣住了，难道要用外婆的汤匙吃？那是要去找嘟嘟的钥匙啊！用了之后不知道会不会出什么问题。

“冰激凌已经在融化啰。”星野叔叔指着碗里说。

小光只好硬着头皮，用手里的汤匙舀起冰激凌慢慢放进嘴巴，甜甜的汁液流进喉咙直达胃里。他紧张得盯着自己的肚子看，生怕外婆的汤匙会突然打开什么东西……

过了半晌，什么事都没发生，小光终于松了一口气，还好这把钥匙的“锁”，并不在他的肚子里。

“其实，星野叔叔很能体会小光现在的心情。”

小光吓了一跳，难道星野叔叔也知道汤匙的秘密吗?

“我上小学的时候，有一只叫小黑的狗，是我最好的朋友，会陪我写作业、踢足球。我真的很喜欢它。”星野叔叔说着说着，像是回到了小时候，快乐的表情在脸上漾开。

“我以为小黑会陪我很久很久。有一天，小黑突然不见了，我到处找都找不到……我的母亲说，可能是因为小黑觉得自己太老了，不想让我们担心，所以离开了……我才不信，我知道小黑不会丢下我……我一直找它，甚至读大学之后，还是没放弃，我相信自己一定可以找到它的……”他的声音哽住，过了好一会儿他才努力往下说，“所以，小光，不要难过……”

像一个充满气的气球突然破了一般，星野叔叔突然号啕痛哭起来，仿佛再也撑不下去了。抱头哭泣的星野叔叔，整个人缩成一团，好像变回一个小孩子。

小光发觉自己在颤抖，他命令自己不可以哭，星野叔叔的小黑再也不会回来，所以，他才哭。我的嘟嘟一定会回来的，所以，我一定不可以哭。

小光看着碗里的冰激凌化成彩色汤汁，星野叔叔慢慢平静下来，抽出面纸擤鼻涕，有点抱歉的样子，说："那种失去的感觉就像身体被刀切过一样，真的很痛。"

"我想，这大概就是'切肤之痛'吧。"小光回答。

"切腹之痛？"星野叔叔急忙摇头，"我想念小黑，可是不用切腹自杀吧。"

"不是'切腹之痛'，是'切肤之痛'，用来形容深刻难忘的感受。我记得外婆说过这个成语有两个意思，一个出现在《周易》这本书中，表示危险即将到来。但另一个就有趣多了。外婆说古时候有一个人被怀疑杀了人，经过一番严刑拷打，便承认自己是凶手，再加上血衣做证，于是被判处死刑。没想到在执刑之前，有人出面自首，说自己才是真正的凶手，当初因为讨债把人杀死。那件血衣也并非被杀之人的血衣，其实是被冤枉的人哀求母亲说：'给血衣也死，不给血衣也死，不如早点给，就不用受那么多痛苦了。'母亲因为不忍心儿子受折磨，便用刀割伤自己的手臂，流血染成了假血衣。”

“好悲惨的故事啊。”星野叔叔叹了一口气，“不管是切腹还是切肤，那种痛真的很难受。”

小光点点头，他在心里许下愿望，要是外婆的汤匙真的能让他找到嘟嘟，他一定也会帮忙把小黑找回来的。

切肤之痛

【成语出处】《周易·剥卦》

《象》曰：“剥之无咎。”失上下也。

六四：剥床以肤，凶。

《象》曰：“剥床以肤。”切近灾也。

【成语释义】比喻极为深刻难忘的感受与经验。

【近 义 词】切身痛苦、感同身受

【反 义 词】事不关己、漠不关心

不屈不挠

无论如何，就是要坚持到底。

“今天的星野特制料理是什么？快点端出来……”油条伯洪亮的声音从前方的居酒屋里传来。

小光放下写到一半的作业，三步并作两步地跑进居酒屋，因为好久不见油条伯了。

油条伯是外公、外婆的老邻居，曾经在附近开过一家传统早餐店。炸油条是油条伯的拿手绝活儿。就跟变魔术一样，原本平平无奇的面团，只要经过油条伯的巧手揉捏，再从油锅里夹起时，就不是普通的油条了。

“哇，真的很像小狗！”曾经，小光捧着小狗形状的金黄色油条，感觉很惊奇。

“那当然，以后有机会炸个动物园给你。”油条伯挑挑眉毛，对自己的作品很满意。

只是，油条动物园还来不及完成，油条伯的早餐店就结束营业了。因为油条伯的年纪越来越大，体力再也无法负荷早餐店的辛苦工作，而孩子们又不愿意接手油腻腻的生意，油条伯只好关掉早餐店，神奇的炸油条功夫也就走入了回忆之中。

“我说星野啊，你的炸虾技术还要再练练，要是面衣可以炸出荷叶边，好吃又好看，那就太赞啰。”油条伯用筷子夹着炸虾品头论足一番。

“油条伯的技术，普通人练个几十年还炸不出来吧。”光爸边说边帮油条伯倒酒。

“别看我年纪大了，还是可以炸出漂亮又有型的油条……”油条伯呵呵笑着，举起酒杯一饮而尽，“有时候，老东西才禁得起考验。”

“如果油条伯愿意传授几招，我一定第一个报名。”星野把刚切好的生鱼片装盘放到油条伯面前。

“咦，小光站在那里做什么？过来坐啊。”油条伯把长板凳拉开一些，让小光坐到他身边，“对了，听你爸爸说嘟嘟还没找到啊？”

小光闻着油条伯身上散发的酒气，不知道该说什么。

油条伯摸摸小光的头：“别担心，只要小光心里想着嘟嘟，嘟嘟就一定会回来的。”

“我已经想好几天了，可是……”小光闷闷地说。

“一定要很用力、很用力地想嘟嘟才行。”油条伯喝酒喝得满脸红通通的，“像我……很多人都觉得炸油条没什么了不起，但我就是想炸出不一样的油条，我每天想、每天想，不屈不挠地去试，到最后还不是想炸什么样的油条，就能炸出什么样的油条。”

“‘不屈不挠’？可是您以前炸油条之前，都会把面团扭得弯弯曲曲的啊。”小光比画着。

“‘不屈不挠’的意思和扭面团无关啦。”星野叔叔忍住笑意解释，“指的是坚持到底、永不放弃的精神！”

“哇！没想到你这个日本人……竟然懂这么多……来，干一杯。”已有醉意的油条伯，喝起酒来还是很猛。

“因为你们的文化就像无穷无尽的宝藏啊。”被称赞的星野叔叔开心地笑着。

“宝藏……小光，来，油……油条伯跟你说，油条伯这辈子最重要的宝藏有三个……一个是我已经不在人世的老婆……一个是白白胖胖的面团……一个是又老又旧的铁锅……”油条伯醉得口齿不清了。

“我啊，每次炸油条之前……都会拜托面团和铁锅……请它们帮忙炸出好吃又好看的油条……然后拿起筷子在铁锅边缘敲两下……表示……表示……”

油条伯一边说一边挥舞着手势，就好像手里真有双竹筷子，敲着那只又黑又油腻的大铁锅似的，只是，话还没说完，油条伯的头越来越低，终于趴倒在桌子上呼呼大睡起来。

敲两下？表示？小光看着醉得不省人事的油条伯，是什么意思啊？

不屈不挠

【成语出处】《汉书·叙传下》

乐昌笃实，不桡（通“挠”）不诎（通“屈”）。

【成语释义】意志坚定，不因为受阻碍而屈服。

【近 义 词】百折不挠、坚忍不拔

【反 义 词】一蹶不振、半途而废

盲人摸象

东摸摸、西摸摸。

夜里，小光躺在被窝中，看着外婆的汤匙，回想油条伯的醉话。

要用力去想……拜托面团和铁锅帮忙……再拿筷子敲两下……

小光还记得从前敲两下的时光，在旧旧的早餐店里，油条伯、面团、铁锅和筷子就像是一个超有默契的小队伍，咚咚两声，仿佛是一种暗号，没多久，漂亮又好吃的油条就出现了。

啪！啪！小光拿着汤匙无意识地敲着自己的脸，啪！啪！倏地，一个古怪的念头闯进了脑袋，电光石火般，忽然燃亮了什么，即使只有一瞬间。

小光急忙坐起来，在月光下，他仔细地看着手中的汤匙，银白色的光芒闪映在汤匙表面，散发着神秘的微光……

如果，拿这把钥匙去敲嘟嘟用过的东西，是不是会有奇妙的事发生？

小光蹑手蹑脚溜到嘟嘟睡觉的地方，看见熟悉的软垫，心里揪了一下，因为以前不管他多么轻巧小声地行动，已经睡着的嘟嘟还是会睁开眼睛看着他，如今，睡垫上空无一物。

小光很用力地想着嘟嘟，然后举起汤匙敲睡垫，噗！噗！噗！噗！他等着，什么事也没发生。不是睡垫？是小羊吗？那是嘟嘟最喜欢的宠物布偶，噗！噗！噗！噗！同样的声音，同样的结果。

难道是嘟嘟的饭碗？水盆？链子？梳子……小光四处找寻和嘟嘟有关的东西，他不想放弃任何机会，只要有一点点可能，他都要试。

叩！叩！不是这个。当！当！不是这个。叮！叮！也不是这个。咚！咚！没反应。

“怎么这么晚还不睡，叮叮咚咚的在敲什么啊？”光妈的声音忽然从背后传来，吓了小光一跳。小光赶紧起身，顺势把汤匙藏在睡衣口袋里面，他心虚地说：“没有啦……因为自然老师要我们听听看家具发出的声音。”

“是吗？”光妈虽然不太相信，但还是轻声说，“好吧，快点把嘟嘟的东西收一收，时间很晚了，再不睡明天会起不来。”

小光沮丧地把嘟嘟的东西都抱进房间，堆放在墙角边。他心想，为什么油条伯敲两声，就可以炸出各种形状的油条；为什么自己敲了那么多东西，却什么事也没发生？难道是外婆为了安慰我，才编出时光钥匙的故事吗？

小光忽然觉得自己很幼稚，三更半夜不睡觉，就为了那个异想天开的念头：“臭嘟嘟，都是你啦，我再也不管你了。”小光突然生起闷气来，把汤匙往书桌的方向一丢，嘭的一声，打到了桌脚……

“哎哟！”忽然从书桌底下传来奇怪的哀号声。

小光吓了一跳，难道嘟嘟回来了？他赶紧打开灯，眼前只有书桌、椅子、书包和摞成一摞的课本，根本没有嘟嘟，或是其他会发出声音的东西。

鬼？小光忽然觉得背脊发凉，他瞪大眼睛搜寻书桌底下。虽然有小朋友说他家是鬼屋，但小光从小到大，连个鬼影子都没见过，现在，鬼终于出现了吗？

“我说啊，你这样盲人摸象也不是办法。”书桌又传来声音，而且还提到小光今天才在学校跟同学分享过的成语。

“‘忙人摸象’？很忙的人怎么会摸大象呢？摸鱼还差不多吧。”机车王一听到这个成语，就自以为幽默地接话，还哈哈大笑起来。

在同学们的嘘声中，机车王终于闭嘴，让小光继续讲故事：“从前，印度有一位国王，养了许多头大象。有一天，他请一群盲人到王宫里玩，问他们知不知道大象的模样。盲人说不知道，国王就叫人牵一头大象到他们面前，请他们摸摸看。摸到象牙的人说大象像萝卜，摸到象耳朵的人说像畚箕，摸到象头的人说像石头，摸到象脚的人说像柱子，摸到象背的人说像一张床，摸到象尾巴的人说像一条绳子。国王听完了哈哈大笑，原来盲人都把自己摸到的部分当成大象的样子。所以这个成语的意思是告诉我们观察事物时，不能只看事情的局部，一定要了解全貌才好。”

早上才刚和同学们分享的成语，竟然会在夜里的书桌底下听见，而且还不知道究竟是什么东西发出的声音……

盲人摸象

【成语出处】《大般涅槃经》

尔时大王，即唤众盲各各问言：“汝见象耶？”众盲各言：“我已得见。”王言：“象为何类？”其触牙者即言象形如芦菔根，其触耳者言象如箕，其触头者言象如石，其触鼻者言象如杵，其触脚者言象如木臼，其触脊者言象如床，其触腹者言象如瓮，其触尾者言象如绳。

【成语释义】比喻观察事物以偏概全，不能了解真相。

【近 义 词】各执一词、管中窥豹

【反 义 词】洞见全貌、明察秋毫

小心翼翼

要保护好对你有意义的东西，将来才不会后悔。

“你是谁？干吗躲在那里装神弄鬼？”小光用力地吞了一口口水。

“我没有躲啊，你不是已经看见我了。”书桌又传来声音。

“你再不出来，我就要大叫了。”小光感觉到全身的鸡皮疙瘩都起来了。

“我已经出来啦。”书桌说。

小光仔细瞧着前方，书桌底下空无一物，根本没办法躲人，毛骨悚然的感觉让小光双腿发软：“你……你不要吓我，你是鬼……有鬼啊……”

“拜托！”书桌的声音显得很不以为意，“真是伤脑筋，要说几遍你才会相信，我不是鬼，我是书桌。”

“你骗人，书桌怎么会说话？你一定是鬼，你就是鬼。”小光才不信。

“对啦！对啦！这间屋子确实有一只鬼，就是你这只胆小鬼。哈哈！”书桌笑得很开心，整张桌子都在摇晃。

“你才是胆小鬼。”小光拿起枕头砸向书桌，希望可以让书桌闭嘴。

“哪有说不过人家就丢东西的。外婆以前不是教过你要敬老尊贤吗？”书桌继续说。

“你认识我外婆？”小光很惊讶。

“那当然，我还认识你的外公、爸爸、妈妈和嘟嘟。”书桌的语气听起来像是老朋友似的。

“可是外婆说的敬老尊贤是要敬重年老与有贤德的人，你又不是人。”小光不敢相信此刻所发生的一切。

书桌先清清喉咙：“小光，不是只有人才要尊敬，世间赋予我们的万事万物，都要感恩。像我，虽然只是一张木头桌子，但是我很感谢阳光、空气、雨水，它们让树木可以健康长大，变成一张像我一样有用的书桌。”

小光听得一愣一愣的，他看着眼前这张又老又旧的书桌，怀疑自己是不是在做梦。可是，当他用力地捏着大腿，疼痛的感觉却又如此真实，表示这一切不是梦。

“我跟你说啊，要不是当年你外公从垃圾堆里把我捡回家，不嫌我又老又脏，还帮我重新整理了一番，说不定我早就被丢进垃圾焚化炉烧成灰了。”书桌说到这里，语调越来越感性，“你外公比我的前主人好太多了，无论是阅读还是写字，对我总是小心翼翼。”

“小型蚁？原来那时候你身上就会爬蚂蚁？”小光记得偶尔会在书桌上看到一两只落单的小蚂蚁。

“什么小型蚁？你听到哪去了，是‘小心翼翼’。”书桌刻意用字正腔圆的发音让小光听清楚，“三四千年前的周文王，做事非常谨慎小心，完全以上天的旨意来治理国家，据说上天也因此特别庇佑他。在他的治理之下，国家十分繁荣兴盛，四方的诸侯国也纷纷归附。后来的人便用‘小心翼翼’这个成语形容一个人行事谨慎，不敢疏忽。”

“没想到你还会讲故事。”听木头桌子讲故事，小光觉得很惊奇。

“其实我知道的故事还不少，这可要归功于你的外公、外婆和妈妈，他们在我身上读了不少书。当然啦，最近还加上比较用功的小光。”被书桌称赞，小光有些不好意思，不知道该怎么回应才好。

看着这张已经祖传三代、满腹学问的书桌，小光忽然觉得自己以前对它太随便了：“我……在你身上乱画……你应该不会生气吧？”小光怕书桌会记恨。

“如果我在你身上乱画，你会不会生气呢？”书桌反问他。

小光不好意思地吐吐舌头。

“对了，为什么以前从没听你说过话呢？”小光慢慢卸下心防。

“因为没人找我聊天啊。”书桌又恢复了先前轻松的语调。

“那为什么你今天会突然说话呢？”这是小光最想知道的事。

“因为时光钥匙打开了我。”书桌简单地回答。

小心翼翼

【成语出处】《诗经·大雅·大明》

维此文王，小心翼翼。昭事上帝，聿怀多福。

【成语释义】形容举止十分谨慎，不敢懈怠疏忽。

【近 义 词】 谨言慎行、战战兢兢、临深履薄

【反 义 词】 粗心大意、敷衍了事

第三章

嘟嘟的隐藏版礼物

愚公移山

难道愚公也是变形金刚？

时光钥匙？书桌的话重重地撞击了小光一下，原来，外婆没有骗他，真的有一把时光钥匙可以帮他找回嘟嘟。

小光急忙爬到书桌底下，捡回那把被他丢出去的汤匙："外婆说这把汤匙可以带我去任何我想去的地方，是真的吗？"

"你可以带我去找嘟嘟吗？"小光握着汤匙，咽了口口水激动地说。

"这我就没办法了。"书桌的回答泼了小光一头冷水。

"为什么？"小光急得大喊。

声音未落，小光发现自己已经不在房间里面，而是站在一座大山前，附近有一个白发苍苍的老人拿着锄头在卖力地挖土，再远一点的地方，还有一些人在铲土。

“小子，愣在那里干吗？赶快帮忙挖啊。”忽然，老人对小光大喊。

“噢。”小光虽然不知道要挖什么，但也低头四处找寻可用的工具。

“这个给你用。”一个孩童的声音出现在小光身后。

小光转过头，只见一个小男孩，他圆圆亮亮的大眼睛，有种似曾相识的感觉。

“谢谢。”小光接过铲子，对男孩道谢。

“为什么老爷爷要这么辛苦铲土啊？他的年纪应该很大了吧，是在做运动吗？”小光想起以前外公也喜欢在小花园里种花种草什么的。

“爷爷今年已经九十岁啰。”小男孩把铲好的土倒进旁边的竹篓，“因为爷爷觉得挡在他们家前面的太行、王屋两座大山让他出入很不方便，所以想把这两座山搬远一点。”

“要帮山搬家？”小光抬头看着眼前的高山，再看看老爷爷以及自己手中的小铲子，觉得不可思议，“不可能吧，大概只有变形金刚才做得到。”

“变形金刚？”小男孩好奇地问。

“是啊，像擎天柱那样的机器人才有可能把山搬来搬去。”小光比画着电影里的动作。

“咦？你是哪家的孩子，怎么没见过你？”老爷爷忽然走到小光身边，他瞧了瞧小光，随即大笑起来，“管他的，能多一双手帮忙，速度就会更快了。”

“爷爷，您觉得这样挖土真的可以把山搬远一点吗？”小光问。

“咦，你怎么跟那个叫智叟的笨老人问的问题一样？”老爷爷边说话边摇头，却没停下铲土的动作。

“我只是觉得……这可能要花很长时间才能完成。”小光不好意思地回答。

“那个智叟，说我活不了多久了，干吗浪费时间去移山。”老爷爷很不以为意地摆摆手，“哼！我才不跟他们一般见识，我虽然死了，还有我的儿子啊，儿子又生孙子，孙子又生曾孙，世世代代传递下去，就能够不断移山。反正山又不会长高，为什么不能把山铲平呢？”

小光听得目瞪口呆，真是有毅力的老爷爷啊。突然，他想起这样的情节似乎在哪里听过，老爷爷移大山……是啊，外婆讲过类似的故事……后来山神知道了这件事之后，害怕愚公真的会把山铲平，赶紧向天

帝报告。天帝被愚公的毅力感动，便命令大力士夸娥氏的儿子把两座山搬走，从此河南到汉水一带再也没有大山阻隔，愚公的心愿也就达成了。

“您就是愚公？”小光兴奋地大喊，“我知道‘愚公移山’的故事！外婆说过这是用来比喻努力不懈，终能达成目标的意思。”

瞬间，前方的大山竟然开始动摇，震得小光扑倒在地，而漫天的尘土使得小光眼睛都睁不开。

忽然，小光觉得脸痒痒的，当他睁开眼睛，竟看见一只小白狗正卖力地舔着他的脸，是嘟嘟，是嘟嘟小时候的模样！小小的，白白的，毛卷卷的，黑亮亮的圆眼睛，湿湿的鼻头和粉红色的小舌头，当小光第一次在流浪动物之家看见这只刚出生没多久的小狗时，就爱上它了。

小光把小白狗胖胖的身躯抱个满怀，他认真地看着小白狗的眼睛说：“我要叫你嘟嘟，因为你是全世界最可爱、最胖嘟嘟的小狗。”

“小光要记住哟，这是一只有生命的小狗，绝不是玩腻了就丢在一边的玩具，要好好照顾它，知道吗？”光爸说。

“嗯。我一定会好好照顾它的。”小光用力点头。

他低下头嗅闻着小狗身上的乳香味，就是这个让他永远忘不了的气味……

愚公移山

【成语出处】《列子·汤问》

太行、王屋二山，方七百里，高万仞。本在冀州之南，河阳之北。

北山愚公者，年且九十，面山而居。惩山北之塞，出入之迂也。聚室而谋曰："吾与汝毕力平险，指通豫南，达于汉阴，可乎？"杂然相许。其妻献疑曰："以君之力，曾不能损魁父之丘，如太行、王屋何？且焉置土石？"杂曰："投诸渤海之尾，隐土之北。"遂率子孙荷担者三夫，叩石垦壤，箕畚运于渤海之尾。邻人京城氏之孀妻有遗男，始龀，跳往助之。寒暑易节，始一反焉。

河曲智叟笑而止之曰："甚矣，汝之不惠！以残年余力，曾不能毁山之一毛，其如土石何？”北山愚公长息曰：“汝心之固，固不可彻，曾不若孀妻弱子。虽我之死，有子存焉；子又生孙，孙又生子；子又有子，子又有孙；子子孙孙无穷匮也，而山不加增，何苦而不平？”河曲智叟亡以应。

操蛇之神闻之，惧其不已也，告之于帝。帝感其诚，命夸娥氏二子负二山，一厝朔东，一厝雍南。自此，冀之南、汉之阴，无陇断焉。

【成语释义】比喻努力不懈，坚持到底。

【近 义 词】铁杵成针、精卫填海

【反 义 词】半途而废、知难而退

笑里藏刀

假装对你好，却又故意陷害你的人，是最可怕的。

“小光，快点起床了，要迟到啰。”光妈的声音忽然从耳边传来。

小光迷迷糊糊睁开眼睛，却在瞬间就清醒了，他赶紧掀开身上的棉被，只见到枕头……

“嘟嘟呢？它不是回家了吗？”小光四处张望着。

光妈好像没听见他的问话，简单地说：“赶快去刷牙洗脸，校服穿好就来吃早餐。”

光妈离开房间后，小光惆怅地坐在地板上，原来嘟嘟没有回来，这只是一场梦而已。他忽然瞄到搁在一旁的汤匙，昨天夜里经历的一切在脑海里一闪而过，时光钥匙、会说话的书桌，竟是那样不可思议。

小光捡起汤匙蹲在书桌旁边，叩叩敲两下，没有回应，再敲桌脚两下，还是没有回应。

“为什么不再说话了？你不是还取笑我是胆小鬼吗？”小光有点赌气似的拿着汤匙把书桌都敲遍了，只是，房间里只剩下空洞的敲击回声。

到了学校后，小光无精打采地坐着，米其林担心地问他：“你怎么啦？脸臭臭的，被妈妈骂了？”

小光摇摇头，不知道该怎么跟米其林说书桌及愚公移山的事，因为外婆说过不能对任何人提起这件事。

“咦？你的铅笔盒里干吗放一把汤匙？准备随时跟人家要饭吃吗？”机车王的声音突然从背后传来。

米其林吓了一跳：“背后灵！你也管太多了吧！”

“你才是妖魔鬼怪，我关心同学也不行吗？如果小光没饭吃，我可以把吃剩下的便当分给他啊。”机车王辩解着。

“你以为你在喂猪啊！”

“你说小光是猪？我可没说。”机车王故意撇清。

米其林气得脸都涨红了：“哼！笑里藏刀。”

“我哪有在学校藏刀？我要告诉老师说你诬赖我。”机车王大声抗议。

“好了，好了，别吵了。”小光挥挥手要两边休兵。

没想到自己一句话都没说，竟还能让这两个人吵得不可开交。

“机车王，‘笑里藏刀’的意思并不是说你把刀子藏在学校，那是一个成语啦。”小光抓抓头思考着该怎样解释给机车王听。

“对啊，我又没有说你偷带刀子来学校。”米其林撇撇嘴。

“我记得那是在唐代发生的故事，当时有一个人叫李义府，与人相处时总是面带微笑又谦恭有礼，就像一个好人似的，但事实上，他是一个心胸狭窄的人。等当上高官之后，如果有人不顺从他的意思，他就想尽办法陷害对方。当时的人就形容他是‘笑中有刀’，还帮他取了一个绰号，叫‘李猫’，说他像猫一样，貌似柔顺，却会害人。后来‘笑中有刀’就演变成‘笑里藏刀’，形容一个人外貌和善，内心却阴险狠毒。”

小光讲完故事后盯着机车王看，担心他会因为米其林骂他而生气。

没想到机车王听完故事后想了半天，自顾自地开始说话：“李猫？会不会就是后来的狸猫呢？你们有没有看过狸猫啊？长得还蛮可爱的。我以前去北海道的时候，看过戴斗笠的狸猫在路边站一排，圆圆胖胖的好好笑哟。”

小光和米其林面面相觑，什么跟什么啊？明明是在骂他，竟然还可以扯到十万八千里远……机车王会不会其实听懂了，只是假装不懂?

笑里藏刀

【成语出处】《旧唐书·李义府传》

义府貌状温恭，与人语必嬉怡微笑，而褊忌阴贼。既处权要，欲人附己，微忤意者，辄加倾陷。故时人言义府笑中有刀。又以其柔而害物，亦谓之“李猫”。

【成语释义】比喻外貌很和善，内心却阴险狠毒。

【近 义 词】口蜜腹剑、绵里藏针

【反 义 词】貌善心慈、心口如一

一见如故

明明是第一次见面，却像认识很多年的老朋友。

“小光怎么跑得这么喘？今天有卡通片完结吗？”正在花园浇花的光爸纳闷儿地问。

小光头也没回就跑进房间里。今天一放学，他用跑百米的速度冲回家，连每天都会停下脚步看一遍贴有嘟嘟的寻狗启事的宠物店，都只是匆匆经过。

小光气喘吁吁地从铅笔盒里拿出汤匙，跪在书桌边说：“我想白天的时候你还在睡觉，所以才没回应，现在应该起床了吧。”

嘭！嘭！嘭！嘭！嘭！嘭！小光等了半天，什么事都没发生。

“为什么不理我？为什么？”小光拿着汤匙用力敲了桌脚一下，想把书桌敲醒，没想到一失手，汤匙不仅把桌脚的表面敲掉了一小块，还划到自己的脚，出现一道红印子。

微微的疼痛传来，让小光像泄了气的气球，他看着被破坏的书桌，那可是外公的书桌啊，他不明白自己为什么要把现实和梦境扯在一起，不就是一场梦而已吗？

“对不起。”小光对书桌道歉，然后赶紧用胶带把剥落的木片粘回桌脚表面。

“那可是外公的宝贝哟。”光爸的声音在背后响起。

小光回头看着爸爸，惭愧地说：“我不是故意的。”

“可别看这房子里的东西都很老了，”光爸蹲下身子，轻轻抚着桌脚上的胶带痕迹，“这里的每一样东西都很独特，几乎是无可取代的。小光一定要细心对待它们，知道吗？”

小光点点头。

“啊！这真是一间很棒的老房子。”光爸抬头看了看房间里的一切，“当年我和你妈结婚之后，知道她并不想接手外公的居酒屋生意，虽然我对这一行完全陌生，但想到如果以后没人照顾这间老房子，说不定没多久它就会毁坏，甚至变成废墟，所以决定辞掉工作，留在居酒屋帮忙。”光爸的眼神似乎走进了时光隧道之中，“你知道吗？这间老房子里所有的东西都承载着最珍贵的回忆。”

“回忆？”小光问。

“嗯。外公、外婆在这里生活的回忆，妈妈在这里成长的回忆，爸爸、小光还有……嘟嘟，老房子里的每一样东西，都承载着我们在这里生活的回忆。”听到爸爸这样形容，小光忽然觉得这间老房子再也不是别人取笑的鬼屋，而是一座散发着温柔光芒的豪宅。

“当时接下居酒屋的工作之后，第一关就是学做菜，以前我做的菜很难吃，妈妈形容那是狗食，”光爸呵呵笑起来，“幸好你外公不嫌弃，愿意从头教我做料理，但我的天分还是不够，后来外公从客人当中，找到之前在日本当料理师傅的星野来帮我，这家店才终于可以继续维持下去了。”

“星野叔叔以前是居酒屋的客人？”小光问。

“是啊，他说第一次踏进这间居酒屋的时候很开心，因为他最爱美食和古董了，没想到在台湾竟然有一家可以让他坐在古董堆里享受美食的居酒屋，简直一见如故。”光爸说。

“一见如故？”小光不懂。

光爸想了一下说：“就好比你和某个人第一次相遇，相处很融洽，像老朋友一般。我记得这是春秋时代的故事了。当时吴国的公子季札到郑国访问，初次见到大夫子产，两人聊得很高兴，感觉就像认识很久的老朋友。这就是一见如故。”

小光想起昨晚的梦境，梦中的他回到了和嘟嘟初相遇的时候，那也是一见如故吧。想到这里，他的心底突然一阵抽痛。

这时，星野叔叔大声喊着要光爸去帮忙。光爸离开之后，小光躺在地板上，盯着上方泛着旧木头光泽的屋梁。

老房子里的每一样东西都承载着我们在这里生活的回忆……坐在古董堆里享受美食……一道念头闪过，小光倏地起身，看着眼前再也不说话的书桌：“是不是越老的东西就越有可能是时光钥匙的……锁？”小光想到了外公、外婆的房间。

一见如故

【成语出处】《左传·襄公二十九年》

（吴公子札）聘于郑，见子产，如旧相识，与之缟带，子产献纻衣焉。

【成语释义】 形容第一次见面就和乐融洽，像老朋友一般。

【近 义 词】 相见恨晚、一面如旧

【反 义 词】 白头如新

物以类聚

真好，我们都是同一国的。

小光轻轻拉开外公、外婆房间的门，房里一片黑暗，看起来很可怕，但他不敢开灯，因为妈妈说过没经过允许，不可擅自进入别人的房间。

只是，在这个非常时期，小光猜想在天堂的外公和在快乐小区的外婆应该不会介意的，不过他还是有些心虚。

房间里很暗，虽然有外面透进来的微光，但小光仍怕怕的，因为这间房间已经好久没人住了。他紧紧地握住汤匙，沿着墙边摸索前进。嘭嘭，衣柜，没有回应；嘭嘭，梳妆桌，没有回应；嘭嘭……嘭嘭……

忽然啪的一声，房间里的灯亮了起来，好刺眼，小光眨眨眼睛后才发现妈妈就站在门边。

“你在做什么？嘭嘭嘭地在敲什么东西啊？”妈妈

皱着眉头问，“自然老师交代的作业还没做完吗？”

小光当然乖乖地点了点头。

“敲完就赶快出来吃晚饭了。”妈妈说完就转身离开。

小光才觉得松了一口气，没想到妈妈又探头进来：“对了！小光，明天本来想带你和油条伯去探望外婆的，可是妈妈临时要加班，小光可以陪油条伯去找外婆吗？”

“没问题。”小光爽快地答应了，因为他有好多的问题想问外婆呢。

第二天，小光和油条伯转了两班公交车才到达快乐小区，外婆的状况似乎还不错，看见小光和油条伯立刻就认出他们了。

“妈妈没跟你一起来啊？”外婆接过小光带来的水果。

“本来要一起来，但临时去公司加班。”小光说。

“这样啊。对了，我说阿贵啊，怎么没带太太一起来？我们好久没见啰！”阿贵是油条伯的名字。

油条伯看着外婆，眼神显得复杂，过了一会儿才笑着挥挥手：“我老婆去爬山啦。对了，听小光说你在这里过得不错，一切都好吗？”

小光听妈妈说过油条伯的太太去世后，就安葬在郊外的山坡上。

“还不错啊，没什么事好烦恼的。”外婆笑着说。

“看起来我也应该搬过来，而且没烦恼真是太好啦……”油条伯说他想四处逛逛，看看环境。

油条伯一走出门，小光马上跟外婆说书桌会说话的事。

“你看到嘟嘟了？”外婆把切好的水梨拿给小光吃。

“是啊，而且是嘟嘟小时候，我还抱着它，是真的抱着它哟，它的身体热热的，我还答应爸爸要照顾嘟嘟。”小光形容当时的一切。

外婆听了微微一笑：“这就是嘟嘟带给你的第一个礼物。”

“礼物？”小光不太明白。

“有了嘟嘟之后，你开始学会照顾别人了。”外婆说得简单却清楚。

小光想起自己小时候，很多事都丢给大人收拾善后，直到遇见嘟嘟，并决定要把它带回家时，小光才开始明白，承诺的当下，就是责任的开始。

“那个礼物就是‘责任’对不对？”小光认真地说。

“小光很聪明哟。”外婆微笑，摸摸小光的头，“永远不要忘记嘟嘟送给你的礼物。”

“可是，外婆，我要怎么做才能把嘟嘟找回来……是不是只要把嘟嘟送的礼物都找到，就能找回嘟嘟？”小光着急地从背包里拿出汤匙，“您给我的汤匙只能打开书桌，其他的东西都不行。”

外婆凝视着小光的眼睛：“这得看你啰。”

“我去外婆的房间试过，但……”小光很泄气。

“我想想‘物以类聚’这个故事是怎么说的呢？”外婆拍拍脸颊回想着，“记得是战国时候，齐宣王请大臣推荐有才能的人，结果淳于髡一下子就推荐了七个。齐宣王觉得淳于髡是随便应付了事，因为真正的人才是很难找到的。结果淳于髡回答齐宣王说：‘世界上很多东西都是按类别来聚合的，像鸟就喜欢和鸟在一起，野兽就喜欢和野兽结伴，什么道理呢？那就是物以类聚啊！如果大王认为我是贤士，那么和我往来密切的人，当然也就是有才德的人，别说是七个，再多推荐几个也不是问题。’”

物以类聚和找嘟嘟有什么关系呢？小光正想问外婆的时候，外婆刚好起身说想去洗手间，要小光等一下。

外婆进洗手间后，油条伯出现在房门口，他一边走进来一边笑嘻嘻地说："不错不错，真不错，我要好好计划一下，跟你外婆当邻居啊。"

只是没想到，外婆打开洗手间的门时，乍见坐在沙发上的油条伯和小光，像是被吓到似的，眼神忽然变得很陌生："咦？你们来找谁啊？"

"外婆！我是小光啦，这是油条伯啊！"小光大声说着，仿佛声音大一点，就能把外婆唤醒。

外婆看着他们，有点害羞地微笑着，看不出她到底记不记得他们。

物以类聚

【成语出处】《周易·系辞上》

方以类聚，物以群分，吉凶生矣。

【成语释义】形容性质相近的东西常聚集在一起。

【近 义 词】物从其类、同气相求

【反 义 词】道不同不相为谋

甘之如饴

越苦的东西，味道就越甜美。

天还没亮，小光就醒来了，他躺在床上，仔细回想着昨天外婆说的故事。物以类聚？难道时光钥匙能打开的地方都要跟书桌有关？书桌是木头做的，他已经敲过很多木头做的东西了，却只有书桌有回应。

小光翻身下床走到书桌旁边查看，想找出不一样的地方，当他仔细地端详着桌脚时，隐约之中，传来一股尿臊味。

那是嘟嘟偷偷尿尿的痕迹，虽然已经擦拭过很多次了，却怎么也消不掉。

这时，外婆昨天讲的故事忽然跟着尿臊味蹿进他的鼻尖，奇妙的感觉涌上心头，小光立刻起身从铅笔盒里拿出汤匙，寻找下一个可能。

放置在墙边的衣帽架。这个曾经挂过外公、外婆衣服的原木衣架，木身虽然已经斑驳，但到现在依然坚固耐用，而且嘟嘟也在这里偷偷尿过。

小光深吸一口气，拿起汤匙对着嘟嘟尿过的地方，嘭嘭……

“呵——”突然，瘦瘦高高的衣架传来了细细的声音，像打哈欠似的，“你找我？有何贵干？”衣架开口说话了。

小光很激动，拼命点头说：“有事，有事！我想请你带我去找嘟嘟。”

“嘟嘟？”衣架的声音瞬间拔高，有些刺耳地说，“你是说那只把我搞得臭气烘烘的小狗吗？干吗找它？我已经受够它的尿臊味了。哼！”

“对不起。”小光赶紧道歉。

“咦？奇怪了，又不是你偷尿的，干吗跟我道歉？你那么爱道歉吗？”衣架的口气似乎有些不耐烦。

“是我负责照顾嘟嘟的，却没有管好它，真是不好意思。”小光诚心低下头来表达歉意。

只要衣架愿意带他去找嘟嘟，再多的责难，小光都愿意承受。

小光不敢抬头，耐心地等着衣架回心转意，然而过了半晌，却没听到任何声音。小光偷偷瞄了一眼，却不自觉地倒退好几步，原来他在的地方，已经不是房间，而在一个好大的山坡前面，前方还有好几个妇人正忙着采收东西。

小光正想起身时，忽然有人大喊："小心！"并推了小光一把。

小光整个人扑倒在草地上，同时，他看到一条色彩斑斓的大蛇从身边蹿过，吓得他冒出一身冷汗。

"你还好吧？"一个陌生的年轻人绕到小光面前拉着他起身。

小光惊魂未定，眼睛直瞪着对方。

"真的好险，差一点就被毒蛇咬到了。"年轻人轻轻拍去小光身上沾着的枯草枝。

眼前的人皮肤晒得黝黑，眼睛炯炯有神，头发卷卷的，看起来性格很爽朗。虽然是第一次遇见，小光总觉得似乎在哪里见过他。

"谢谢你救了我。"小光感激地说。

"别客气，你没事就好。你自己当心，我要继续去忙了。"年轻人一边说一边弯身捡起从背上竹篓中散落的绿叶。

小光也帮忙捡拾："这些叶子是要拿去卖的野菜吗？"

"野菜？这些是葛草，要拿去做衣服的。"年轻人回答。

“衣服？”小光的脑海里忽然出现历史课本中穿着树叶内裤的原始人照片，差点扑哧笑了出来。

“怎么啦？”年轻人好奇地看着他。

小光摇摇头。

“可别小看这些不起眼的葛草，先前越王勾践送葛草做的衣服给吴王夫差，没想到夫差很喜欢这些轻盈又透气的衣服，便赏赐许多礼物给勾践，所以勾践就请大家采集更多的葛草织成布料献给夫差。”年轻人解释着。

勾践？夫差？小光恍然大悟，原来自己回到了春秋时代，他还记得外婆讲过卧薪尝胆的故事。

“夫差不是会欺负勾践吗？为什么大家还要做衣服送他？”小光看着那些辛苦采收葛草的妇人。

年轻人笑着说：“这就是勾践的计谋了，而且，大家都明白他忍辱负重地服侍夫差是为了什么，也就愿意帮忙做更多的事。有人还作了一首《苦之诗》来赞美勾践，我记得其中有一句‘尝胆不苦甘如饴’，就是讲勾践尝的虽然是很苦的胆囊，却把它当成是甜美的蜜糖。”

甘如饴？甜美的蜜糖？小光想起在电视上看日本

大胃王比赛时，主持人曾用“甘之如饴”这个成语来形容那些已经吃得很饱，却依然大口吞食的选手。

“原来这就是‘甘之如饴’的意思啊。”小光终于懂了。

这时，竹篓里的葛草忽然一片片快速飞出，像是被施了魔法一样，变成了漫天的绿色瀑布，把小光整个人围困在里面。小光感到惊慌，不明白发生了什么事……

突然，从瀑布中间伸进一个湿湿的小鼻子，到处嗅闻着；接着，毛茸茸的脚掌也踩进来到处乱抓。小光睁大眼睛看，竟然是嘟嘟。

像是闻到香喷喷的骨头似的，嘟嘟越挖越兴奋，最后，整个身体穿过绿瀑布扑在小光身上，用力摇着尾巴像为它的发现喝彩。那是他们俩最喜欢的捉迷藏游戏，无论小光躲得多隐蔽，无论要花多少时间，嘟嘟就是有办法找到他。

“喂！你真的很坚持，”小光笑着躲开嘟嘟的口水攻势，“不管我躲到哪里，就是逃不开你的‘魔爪’。”

小光开心地看着快乐的嘟嘟，忽然想起外婆的话，不要忘记嘟嘟送你的礼物，原来，嘟嘟送的第二个礼物，就是——坚持。

甘之如饴

【成语出处】《吴越春秋·勾践归国外传》

采葛之妇伤越王用心之苦，乃作苦之诗，曰：“葛不连蔓棻台台，我君心苦命更之。尝胆不苦甘如饴，令我采葛以作丝……”

【成语释义】比喻乐于承担艰苦的事，或处于困境却能甘心领受。

【近 义 词】心甘情愿、安之若素

【反 义 词】苦不堪言、勉为其难

千金一笑

谁的笑这么昂贵？笑一次要千两黄金。

“怎么还赖在床上不起来呢？快一点，免得上学又要迟到了。”光妈站在房门外大喊。

“噢！”小光回应着，他拉开棉被看了看，好希望嘟嘟就躲在里面，像以前一样，只是期望总是落空。

小光不明白，为什么时光钥匙可以带他进入异度空间，却没办法让他把嘟嘟带回来，他明明把嘟嘟抱得好紧好紧啊。

到了学校，小光一直心不在焉，满脑子都在想着该怎么做才能把嘟嘟带回家，他不自觉地拿着铅笔嘭嘭嘭敲着桌面。

“喂！不要再敲了！老师在看你了啦。”忽然有人拍了小光一下，他转头看，是米其林。

“什么事？”小光问。

“她叫你不要再敲桌子啦，嘭嘭嘭的，大家还以为在佛寺拜神呢。”机车王故意学和尚敲木鱼的样子，引得同学一阵爆笑。

“好了，好了。”秦老师制止大家，“继续上课啰。为了让小光专心一点，我们请小光来念这一段成语故事。”

小光盯着课本，整个脑袋一片空白，完全不知道要念哪里，幸好米其林告诉他范围，适时帮小光解围。

机车王看到小光上课分心竟然没被老师处罚，就大声嚷嚷：“不公平，为什么同样上课不专心，我的PSP[①]就要被没收，还要罚站，小光就只要念课文，不公平。”

秦老师转头看机车王：“你应该可以分辨出其中的不同吧。老师不是说过不可以带电动玩具到学校吗？而且你还在上课的时候玩。”

机车王知道自己理亏，不敢再说什么，却仍不服气地做鬼脸表示抗议。

“好了，小光，念一下‘千金一笑’的故事。”秦老师示意小光念课文。

---

① PSP：多功能掌上游戏机。

小光起立，大声念出内容：“西周幽王很喜欢美女，其中有一个宠妃叫褒姒，最得周幽王的欢心，只是褒姒不喜欢笑，周幽王便下令有谁能让褒姒展现笑容，就赏他千两黄金。有个奸臣向周幽王献计，请周幽王带褒姒登上骊山，然后命人点燃烽火台上的烽火。当代表敌人入侵的烽烟四起时，附近的诸侯便赶紧率领大军前来营救。等到百万雄兵集结在骊山时，却只看到周幽王和褒姒站在城墙上哈哈大笑，所有人都觉得被骗了，相当生气，只有周幽王还因为褒姒笑了而高兴地赏赐千金给奸臣。这样的玩笑开过几次以后，诸侯再也不上当了。后来，敌人果真入侵，周幽王下令点燃烽火，但是这次却没有救兵赶来，结果，周幽王被敌人杀死，褒姒也被掳走了。这就是‘千金一笑’，用来比喻美人一笑的珍贵。”

“不错，小光请坐下。”秦老师再问大家，“听完这个故事，有没有人想发表一下心得？”

班长小鲁第一个举手：“我觉得这个故事跟《狼来了》一样，常常开别人玩笑的下场，就是没有人会再相信你说的话。”

“好。还有谁想说呢？”秦老师环顾全班。

机车王举起手：“这样笑一笑就有千两黄金，真是太好赚了。我比较便宜，我笑给你们看，一个人收十元就好。”

听到机车王的回答，全班哭笑不得，没想到这个告诫人要诚信的故事，还能启发他赚钱的念头，真不愧是机车王。

小光静静坐着，看着铅笔盒里的汤匙，只要嘟嘟能回来，他愿意拿任何东西去交换，只要嘟嘟能回来。

千金一笑

【成语出处】《东周列国志》

幽王问曰：“卿何故不笑？”褒妃答曰：“妾生平不笑。”幽王曰：“朕必欲卿一开笑口。”遂出令：“不拘宫内宫外，有能致褒后一笑者，赏赐千金。”

【成语释义】比喻美人的笑容是很珍贵的。

【近 义 词】一笑倾城、一笑千金

大器晚成

有时候慢慢来才会成功。

夜里，等爸爸妈妈睡着之后，小光偷偷跑去居酒屋，在微弱的月光中，他看着居酒屋里的一切。嘟嘟不曾在外公、外婆的房间偷偷尿尿，所以那里不会有线索，而目前会让他落入异度空间的，都是嘟嘟尿过，并且是有历史的老东西。

再来是什么？小光的目光搜寻着嘟嘟可能尿过的地方，最后锁定墙角边的瓷花瓶。哐！哐！小光用汤匙敲了花瓶两下，等待着，没回应。他记得嘟嘟在这里尿过，而且这个花瓶也是外公留下来的东西，气味、时间都吻合。哐！哐！他又敲了两下，还是没回应。小光准备再敲第三次时，一个闷闷的声音传来……

“好了，好了，别敲了，再敲我就要破了。”花瓶制止他。

小光立刻放下汤匙，紧张地说：“我想请你带我去找嘟嘟。”

“嘟嘟？你是说那只喜欢把鼻子伸到我的喉咙里闻的狗？”花瓶故意问。

“就是它，它不见了，可以请你带我去找它吗？”小光诚心拜托着。

“找它？我是可以帮这个忙啦，不过你要答应我一件事，就是以后请嘟嘟离我远一点，我可以忍受它的尿臊味，但没办法接受它随便乱闻，这真的很没礼貌。”花瓶抱怨着。

“一定。”小光立刻举起手说，“我保证以后会看紧它。”

这时，花瓶身上的彩绘花苞忽然慢慢抽长绽放，变成一朵好大的花，巨大的花瓣伸向小光的方向，才一会儿，花瓣竟然大到可以把小光全身卷起来，密不透风的感觉让小光很紧张，他使出吃奶的力气，用力扳开花瓣……

刹那间，一道凌厉的剑光突然划过小光的鼻尖，这时有人快速地从后面拉了小光一把，前有利剑，后有拉扯，小光一个重心不稳，跌坐在地上。

“你们是谁？怎敢闯进我的花园？若不是我收剑收

得快，你早已人头落地。”一个低沉的声音传来。

小光回神后才发现眼前是一个手持宝剑的老人，而身边坐着一个和他年纪相仿的男孩。

“对……对不起……我……”小光吓得结结巴巴，说不出话来。

“你们怎么会出现在这里？”老人严厉的眼光直逼他们。

这时男孩勇敢地起身，挡在小光面前：“我们不是故意的，请原谅。”小光也站起来，小声地说：“我想找嘟嘟，我的狗不见了。”

“狗不见了？”老人摇头，“它不在这里，你们找错地方了，赶快走吧。”小光和男孩准备离开的时候，他的眼光不自觉瞄向老人手上的剑，于是停下脚步，对着老人弯身道谢：“伯伯，谢谢您剑下留人。”

听见小光这么说，老人微笑着举起手中的剑端详：“虽然我年纪大了，但对我的剑术，还是很有自信的。”

“您练剑一定练很久了吧，才能收放自如。”小光说。

老人听了哈哈大笑：“我崔琰的剑，是长眼睛的，当然不会殃及无辜。”

“谢谢老爷。”男孩也跟着致谢。

小光看着男孩，不明白他是什么时候出现在自己身边的，而且还救了自己一命。一阵微风吹过，男孩身上传来了一种熟悉的气味，是好闻的沐浴乳香味。

“既然你们跟我的剑有缘，如果你们不急着走，不如让我来教你们几招吧。”老人忽然说。

小光和男孩用力点点头，于是老人兴致勃勃地从剑架上拣出两把剑，交给他们：“别小看自己的能耐，要是每天都能苦练我教的招式，将来绝对有用。”

小光举着重重的剑，觉得手臂好酸，但仍乖乖地跟着老人一招一式地比画，同时，也听着老人诉说自己的事。

原来老人年轻的时候只喜欢弄刀舞剑，对读书一窍不通，有一次去拜访一位很有学问的人，结果对方推托正在读书不想见他。老人知道自己被嫌弃没知识，感到很羞愧，就开始努力用功读书，终于成为文武双全的人，到后来还成为曹操倚重的文官。

“曹操？”听到这个名字，小光手中的剑停了下来。

“怎么啦？”老人也停住了。

小光摇摇头，原来他跑到三国时代了。

“曹丞相很器重我，愿意让我发挥所长，也让我明白，有才能的人绝对需要时间的磨炼才能成大器。”老人说。

这时，花园外有人大喊着："崔琰大人，宾客到了。"

有才能的人绝对需要时间的磨炼才能成大器……小光忽然想起之前星野叔叔看到他进步的成绩单后，引用了一个故事称赞他，而里面的人物就叫崔琰。

小光兴奋地看着老人："这就是'大器晚成'对不对？"

瞬间，老人手上的长剑闪烁着奇异的光芒，一道道散射在眼前，如同满天的流星。小光感觉到脸上冰冰凉凉的，他伸手去碰，发觉那是水珠；忽然，大片水珠又喷了过来，溅得他满身都是。小光低头一看，竟看见刚洗完澡的嘟嘟正努力甩动身体，想把身体甩干。

"嘟嘟！"小光兴奋地弯下身子抱住它，再也不管衣服会不会被弄湿了。当小光用浴巾帮嘟嘟擦干身体后，离开浴室的嘟嘟又变成一条活龙，拼命在屋子里到处冲撞，看起来非常开心。等跑累了，便乖乖趴在它的专属布垫上呼呼大睡。

小光轻轻躺卧在嘟嘟身边，看着它睡得香甜的面容，闻着它身上香香的沐浴乳香味，觉得自己紧绷的身躯也跟着渐渐放松了。舒畅的感觉像湖水一波波地拍打着他，小光觉得很安心，因为嘟嘟就在身边。

安心，是嘟嘟送给他的第三个礼物。

大器晚成

【成语出处】《老子》

大方无隅，大器晚成。

【成语释义】能担当大事的人物要经过长期的锻炼，所以成就比较晚，后来也指年纪较大后才成才或成名。

【近 义 词】大才晚成

【反 义 词】少年才俊、英雄出少年

食指大动

食指，是美食的 GPS[1]。

半梦半醒之间，小光觉得脸上湿湿痒痒的，他伸手去抓，没想到连手臂也跟着痒起来。小光睁开眼睛，一张毛茸茸的脸正对着他，红润的舌头还带着暖乎乎的热气。嘟嘟看见小光醒来，开心地舔着他的脸颊。

“呵！嘟嘟你好脏呀。”小光笑着躲开。

没想到嘟嘟的攻势又来，一阵阵的口水几乎要把小光的脸淹没了。小光一边笑一边起身，嘟嘟兴奋地踏着步，还传来呜呜的声音，原来它尿急，快要憋不住了。

小光赶紧跑去拉开房门，嘟嘟立刻像火箭一样冲去花园，它紧张地低着头到处嗅闻，等选好一株小树

---

① GPS：Global Positioning System（全球定位系统）的简称。

后，便抬起一条后腿开始解放。

看着嘟嘟尿不停的模样，小光开始为那株朱槿花默默祷告，希望不会被嘟嘟的尿淹死，那可是外婆种的花啊。外婆搬去快乐小区之前，还交代小光一定要好好照顾花园，等她回来的时候，就会有满园盛开的红花。

嘟嘟解放完之后，就是早餐时间。小光从桶子里舀出一勺干狗粮，嘟嘟的大眼睛似乎连眨一下的时间都没有，它专注地盯着小光的手势，仿佛那些不曾变化过口味的饼干，就像山珍海味般可口。

嘟嘟咔嚓咔嚓地咬食着它的早餐，小光也从餐桌上拿起最爱的红豆面包和牛奶，坐在嘟嘟的旁边吃着。他一边吃一边看着窗外，清晨的阳光在枝叶间摇曳闪耀着，好舒服的时光啊。

这时，小光感觉到手上的红豆面包被拉扯，他低头看，才发现红豆面包被嘟嘟偷偷啃去了大半："可恶，竟然偷吃我的面包！"

小光连忙把红豆面包举高，嘟嘟却连做错事的表情都没有，一边狼吞虎咽地将证据吞下肚，一边还紧盯着剩下的面包。

看着嘟嘟虎视眈眈的样子，小光觉得好气又好笑，

他忘记红豆面包也是嘟嘟的最爱。好几次，小光以为把红豆面包藏好或放高一点，嘟嘟就没办法偷吃。没想到，为了吃到红豆面包，嘟嘟不仅练就出好鼻师一样的功力，连桌子都敢爬上去呢。

“真是败给嘟嘟了，它的鼻子真厉害，就像谁的那根手指头，动一动，就知道好东西藏在哪里。”光妈摇摇头看着站在餐桌上的嘟嘟说。

“是‘食指大动’的那根手指头。”外婆笑着回答。

“食指？”小光不解地看着自己的手指头，“食指可以用来闻东西吗？”

“古时候那根食指可就厉害了。春秋时代，郑国的大臣公子宋和子家去拜见郑灵公。这时公子宋的食指突然动了起来，他说：‘每当我的食指动个不停，就代表有好吃的东西。之前去晋国，尝到了石花鱼的鲜味；后来去楚国，吃到了天鹅的美味。不知道今天会吃到什么呢？’原来当天有人送了大甲鱼给灵公，公子宋和子家听到了便相视而笑。灵公问他们在笑什么，两人就把食指跳动的原因告诉灵公。等到灵公宴请宾客吃甲鱼时，唯独漏掉公子宋，还故意问他的食指有没有在动。于是公子宋就把食指伸到灵公的碗里，蘸了一下汤汁放进嘴巴，生气地说：‘我已经吃到甲鱼了，谁说不灵。’这个故事就是‘食指大动’的由来。”外婆讲着故事。

“原来手指头还可以当食物探测器啊！不过我觉得把手指伸到人家的汤里，很不卫生，又很恶心。”小光想到那个画面就受不了。

“小光……”忽然有人抓着小光高举红豆面包的手。

小光转头一看，是爸爸，难道爸爸也要抢他的红豆面包？

“怎么好好的床不睡，跑来店里睡呢？”光爸问。

小光整个人清醒过来了，他发现自己满脸口水，趴在榻榻米上，手中握的并不是红豆面包，而是那把汤匙。

当然了，外婆和嘟嘟也都不在这里。

阳光啊，抢面包的嘟嘟啊，讲成语故事的外婆啊，一切都只是回忆。

像梦一样的回忆，回忆一样的梦。

小光静静地坐在门槛上，视线飘向了远方，却在阳光闪耀之间，似乎看见了一个熟悉的身影，白色的小小身躯，一动也不动地紧盯着唯一的目标，只要有机会，就会不顾一切，跃出最完美的高度。

小光不禁微笑起来，原来，最爱红豆面包的嘟嘟，已经送给他第四个礼物——积极。

食指大动

【成语出处】《左传·宣公四年》

楚人献鼋于郑灵公，公子宋与子家将见，子公之食指动，以示子家，曰："他日我如此，必尝异味。"

【成语释义】原指有美味可吃的预兆，后形容看到有好吃的东西而贪婪的样子。也形容眼前有美食，正准备好好享用的情况。

【近 义 词】大快朵颐

【反 义 词】无动于衷、味如嚼蜡

车水马龙

堵车了，车子和马匹多到都挤在一起了。

“小光，还坐在那里干吗？再不快一点，又要迟到啰。”光妈在后面大声催促。

小光眨眨眼，光影中的嘟嘟消失不见了。他怅然若失地起身，准备回房间梳洗。

忽然哐当一声，原来是手中的汤匙不小心掉下去敲到门槛。小光弯下身子准备捡起汤匙的时候，耳边传来困倦的细微声：“谁？”

小光以为是自己听错了，不以为意，正当他把汤匙捡起来时，声音又传来：“原来是你，你打到我的头了。”

小光睁大眼睛，没想到这样也能打开异度空间？

“眼睛睁那么大，要吓人啊？”竟然是门槛在说话。

这次得来全不费功夫，小光立刻蹲下身子：“对不起，我不是有意要敲到你的……头。”

小光看来看去，不知道这长方形的门槛，哪边才算是它的“头”。

“没礼貌！你的眼神怎么飘来飘去的，大人没教你跟别人说话时，要看着对方才有礼貌吗？”

“不是啦，我只是不知道要看哪里？”小光赶紧解释。

门槛的形状就是一个长长的、在地面上突起来的东西，真的很难看出哪里是头、哪里是身体。

“好吧！嘟嘟每次尿尿的地方就是我的头；刚刚掉下来的汤匙，砸到的地方也是我的头，这样你明白了吗？”

原来是这样啊，小光赶紧转向正确的方向，面对着门槛的“头”。

“你这样一直看着我，我会害羞的。”门槛说。

“可以请你带我去找嘟嘟吗？”小光虔诚地说。

“找嘟嘟？我想想……”门槛回答。

小光耐心等待着，并且用眼角余光瞄着门槛附近，看看会有什么东西突然出现。

然而过了半晌，什么事也没发生，门槛还是门槛，一点变化都没有。

“请问……”小光起先小声唤着，却没什么动静，“请问……”小光再大声一些，还是没反应，“请问……”小光更大声了。

“喂！你是要吓死人啊？喊这么大声。”门槛没好气地说，“我是过夜生活的人，不太习惯这么早起，真的很困呀。”

原来门槛刚刚睡着了。

居酒屋的营业时间都是从黄昏到深夜，难怪门槛不能适应这么早起床。

“呵……你刚刚说什么来着？”门槛边说边打哈欠。

“我想请你带我去找嘟嘟。”小光不好意思地说。

“找嘟嘟啊……”门槛的声音又变小了。

小光以为门槛又睡着了，准备再唤醒对方时，门槛的中间忽然裂开，伸出一只大手把小光拉进去……

“啊……”小光还来不及喊救命，就被眼前来来去去的马匹、马车给吓住了，其中有一匹马的蹄子还差点踩到小光，小光急忙缩起双脚。

“你没事吧？”一个年轻人问，“怎么会站在马路中间呢？很危险的。”

小光只觉得脑子里一片混乱，什么话都说不出来。

“没事就好。我先走了，你自己小心。”年轻人说完就转身离开。

“谢谢。”小光大声道谢。他看着年轻人渐渐远去的背影，发现他走路一拐一拐的，右脚似乎不太方便，难道是刚才为了救他扭到脚了？

不知怎么的，小光忽然想起嘟嘟了，嘟嘟偶尔也会这样一拐一拐地走路。在嘟嘟还小的时候，有一次和小光玩得疯，结果一不小心，嘟嘟滑倒受伤，从此它的右后脚就不太灵活。

小光一直觉得很愧疚，现在又看见年轻人走路的样子，便赶紧追上前想跟对方道歉。

“这个啊，跟刚刚的事没关系啊。”年轻人看着右脚，挠挠头说，“据说是我小时候贪玩弄伤的，我其实也记不太清楚了。”

这时，小光注意到旁边的马车差一点就撞到年轻人，急急地拉他一把。

“这里的马车怎么那么多啊？大家都不能走路了。”小光边说边往旁边挪动。

年轻人轻蔑地哼了一声：“还不都是来找马太后的亲戚。”

“马太后？”小光问。

“就是大将军马援的女儿，明帝时被册封为皇后，等到太子继任皇位后，便尊她为马太后。”年轻人解释。

小光记得马援是东汉时的名将，这才知道自己来到了汉代。

年轻人接着说：“前些日子，皇上想分封官爵给太后的兄弟，但太后坚决不同意，她说：‘我的兄弟对国家并没有立下什么功劳，不需要赏赐他们什么官位。’同时，她颁下诏书：‘我虽然身为太后，但穿的是粗布衣裙，吃的不是山珍海味，身边的人也没有佩戴漂亮的饰品。我这样做的目的是做好榜样，让亲戚可以反省自己的奢侈行为。可是，他们反而讥笑我太节俭了。前几天我路过娘家，看见去舅舅家拜访的人、车子和马匹，如同流水那样往来不绝，像一条长龙似的。这些亲戚只知道享乐，根本没想到为国家做事，我怎能同意分封官爵给他们呢？’”

听着年轻人讲的故事，再看着眼前像流水、长龙似的车子、马匹，小光想起那不正是前几天在成语故事书里看到的插图吗？

“原来‘车水马龙’就是这个样子啊。”小光觉得可以亲身见证历史场景，真是太酷了。

汪！汪！忽然从旁边传来狗叫声，小光转头看，竟发现旁边店家的门面设计，简直就和自己家居酒屋一模一样。他不自觉地走了过去，跨过门槛后，眼前的一切几乎让他不可置信。根本就是外公的居酒屋嘛！除了少了爸爸和星野叔叔在料理台忙碌的身影。

这时，店里面的白色小狗汪汪叫着，像花蝴蝶一样到处跟客人撒娇，还趴在客人身上玩耍，逗得所有人都好开心，仿佛有它在的地方，笑声就特别大声。

小光揉揉眼睛，想再看个仔细……

“嘟嘟。”小光激动得大喊。

小白狗忽然停住了，转头看向小光，才过一秒钟，就像发现玩具一般，兴奋地朝小光的方向奔来，顺势跳进小光的怀抱中。

小光紧紧搂着嘟嘟，相当开心，任凭嘟嘟将湿黏的口水抹得他满脸都是。

自从认识嘟嘟之后，小光发觉只要嘟嘟在身边，他的心就会很踏实、很快乐，仿佛再也没有任何烦恼的事了。

原来，嘟嘟送给他的第五个礼物就是——快乐。

车水马龙

【成语出处】《后汉书·明德马皇后纪》

前过濯龙门上，见外家问起居者，车如流水，马如游龙。

【成语释义】形容车马络绎不绝、热闹繁华的景象。

【近 义 词】门庭若市、熙来攘往

【反 义 词】门庭冷落、门可罗雀

惊弓之鸟

连箭都不用射，就可以把飞鸟打下来。

这时，从嬉闹声中，忽然传来一个熟悉的声音，小光仔细听着，竟然是光妈的声音。

“到底要我说几遍？还在那里拖拖拉拉的干什么？”光妈见到小光坐在门边，大声嚷着。

光妈的狮吼功，让小光立刻清醒了。原来，他已经不在汉代的小酒馆，而是回到外公的居酒屋。当然，怀抱中的嘟嘟也不见踪影了。

好惆怅啊！小光觉得心里闷闷的，为什么只能在梦境般的地方拥抱嘟嘟，明明感觉十分真实，却怎样都无法将它带回现实生活中。

他和嘟嘟曾经一起生活在同一个世界啊。

小光轻轻转动着手中的汤匙，从汤匙的表面映照出自己的脸，还有哀伤的眼睛。嘟嘟已经失踪那么多天了，却没有任何消息，难道……小光用力闭上眼睛，不允许自己想下去，他不想那些可怕的感觉像鬼魅一样缠住他。

然而，越不去想，恐怖的想象越铺天盖地袭来，小光几乎快喘不过气了。他努力甩头，想把脑海中几百种不好的念头甩得远远的。

“小光怎么啦？”光爸忽然出现了。

小光吓了一跳，赶紧把手中的汤匙藏到木门和门槛间的缝隙，幸好没有被发现。

光爸走到小光身边，弯下身看着小光的眼睛，安定的眼神让小光像抓住浮木一般，从黑暗的恐惧中看见了光明，混乱的感觉逐渐缓和下来了。

“怎么满脸都是汗？很热吗？”光爸伸手擦去小光脸上的汗滴。

小光摇头：“爸爸，嘟嘟会不会已经死掉了？”

死亡是小光最大的恐惧，就像外公，去世了就永远无法再见面。

“谁说嘟嘟死掉了？”光爸问。

“我以前听人家说过，死掉的人都会回来探望他的亲人。”小光说。

“你梦见嘟嘟回来找你了？”光爸继续问。

小光差点就说出口了，这几天，他已经看过嘟嘟五次，而且每一次都那样真实地拥抱了嘟嘟。

但是，他忽然想到，这几次都是时光钥匙带他去找嘟嘟，嘟嘟并没有回来找过他。

“怎么啦？表情怎么那么古怪，要哭要笑的？”光爸不解，“别想太多了，至少到现在，我们还没有接到任何像嘟嘟的狗发生不幸的消息，千万别让自己成了惊弓之鸟。”光爸拍拍小光的肩膀。

“‘进攻之鸟’？我只是很想念嘟嘟，但没有想去攻击小鸟啊？”小光急忙否认。

光爸扑哧笑了出来：“是惊吓的惊，弹弓的弓，谁说要进攻小鸟了？”

“那到底是什么意思啊？”小光觉得有点糗，亏他还是班上的成语小老师。

“战国时代，魏国的武将更羸是一个射箭高手，有一天他陪魏王去游玩，看到天空中有鸟飞过，就对魏王说他不需要箭，只要一把弓，就能把鸟射下来。魏王不相信。谁知过了一会儿，东方飞来了一只大雁，更羸把弓拉满后放掉，嘭的一声，大雁竟然掉下来。魏王很惊讶地问：‘为什么你可以这样射大雁？’更羸解释说：‘因为它已经受伤了。’魏王又问：‘你怎么知道？’更羸回答：‘这只大雁飞得很慢，表示它身上有伤；叫声很凄厉，是因为它赶不上前面的大雁，所以一听到弓弦的声音，就害怕得掉了下来。’后来的人就用‘惊弓之鸟’来形容曾经受到惊吓，一点动静就会感到害怕的人。”光爸说着故事。

“我知道了，谢谢爸爸，我不会再胡思乱想了。”听完故事，小光像吃了定心丸一样，决定再也不要自己吓自己了。

“好啰，动作要快一点，免得上学迟到。”光爸拍拍小光的肩膀。

“嗯。”小光回答。

“对了，我们不是要帮嘟嘟盖一间新房子吗？”光爸又说。

小光用力点头，只要把房子盖好了，说不定他们不用去找，嘟嘟自己就跑回来了。

惊弓之鸟

【成语出处】《战国策·楚策四》

其飞徐而鸣悲。飞徐者，故疮痛也；鸣

悲者，久失群也。故疮未息而惊心未至也，闻弦音引而高飞，故疮陨也。

【成语释义】 形容曾受打击或惊吓，稍有动静就害怕的人。

【近 义 词】 心有余悸、疑神疑鬼

【反 义 词】 初生之犊、泰然自若

结草衔环

谢谢你对我的照顾，我一定要报答你。

小光走回房间时，忽然想到最重要的汤匙还藏在门边，于是又偷偷折返回来。当他从缝隙中取出汤匙时，不小心碰到木门边缘，发出叩的一声。

“我以为你忘记了。”

听到有人在说话，小光还以为又把门槛吵醒了，便赶紧往门槛的“头”的方向看去。

“不是它，是我在说话。”声音从上方传来。

小光这才发现原来是木门在说话。

“你很想念嘟嘟吧。”木门的声音听起来很温柔，“我也很想念它。”

小光吓了一跳，到目前为止，被时光钥匙打开的东西，感觉上都不太喜欢嘟嘟。

“嘟嘟在你身上尿尿，你不生气吗？”小光小声地问。

“说真的，我其实不太喜欢它的尿臊味，不过我知道它是在做记号，表示我是归它管的，哈哈。”木门解嘲地说，“通常都是我管别人，时间一到，门就关上了。”

“真是不好意思。”小光帮嘟嘟说抱歉。

“你准备好了吗？”木门突然问。

“准备什么？”小光还没反应过来。

这时，门板上忽然浮现一个黑点，没想到黑点竟然动起来了，渐渐画出一条黑线，等黑点回到起点，一个长形的黑色框框出现了。瞬间，咿呀一声，框框竟然像门一样被推开。

一道强烈的白光骤然射进来，刺得小光只得闭上眼睛。

过了一会儿，小光睁开双眼，发现自己站在草丛中，前方有个男人蹲着身子，正专心检查着杂草丛。

“请问您在找什么啊？”小光很好奇。

男人吓了一跳，急忙起身回头查看，严肃的表情和右手紧握住斜挂在身子左侧剑把的姿势，让小光有些害怕。

“您需不需要帮忙？”小光鼓起勇气问。

男人狐疑地上下打量着小光，确定这个小孩并无恶意之后，便挥手表示不用，然后又蹲下身子继续翻动草堆。

被拒绝的小光想转身离开，却没料到脚下被杂草绊住，一个重心不稳，整个人向前扑倒在草堆中。

这时，忽然有人伸手将小光拉起来。

小光心有余悸地起身："谢谢你，我没事。"

原以为是刚才那个很凶的中年男人，没想到竟是另外一个人。两人距离很近，小光发现眼前的人是一个俊俏的大男孩，尤其是那双有着长睫毛的眼睛，让小光印象深刻，记忆中好像谁也拥有这样一双漂亮的眼睛。

"没事就好。在这里走路要小心，太大意的话是会摔断腿的。"大男孩说。

小光低头看了一下，想知道到底是什么东西绊倒他的，却看到一个一个用杂草绑起来的结。

"是谁在这里恶作剧啊？把草绑起来是很危险的。"小光觉得这种玩笑很无聊。

等他抬起头的时候，大男孩竟然不见了，小光觉得很纳闷儿。

而前方，原本不太搭理小光的男人，听见他这么说之后，像是被雷打到一样，立刻起身走到小光摔倒的地方。男人仔细检查那一个个草结。

“原来我做的梦是真的。”他恍然大悟地说。

“什么梦是真的？”小光问。

男人卸下了心防，微微笑着：“我父亲生前有个宠妾，在他过世之前、神志不清的时候，竟然下令让这个宠妾殉葬。”看小光听不太懂的样子，男人解释：“就是把人杀死，送进墓里陪伴死去的人！这太残忍了。但我父亲生前神志清醒的时候，曾经吩咐过，要让这个宠妾改嫁，我遵从父亲真正的遗命，安排那个宠妾改嫁了。结果，昨晚有个老人来到我的梦里，说他是我父亲宠妾的父亲，因为感念我、报答我，就在秦军必经的路上把草打结，让我可以活捉被绊倒的秦国大力士，并且打赢这场战争。我原本不相信，直到刚刚听到你说被草结绊倒的事，我才明白这是真的。”

结草、报恩……小光低头想着，仿佛在哪里听过这些事情。

“你是说老人……”当小光抬起头时，发现男人竟然也不见了，而四周原本杂草丛生的地方，却冒出一棵棵枝繁叶茂的大树。

小光完全被搞糊涂了，两个人忽然不见？大森林？

“黄雀！黄雀！”这时，附近传来呼唤的声音。

小光循声往前看，只见树下有个和他年纪相仿的小男孩，正抬着头东瞧西瞧，好像在找什么东西。

“你在找什么啊？”小光也跟着往树上看。

小男孩吓了一跳，但神情随即恢复如常：“我在找一只黄雀。”

“黄雀？”小光心想那应该是鸟的名字吧，虽然他根本就不知道黄雀长什么样子，但还是很想帮忙，“为什么要找黄雀啊？”

“前些日子，我在这棵树下发现一只受伤的黄雀，身上流着血，还爬满了蚂蚁，我觉得它好可怜，就把它带回家照顾。幸好这只黄雀的生命力很顽强，一天天好了起来。它完全康复后，昨天我将它带回这里放走，希望它可以平安回家。”小男孩解释。

“黄雀遇到你真的很幸运。”小光很敬佩地说。

“可是说也奇怪，我昨晚做了一个梦，”小男孩挠挠头，“梦见一个黄衣童子，说他是西王母的使者，为了感谢我的救命之恩，送来四只白玉环，保佑我的子孙的品德都能像玉环一样洁白，并且当大官。”

怎么又是在做梦，而且都是报恩的梦？

结草报恩、玉环报恩……瞬间，小光变得很激动：

“我知道了，外婆讲过这个故事，就是‘结草衔环’。”

忽然，小光感觉到脚边有个东西轻轻顶着，他低头看，竟然是嘟嘟。摇着尾巴的嘟嘟，想把嘴里叼着的布偶交给小光，那是它最爱的玩具小羊。

小羊是小光送给嘟嘟的第一个礼物，这么多年过去了，即使小羊的耳朵和眼睛已经不见，洁白的身体也变得灰灰旧旧，但嘟嘟还是把它当成宝贝，晚上睡觉时一定要靠着小羊才会安心。而且最重要的是，只有小光才能碰它。

小光蹲下身子，把嘟嘟和小羊紧紧抱在怀中，他终于明白嘟嘟为什么只肯把小羊交给他。因为嘟嘟全心全意信赖的，只有他一个人。

那是嘟嘟送给他的第六个礼物——信任。

结草衔环

【成语出处】“结草”：《左传·宣公十五年》

初，魏武子有嬖妾，无子。武子疾，命颗曰：“必嫁是。”疾病，则曰：“必以为殉。”及卒，颗嫁之，曰：“疾病则乱，吾从其治也。”及辅氏之役，颗见老人结草以亢杜回，杜回踬而颠，故获之。夜梦之曰：“余，而所嫁妇人之父也。尔用先人之治命，余是以报。”

“衔环”：《续齐谐记》

弘农杨宝，性慈爱。年九岁，至华阴山，见一黄雀为鸱枭所搏，逐树下，伤瘢甚多，宛转复为蝼蚁所困。宝怀之以归，置诸梁上。夜闻啼声甚切，亲自照视，为蚊所啮，乃移置巾箱中，啖以黄花。逮十余日，毛羽成，飞翔，朝去暮来，宿巾箱中，如此积年。忽与群雀俱来，哀鸣绕堂，数日乃去。是夕，宝三更读书，有黄衣童子曰：“我，王母使者。昔使蓬莱，为鸱枭所搏，蒙君之仁爱见救，今当受赐南海。”别以四玉环与之，曰：“令君子孙洁白，且从登三公，事如此环矣。”

【成语释义】比喻至死不忘、感恩图报。

【近 义 词】感恩图报

【反 义 词】过河拆桥、忘恩负义

三家涉河

三头小猪游过河，噗噗噗。

“真搞不懂你，为什么可以在大门旁边呆坐那么久？”光妈一边开车一边念叨，因为今天上学又迟到了。

小光什么话也没说，脑海里都是嘟嘟，他想把拥抱嘟嘟的感觉记得更牢一些。幸好在第一节课钟声响起时，小光抵达了教室。

没多久，秦老师就走进来了，手中还抱着一大摞作文本。

“起立！敬礼！坐下！”班长小鲁大声喊着。全班同学坐下后，秦老师一脸严肃地看着大家。

“等一下大家会拿到自己的作文，请大家一定要再看一遍自己写的内容和老师圈出来的错字，每个人不是都有字典吗？怎么错字还是那么多？”秦老师无奈地说。

同学们听了都不好意思地低下头，只有机车王吊儿郎当的表情没变。

“哎哟，老师，大家看完书，还写读书心得，这样已经很不错啦。”机车王安慰着老师。

秦老师摆摆手：“话可不是这样说的，把字写对太重要了！有可能你想表达的是这个意思，但读的人却因为你的错字理解成那个意思。”

“只是写错几个字，但意思差不多啊。”机车王还是觉得没什么大问题。

“差太多了。比如有同学写：‘我们要学会包容，不能一直挑汤别人。’”秦老师边说边在黑板上写下“挑汤”两个字，再把正确的“挑剔”二字写在旁边。

全班同学看了都哈哈大笑，机车王笑得最大声：“挑什么汤啊？玉米浓汤还是贡丸汤？”

“还有同学写：‘父母对孩子的爱是无线的。’”秦老师把错字“无线”及正确的“无限”写在黑板上。

“哇，他的爸爸妈妈真好，还让他用无线网！”机车王觉得很羡慕。

“再来，谁可以告诉我‘没有朋友的人，真的会很清凉’是什么意思？”秦老师看着大家。

全班笑得东倒西歪，米其林怯生生地举起手：“老师，是很‘凄凉’。”

“哈哈！米其林，你以为你在海边啊。”机车王指着米其林大笑。

“王辙，不要笑别人，请告诉我，‘我家只有我一个孩了，所以很辛服’是什么意思？”秦老师把机车王的三个错字都写在黑板上。

在一片笑声中，机车王抓抓脸为自己辩解：“才错三个字，又不算多。”秦老师苦笑着说：“两句话就有三个错字，已经算很多了。老师希望你们以后遇到不会写或不确定的字，可以多查查字典，一笔一画看清楚，不要再写错字了，否则真的会三豕涉河，让人家笑我们。”

“三豕涉河”，秦老师在黑板上写下这四个字。

“老师你也写错字啰，是三家涉河吧？三户人家一起过河。”机车王自以为很聪明。

秦老师微微一笑，转头看小光：“小光有没有读过这个故事呢？”

小光摇摇头，他也是第一次看见。

秦老师看着大家说：“孔子的学生子夏去晋国的时候，途经卫国，听到有人在念晋国史书里的句子‘晋师三豕涉河’，意思是说晋国的军队带着三头猪渡过黄河。子夏觉得很奇怪，晋国军队为什么要带三头猪过黄河呢？史书记载的应该是跟时间有关的事才对呀。后来他想了半天，猜想会不会是对方看错字了，因为‘三豕’和‘己亥’看起来很像，但意思完全不一样，一个是三头猪，一个是时间。等到了晋国之后，子夏向晋国人求证，答案果真是‘晋国军队在己亥日渡过黄河’。”

“为什么不能带三头小猪过河？小猪会游泳啊。”机车工陷入想象之中。

“听完这个故事，老师希望你们以后不要再出现像三头猪过河这样的错字了。”秦老师语重心长地说。

这时，小光忽然想起以前带嘟嘟去河边玩的事，当时明知道嘟嘟怕水，却因为贪玩，故意把它一次次地推进水里，看着嘟嘟惊慌失措的表情，小光觉得好笑，却没想过嘟嘟是真的很害怕。

三豕涉河

【成语出处】《吕氏春秋·察传》

子夏之晋，过卫。有读史记者曰：“晋师三豕涉河。”子夏曰：“非也，是己亥也。夫己与三相近，豕与亥相似。”至于晋而问之，则曰“晋师己亥涉河”也。

【成语释义】形容文字讹误或传闻失实。

【近 义 词】乌焉成马、鲁鱼亥豕

第四章

永远和你在一起

大旱云霓

都不下雨，快要缺水啰。

晚上写作业写到一半，小光看着汤匙出神了。他不明白，已经去过那么多异度空间，也看见嘟嘟和它送的六个礼物了，为什么嘟嘟还不回家？

小光拿着铅笔咚咚咚地敲着自己的头[①]，希望可以敲出线索。当初外婆告诉他，这里找不到，那就换另一个地方找，不要忘记嘟嘟送的礼物……这些事他都做到了，但嘟嘟又在哪里呢？

忽然，敲了半天的铅笔停住了，原来他忘记问外婆到底要找几个地方，以及要记得几样礼物才能找回嘟嘟，小光觉得自己很笨。

电视上不是都说集满几个瓶盖或标签，就能参加

① 本情节纯属虚构，请勿模仿。

抽奖或是送奖品吗？小光决定下次跟妈妈去探望外婆的时候，一定要问清楚。

而且，他要对外婆说一百遍谢谢。要不是外婆的汤匙，还有她讲过的那些成语故事，说不定他根本就没机会再见到嘟嘟，甚至连嘟嘟教他的事情都不记得了。

毕竟，很多事错过了，就过去了。

当然，重新认识居酒屋也是很重要的。这个小光从小成长的地方，原以为只是一间老得不能再老的老房子，没想到竟然还藏了那么多秘密。要不是嘟嘟失踪了，要不是外婆给了他一把时光钥匙，他可能永远都不知道自己拥有一间神奇的居酒屋。

既然外婆给了他补救的机会，就不能轻易放过。夜里，小光躺在床上耐心等待，努力和瞌睡虫拔河，就在眼皮快要合上的时候，居酒屋终于传来大门扣上的声音。

小光踮着脚轻轻地走过去，拿着汤匙，在黑暗中拼命回想嘟嘟尿过的地方，最后，视线落在吧台前面的长板凳。这张听说比外公年纪还大的木头长板凳，是外公的爸爸亲手制作的，而外公也将它摆在居酒屋最显眼的位置，或许是当成一种纪念吧。

只不过，嘟嘟才不管长板凳有没有意义，左右两边椅脚的宽度，刚好让它可以轻松抬起后腿尿尿。

嘭嘭。小光拿着汤匙轻轻敲着椅脚。

等了好一会儿，才听见椅脚幽幽地说：“到底要不要回答你……”

“可以请你带我去找嘟嘟吗？”小光赶紧请求。

椅脚没有回答他，过了一会儿，才自言自语地说：“到底要不要带你去……”

“请带我去！拜托！”小光恳求着。

再等了一会儿，“到底要不要接受你的拜托呢？”椅脚还在犹豫。

小光都快晕倒了，不是开口说话了吗？为什么还要考虑那么久？

却在瞬间，小光眼前忽然大亮，强烈的阳光狠狠地打在小光的身上，他热到整个身体都快烧起来了。脚下是漫漫黄沙，放眼望去，除了几株枯死的树干，什么都没有。

好热啊，这里是哪里？小光觉得身体里的水分快蒸发光了，他好想念冰冰凉凉的可乐。

完全失去方向的他，只想赶紧离开这里，没承想才走了几步，脚下的黄沙竟然开始陷落。小光越用力抬起脚，黄沙底下的力量就越用力拉住他，而且力量越来越大。

“救命啊！”才一下子，黄沙就已经淹没过小光的肚子。

“手给我。”忽然出现一个沉稳的声音，接着是一只大手，紧紧拉住小光。就在黄沙即将盖住小光胸膛的瞬间，陌生人终于将他拖离那个可怕的无底洞。

在鬼门关前捡回一命，两个人都累得瘫坐在沙地上，说不出话来。

等到身体恢复得差不多了，小光立刻对陌生人道谢：“谢谢你救我一命。”眼前的陌生人，眉宇之间有种令人熟悉的沉稳，虽然是第一次见面，但小光总觉得好像在哪儿见过似的。

“没事就好，待会儿就先跟着我走吧，这里流沙很多，会要人命的。”陌生人微笑着。

原来是流沙，没想到竟然跟水里的漩涡一样可怕。

启程后，小光跟在男人的身后走着：“你要去哪里？”

“我要去找商汤，也就是商族的首领，求他拯救我们的部落。”陌生人说。

商汤？好熟悉的名字。“你们的部落怎么了？”小光继续问。

“都是因为当今夏朝的大王履癸暴虐无道，老百姓都快活不下去了。族人听说贤能的商汤正率领大军征伐大王在东方的领地，便要求我赶快去找商汤到西方拯救我们。”陌生人说明了整个状况。

“大家都想要商汤的军队赶快来，可见你们的大王真的很讨人厌。”小光说。

“没错。被大王统治的地方，就像快被太阳晒干的焦土，而商汤的军队则是即将来临的甘霖。”

焦土、大雨，小光想起了昨天才在成语故事里读过这个故事。

“原来这就是‘大旱云霓’啊！”小光恍然大悟。

忽然，眼前的一切消失了，小光发现自己跪在房间里，而面前摊着他的月考成绩单，满江红……“你看你考的是什么成绩？全班才二十五个人，你考了第二十四名？我简直要被你气死！”光妈拿着藤条生气地说，“你自己说要打几下？”

“三下。”小光说得很小声。

就在光妈举起藤条的瞬间，嘟嘟突然冲过来，挡在光妈和小光的中间，还发出低沉的警告声，并露出白森森的牙齿……

“嘟嘟走开。”光妈拿着藤条挥舞着。

没想到嘟嘟竟然跳起来咬住藤条，死命地咬住，不让光妈打小光。

小光呆住了，从来没想过嘟嘟会保护自己。

奋不顾身保护自己最重要的人，这是嘟嘟送给他的第七个礼物——勇敢。

大旱云霓

【成语出处】《孟子·梁惠王下》

民望之，若大旱之望云霓也。

【成语释义】形容很盼望的样子。

【近 义 词】如望时雨、大旱之望

衣不解带

好忙啊！连换衣服的时间都没有。

就在小光收到嘟嘟送的第七个礼物的瞬间，混乱的场面又消失了，他回到了居酒屋，安静的空间让小光觉得好孤单。

从小到大，在众人面前总是安静的小光，早已习惯独来独往，直到嘟嘟出现在他的生命中，也直到嘟嘟失踪以后，他才领会了牵挂的感觉。

小光看着长板凳，知道它不会再说话了，就像书桌、衣帽架、花瓶、门槛，那些曾经为他开启异度空间，让小光有机会重新认识嘟嘟的“老东西”，在结束任务之后，又进入永远的沉睡之中。

就像一场梦，一场让小光和嘟嘟重逢，却又分离的梦。

然而，一而再，再而三地相聚又离散，让小光觉得心很痛："臭嘟嘟，为什么要让我找得那么辛苦？你乖乖待在家里不就没事了吗？我已经找你找那么多次了，为什么你就是不肯跟我回家？"

小光越想越气："算了，你不想回家就算了。"他气呼呼地把汤匙丢出去，哐当一声，正好打到角落的水缸。

"哎哟！干我什么事啊？又不是我把嘟嘟搞丢的。古人不是说'不迁怒'吗？"水缸抱怨着。

"对不起。"小光知道自己错了，赶紧起身跟水缸道歉。

"还好我有锻炼身体，下次不可以再这样了，很危险的。"水缸训着小光。

"看在你想念嘟嘟的分儿上，我就不跟你计较了。"水缸说。

"谁想它啊，臭嘟嘟。"小光赌气地说。

"不想它啊，那我就没什么可帮忙的了！你忙你的吧，我要去睡觉了。"水缸乐得轻松。

"不要……"小光说得小声。

"咦？有人在说话吗？"水缸故意问。

"请你带我去找嘟嘟。"小光大声说。

"对嘛！干吗这么害羞呢？我又不是第一天认识

你。”水缸取笑着。

这时，从水缸里忽然溅出了大片的水花，喷得小光满身是水，小光伸手抹去脸上的水珠后，才发现自己进入了一个陌生的房间，眼前的书桌上堆着一大摞书，书后面有人睁大眼睛瞪着他。

“你是谁？怎么跑到我的书房？”陌生人一脸惊慌。

小光也吓了一大跳，他赶紧解释：“不好意思，我不是故意的……有水喷到我的脸……”

“水？我并没有看到水。”陌生人说。

“有啊，我的衣服都湿……”小光指着自己的衣服，却发现上面连一颗水珠都没有。

“不要以为我一只眼睛看不见，就随便乱说话。”陌生人的声音很严肃。

小光这才发现对方有一边的眼珠看起来很浑浊。

“对不起。”小光不知道该说什么。

突然，有人敲门，一个看起来比小光年纪还大一点的男孩走进来，他脸上笃定的神情，让小光觉得救兵来了。

“请大人息怒，我这就把他带走。”男孩恭谨地说道。

男孩边说边把小光推出门外，带上房门后就拉着小光走到稍远一点的地方。

确定没事后，小光松了一口气："谢谢你，我真的不是故意闯进去的，大人看起来很生气呢。"

男孩摇摇头："其实大人是很好的人，只是最近为老爷的事相当烦心。"

"老爷怎么了？"

"老爷生了一种怪病，据说细微的声音传进他的耳朵后，会变得像轰隆隆的雷声一样大，连大夫也检查不出来是怎么一回事。"男孩解释着。

"整天都是噪声，真的会让人受不了。"小光想象着。

"没多久，老爷就一病不起了。为了找出病因，大人开始苦读医药方面的书籍，只希望可以早日减轻老爷的痛苦。"

小光这才明白，原来那些堆摞在书桌上的书，都是儿子对父亲的孝心。

"读完那些书要很久吧？"

"不会太久的，据说大人小时候是神童，有过目不忘的本领，长大后，连谢玄大将军都很欣赏他，还任命他当太守呢。"

谢玄？小光好像在哪里读过这个名字。

“没想到你家大人这么厉害。”因为读书对小光而言，大都过目就忘。

“为了治疗老爷的病，大人夜以继日地苦读医书，还亲自伺候老爷服药，经常累到衣带还来不及解开就睡着了，而且他的一只眼睛也因此渐渐失明了。”男孩叹息。

衣带还来不及解开……那不是才读过的故事吗？“原来大人就是‘衣不解带’的殷仲堪。”小光很兴奋。瞬间，小光觉得屁股后面暖暖的，他回头看，竟然是嘟嘟，它也跟着挤在小小的椅子上。

“嘟嘟你去垫子上睡吧，挤在这里会摔下去的。”小光摸着嘟嘟的头说。

嘟嘟抬头看了小光一眼，摇摇尾巴后，又趴下去继续梦周公了。

自从光爸说，只要小光能考进前二十名，就要钉一间狗屋给嘟嘟，这么棒的礼物，小光当然铆起劲儿来用功念书。只是不知怎么的，嘟嘟竟然成了伴读的小书童，每天晚上乖乖陪着小光一起苦读。

为了嘟嘟的狗屋，小光心甘情愿地演算着数学题目，原本无聊的数字都变得有意义了。为了心爱的嘟嘟而努力……小光微笑着放下手中的铅笔，他回头看着睡梦中的嘟嘟，原来，这就是嘟嘟送的第八个礼物——付出。

衣不解带

【成语出处】《晋书·殷仲堪传》

父病积年，仲堪衣不解带，躬学医术。

【成语释义】比喻辛勤不懈怠。

【近 义 词】夙夜匪懈、夜以继日

【反 义 词】一曝十寒、半途而废

图穷匕见

只要把卷着的地图摊开到最后，秘密就藏在那里面。

“小光，你怎么睡在居酒屋的地上呢？会感冒的。赶快起来，要去上学了。”光爸把小光摇醒。

小光迷迷糊糊睁开眼睛，熟悉的景物让他确定自己又回到居酒屋了。

“对了，明天我们全家要一起去看外婆哟。”光爸说。

听到要去看外婆，小光忽然清醒了，没错，只要见到外婆，就可以知道嘟嘟什么时候能回来。

到了学校以后，小光心情很好地对所有人微笑，看到机车王时，还主动跟他打招呼，异样的举动不仅让机车王觉得怪怪的，连米其林都吓了一跳。

“你怎么啦？”米其林凑到小光身边问。

“什么怎么啦？”小光不明所以。

“难道是你家那只叫胖胖还是嘟嘟的笨……的狗，找到啦？”机车王不知从哪里冒出来。

“它叫嘟嘟。还没找到。”小光说。

“是吗？那你怎么看起来好像心情很好，跟之前阴阳怪气的模样都不一样。”机车王不太相信，“还是你妈又帮你买了一只新狗？”

“除了嘟嘟，不会再有其他的狗了。”小光说得笃定而明白。

“是吗？”机车王一脸怀疑。

这时，上课铃声响起，秦老师走进教室。等到班长小鲁喊完口令，秦老师请小光到台上，依照惯例跟同学分享五分钟的成语故事。

“大家好，我今天要分享的是‘图穷匕见’。”小光在黑板上写下这四个字。

“图穷七见？”机车王嚷嚷，“为什么要见七次啊？八次、九次不行吗？”

小光什么话都没说，在“匕”和“见”的上面分别写下拼音。同学们窃笑着，只有机车王还在抱怨那是什么怪字，为什么要跟七长得那么像。

“战国末年，实力最强的秦国不断出兵攻打其他国家，在北方的燕国为了讨好秦国，便将自己的太子丹交给秦国作为人质，但太子丹受不了秦国的侮辱而逃回燕国。太子丹为了对抗秦国，也为了报仇，就请刺客荆轲去刺杀秦王。荆轲到了秦国之后，先送了价值千金的宝物给秦王的宠臣，请他帮忙在秦王面前说好话。秦王听说燕国使臣带来他最想要的地图以及叛徒的人头后，非常高兴地接见了他们。”

看到大家听得很入神，小光觉得自己的辛苦没有白费。

“荆轲捧着装有人头的盒子，他的帮手秦舞阳捧着地图，两人毕恭毕敬地走到秦王面前。没想到秦舞阳紧张得直发抖。怕引起秦王的怀疑，荆轲解释秦舞阳是乡下人，见到秦王会害怕，并赶紧接过秦舞阳手中的地图说要献给秦王。荆轲慢慢将地图展开给秦王看，到最后时突然露出一把匕首。荆轲立即抓起匕首向秦王刺去，结果没刺中，反而被秦王用剑刺伤大腿。最后，士兵把荆轲抓起来，乱刀砍死了他。以上就是成语‘图穷匕见’的由来，形容事情发展到最后，露出真相的意思。谢谢。”小光流利地讲完故事，在热烈的掌声中回到自己的座位。

同学们听得目瞪口呆，只有机车王不太满意地举起手："我觉得这样太笨了，应该先拿人头去砸秦王，趁他吓得半死的时候，再用匕首去刺他，这样才会成功嘛。"

机车王的想法引发同学们的热烈讨论，小光则安静地打开铅笔盒想拿铅笔，却发现汤匙不在铅笔盒里面……

汤匙呢？小光很惊慌，他拼命回想最后一次拿汤匙是什么时候，莫非是昨晚丢到水缸之后忘记捡起来了？

小光整天心神不宁，一遍遍告诉自己汤匙一定还在，不会丢的。好不容易挨到放学，他立刻冲回家去，趴在水缸附近的地上到处查看。

"你在找什么啊？"星野叔叔一边擦着碗盘，一边好奇地问。

"汤匙……我在找一把汤匙……"小光真的很着急。

"汤匙？你是说那把旧旧的汤匙吗？我下午打扫的时候扫到一把，看起来很脏了，我想居酒屋还有新的，就把它和垃圾包在一起，丢上垃圾车载走了。"星野叔叔说。

垃圾车载走了……小光整个人呆住了，几乎快要站不住。

忽然，他想到今天才讲过的“图穷匕见”这个成语。嘟嘟失踪后，他那么努力地在时光地图中寻找它，并且一关一关地找到嘟嘟送给他的礼物，可是，地图都还没摊展到最后，引领他往前的汤匙却不见了……

图穷匕见

【成语出处】	《战国策·燕策三》
	轲既取图奉之，发图，图穷而匕首见。
	因左手把秦王之袖，而右手持匕首揕之。
【成语释义】	比喻事情发展到最后，露出真相或本意。
【近 义 词】	东窗事发、露出马脚
【反 义 词】	扑朔迷离、不明真相

生离死别

可不可以永远在一起，永远不要说再见？

一整夜，小光被好几个怪梦纠缠住。他看见嘟嘟出现又消失了；他发现自己被水缸、书桌、衣帽架、花瓶、门槛团团围住，逼问他为嘟嘟做过什么事；看到那些出现在异度空间中，跟他说过话或救过他的人，他们的身形渐渐合一，竟然都变成了嘟嘟……

好不容易挨到天亮，光妈摇醒小光，准备出门去看外婆时，他才从噩梦中脱身。

只是，小光虽然清醒了，那些怪梦却依然盘旋在脑海中挥之不去，难道跟遗失的汤匙有关？

一路上，光爸安静地开车，光妈不发一语地看着前方，小光则闷闷地坐在后座，整个气氛显得很诡异。

“小光，等一下看到外婆，不管发生什么事，一定要记住，她永远是你的外婆，知道吗？”妈妈忽然说话了。

“外婆怎么了？”小光很紧张。

“医生说外婆的病变得更严重，几乎不认得人了。”光爸的声音很感伤。

小光这才明白，为什么这几天看到妈妈都是心事重重的样子，偶尔还流着眼泪。但他一直没问妈妈怎么了，嘟嘟失踪就够他烦恼了。

到达快乐小区之后，光爸去找医生询问状况，光妈则带着小光去找外婆。

“咦？你们来找谁呀？”外婆打开房门，看着他们母子俩的眼神十分陌生。

“妈，我是阿如，我带小光来看你了。”妈妈唤着外婆。

“外婆，我是小光，您的外孙小光啊。”小光大声说，他记得以前妈妈都这样唤醒外婆的记忆。

外婆仔细瞧了他们好一会儿，还是摇摇头说：“你们找错人了吧，我不认识你们！要不去问一下警卫，看看你们要找的人住在哪间？”

“外婆，我是小光啊，您看看我……”小光踮起脚，想让外婆看得更仔细。

外婆却向后退了几步，警惕地看着他们：“你们到底想干什么？跟你们说找错人了嘛，走开走开。”外婆挥挥手，想把房门关上。

小光用手抵着门：“外婆，您不认得我了吗？我是小光，小光啊！”

“你们再不走，我要叫警卫了，来人啊！”外婆看起来很惊慌的样子。

光妈赶忙将小光拉进怀里，就在那一瞬间，砰的一声，外婆用力地把门关上。

感觉像被打了一巴掌似的，光妈忍不住哭了出来。走廊上经过的人好奇地望向他们，光妈越哭越伤心，松开小光，冲进了厕所。

小光一个人杵在那儿，从没感觉过自己这么慌张过，身体里面空空的。其实，他想过年岁已大的外婆，有一天会生病，甚至会像外公那样，离开这个世界。但是，他从来没想过，有一天外婆竟然会不认识他，不记得他了。不管他怎么喊，都没有用。外婆真的完全忘记他了。

嘭嘭！他轻轻敲门，嘭嘭嘭！

外婆的门开了一条小缝，小光看见外婆的半张脸。

“你这个小孩怎么还不走？”外婆不高兴地说。

“外婆……我只要问您一件事情，一件就好。”小光发现自己全身好像有些颤抖。

“我已经说过很多次了，我不是你的外婆，你找错人了。”外婆还是坚持着。

“外婆，您给过我一把汤匙……”小光终于说出口。

外婆的门开得更大一些：“汤匙？我给过你汤匙吗？”

小光指着柜子，那个外婆曾经打开给他看的抽屉。

“你怎么知道我这里面有汤匙？”外婆一边问一边将门全部打开，让小光走进来。

“您说那把汤匙可以帮我找到嘟嘟，嘟嘟是我的狗，它不见了。”小光说。

“用汤匙找狗？这怎么可能？”外婆摇摇头。

“那把汤匙真的带我见过几次嘟嘟。”小光盯着外婆。

看着小光涨红的脸，外婆终于心软了：“好啦好啦，既然你要汤匙，给你就是了，反正我吃饭也用不到那么多把。”

当外婆转身打开抽屉时，小光的目光也跟着往抽屉里看，他呆住了，里面摆满了各种款式的旧汤匙。外婆随意挑了其中一把已经破损的陶瓷汤匙给小光：“你要这个是不是，拿去吧，快去找你的外婆吧。”

外婆说完就打开房门，把小光推了出去，然后砰的一声，又把门关上了。小光看见站在门外的光妈，她的眼睛又红又肿。小光举起手中的汤匙给光妈看："外婆，外婆虽然不记得我，可是，她送我一把汤匙。"

光妈低头看着小光，哽咽着说："医生说，外婆的病情已经让她……永远忘记……我们了。"光妈说着又哭了。

小光抬起头看着光妈，眼睛亮亮的："妈妈，外婆忘记我们没关系，只要我们一直陪伴着她就好了。她什么都不记得也没关系，我们可以慢慢说给她听啊，就像我小时候，外婆慢慢讲故事给我听一样……"

光妈紧紧地抱住小光："你说得很对，我们会陪在外婆身边的。"

回家途中，小光摇下车窗吹着风，忽然，他想起从前的某一天黄昏，外婆和他坐在家里的长廊上，一边吃西瓜一边讲故事的往事。

"南朝时候有个名叫徐陵的人，是个很有名的作家，几乎所有的达官贵人都收藏着他的作品。当时发生了一场激烈的战争，徐陵的父亲来不及逃走，被围困在京城里断了音讯。徐陵非常着急，却也只能苦苦等待。局势稍微稳定后，徐陵终于得到父亲的消息，才知道他被囚禁在叛军的手里。为了救出父亲，徐陵写了一封信给当时的宰相，信中倾诉了骨肉分离的痛苦，希望宰相可以帮忙救他的父亲。这封信里就写到了‘生离死别’这四个字，后来的人就用它来形容活着的分离与死亡的永别。”外婆诉说着故事。

“我不喜欢分离。”小光边说边剥一小片西瓜给嘟嘟吃。

甜甜的西瓜让嘟嘟吃完还意犹未尽地舔着小光的手心，痒痒的感觉让小光呵呵笑着。

外婆微笑着看着小光和嘟嘟：“我们在这个世界上，一定会遇到必须要分离的时候，活着分离和死后诀别，都会让我们很悲伤。不过，‘生离’比‘死别’好一些，‘生离’就表示还有希望和对方重逢，但‘死别’就意味着这辈子再也没有机会见到对方了。所以我们一定要珍惜彼此相伴的时刻。”

小光当时不太明白外婆的意思，此刻，却彻底明白了。

他知道，虽然此时此刻的外婆已经忘记他了，但外婆讲过的故事，却成为一种永恒的陪伴，陪着他长大，在他孤独时给他充足的力量。

他还知道，虽然嘟嘟已经失踪一段时间了，但是

它送的那些礼物，也是一种温柔的陪伴，陪着他成长，陪着他学会珍惜拥有的一切。

小光决定，以后换他讲故事给外婆听，像《一千零一夜》的故事那样，一直讲故事给外婆听。而嘟嘟，只要不放弃寻找，还是有希望可以重逢的，不是吗？

更何况，小光相信嘟嘟送他的礼物还有很多很多，因为它是嘟嘟，就像胖胖的圣诞老公公一样，无论有没有办法再去异度空间，他一定能找到它的。

所以，他没有失去外婆，也没有失去嘟嘟，只要他记得他们，他们就永远陪伴在他的身边。小光低头看着握在手中的汤匙，不知道为什么，眼泪突然掉落下来。一颗接着一颗，怎么都停不住。

他抬头望向窗外，淡淡的阳光，就像送外婆去快乐小区那天一样，外婆坐在他身边，握着他的手，嘟嘟坐在他腿上，倚靠着他，真是幸福的时刻啊！

他将脸转向窗口，让风把滴落在脸庞的眼泪慢慢吹干。

生离死别

【成语出处】《陈书·徐陵传》

况吾生离死别，多历暄寒，孀室婴儿，何可言念！

【成语释义】意指生时的分离与死亡时的永别。

【近 义 词】死生契阔、动如参商

【反 义 词】朝夕相会、日夜共处

成语录

【送给嘟嘟的成绩单】

闻鸡起舞：听到鸡啼声，立刻起床舞剑、锻炼身体。比喻志士及时奋发。

山雨欲来风满楼：比喻冲突或战争爆发之前的紧张气氛。

乐极生悲：欢乐到了极点，往往会转生悲哀。

方寸已乱：形容心绪很乱的样子。

风吹草动：风吹起，草木摇动。比喻轻微的动荡或变故。

铁石心肠：比喻意志坚定，不轻易动摇。本来是赞美的话，后来形容人心肠很硬，没有同情心。

独当一面：形容可独力担当一方的重任。

【外婆的时光钥匙】

柳暗花明：比喻在曲折艰辛之后，忽现转机。

一去不返：形容人离去之后音信全无，或事物消逝，无影无踪。

老马识途：比喻有经验的人对情况比较熟悉。

切肤之痛：比喻极为深刻难忘的感受与经验。

不屈不挠：意志坚定，不因为受阻碍而屈服。

盲人摸象：比喻观察事物以偏概全，不能了解真相。

小心翼翼：形容举止十分谨慎，不敢懈怠疏忽。

【嘟嘟的隐藏版礼物】

愚公移山：比喻努力不懈，坚持到底。

笑里藏刀：比喻外貌很和善，内心却阴险狠毒。

一见如故：形容第一次见面就和乐融洽，像老朋友一般。

物以类聚：形容性质相近的东西常聚集在一起。

甘之如饴：比喻乐于承担艰苦的事，或处于困境却能甘心领受。

千金一笑：比喻美人的笑容是很珍贵的。

大器晚成：能担当大事的人物要经过长期的锻炼，所以成就比较晚，后来也指年纪较大后才成才或成名。

食指大动：原指有美味可吃的预兆，后形容看到有好吃的东西而贪婪的样子。也形容眼前有美食，正准备好好享用的情况。

车水马龙：形容车马络绎不绝、热闹繁华的景象。

惊弓之鸟：形容曾受打击或惊吓，稍有动静就害怕的人。

结草衔环：比喻至死不忘、感恩图报。

三豕涉河：形容文字讹误或传闻失实。

【永远和你在一起】

大旱云霓：形容很盼望的样子。

衣不解带：比喻辛勤不懈怠。

图穷匕见：比喻事情发展到最后，露出真相或本意。

生离死别：意指生时的分离与死亡时的永别。

山米和浪花的夏天

张曼娟
成语学堂2

张曼娟 主编　黄羿瓅 著

中信出版集团 | 北京

图书在版编目（CIP）数据

山米和浪花的夏天 / 黄羿瓅著 . -- 北京 : 中信出版社 , 2020.1

（张曼娟成语学堂 / 张曼娟主编 . 2）

ISBN 978-7-5217-1254-4

Ⅰ . ①山… Ⅱ . ①黄… Ⅲ . ①汉语－成语－故事－青少年读物 Ⅳ . ① H136.31-49

中国版本图书馆 CIP 数据核字 (2019) 第 269708 号

本书通过四川一览文化传播广告有限公司代理，经张曼娟紫石作坊有限公司授权出版中文简体字版本

山米和浪花的夏天

（张曼娟成语学堂 2）

主　　编：张曼娟
著　　者：黄羿瓅
出版发行：中信出版集团股份有限公司
（北京市朝阳区惠新东街甲4号富盛大厦2座　邮编　100029）
承 印 者：北京盛通印刷股份有限公司

开　　本：880mm×1230mm　1/32　　印　　张：7　　字　　数：108千字
版　　次：2020年1月第1版　　印　　次：2020年1月第1次印刷
广告经营许可证：京朝工商广字第8087号
书　　号：ISBN 978-7-5217-1254-4
定　　价：152.00元（全四册）

目录

第三章 **改变及淬炼**

让“语文力”陪伴孩子一生

张曼娟

在“张曼娟小学堂”快乐学国学

2005年我在台湾做了一件事，利用暑假期间开办私塾“张曼娟小学堂”。我们招收了大概120个孩子，刚开始是将他们分成四个年级，从小学三年级到六年级，给孩子们上传统文化和写作课程。家长们常常抱怨，孩子的创作力缺乏，表达力欠佳，我认为这些都与素养和内涵有关，而中国传统文化提供了无穷无尽的养分。

台湾的孩子一直都在读经，但是他们读经的方式比较呆板，比如背整本的《三字经》和《弟子规》，孩子不懂，但是大人说先背着，长大就懂了。这是对

孩子说的善意谎言。

在“张曼娟小学堂”里，我们会尝试另一种方法。比如今天谈“勇敢”，我会问小朋友：“你们觉得什么是勇敢？如果班上有一个同学常常被人欺负，你们觉得该怎么办？如果觉得这样不对，会怎么样处理？你会袖手旁观还是挺身而出？”因为这跟他们的生活有关系，孩子们都很热烈地参与讨论，他们会谈自己怎么样处理这个问题。接下来，让他们读一段《弟子规》，看里面怎么说。在他们觉得《弟子规》说得有道理时，就会不自觉地背起《弟子规》来。接着是一段故事，让大家讨论。然后，我们转向孔子，看看孔子关于“勇敢”又说了些什么，孩子们充分理解了、认可了，然后就会背起来。就这样不知不觉地背诵，而且背得很开心。

从“张曼娟小学堂”到“张曼娟学堂”系列

“老师什么时候要为我们这些小孩子写书呢？”到现在，我依然记得最初提出这个请求的那个女孩说这句话的声音，她是2005年“张曼娟小学堂”第一届的学生。

而我确实是呼应了她的愿望，开始策划并创作一个又一个“学堂”系列。我和几位优秀的创作者——张维中、孙梓评、高培耘与黄羿瓅反复地开会讨论着，编写全部内容。

我们察觉到孩子对成语的无感，只是机械式地运用，于是创作了“成语学堂”；感受到孩子无边无际的想象力在成长中不断减少，于是创作了“奇幻学堂”；意识到孩子对于美感和情感的领受变得浮夸而浅薄，于是创作了“唐诗学堂”。

这样的初心和作品，获得了许多家长、老师的认同，更令我们感到欣喜的是，孩子们的真心喜爱。

这让我们知道，“张曼娟学堂”系列不只是古典新释，更是探讨孩子成长中各种情境的系列作品，有着这样深刻的意义。

● “语文力”是什么？

也是在演讲活动的时候，常有家长询问：“我的孩子考数学，演算题全对，但是一到应用题就完蛋了，他根本看不懂题目呀。到底该怎么办？”这是发生在许多成绩优秀的孩子身上的悲剧。

我想，这都与“语文力”相关。“语文力”不仅能提升语文水平，还是提升一切学科的基础，这样的认知放在当下飞速发展的社会环境中，已经有些狭窄。“语文力”，不仅是阅读力，还有理解力与表达力。能不能看懂考题、在考试时拿高分，固然重要；然而，更大的隐忧却是，应付考试，得到高分的岁月，只占了短短几年。孩子们未来长长的人生，假若没有足够的理解与表达能力，他们将如何面对社会激烈的竞争？如何与他人建立良好的人际关系？这样的担忧与期望，才是我们十年来投入许多心血与时间，为孩子创作的初衷。

十年（2005—2015 年），仿佛只在一瞬之间，许多孩子长大了，他们都是很好的成年人了。也许不是念中文相关专业的，可是，他们一直保持着对于文字的敏感度，对于人情世故的理解。

感谢中信出版集团将“张曼娟学堂”系列的简体版以全新的面貌呈现，也相信更多正在成长路上的孩子会因此受益。而我们，仍在创作的路上，以珍爱的心情，成为孩子最知心的陪伴。

遥指梦里村

张曼娟

《美女与野兽》的故事，我并不是听来的，也不是读来的，而是一张图一张图拼起来的。七八岁的时候，常常有这样的场景，我从午觉中醒来，在还没获得起床许可的时光里，和弟弟躺在父母的大床上，翻阅着母亲从教会领回来的书籍杂志打发时间。

有一本图文书，上面的文字既不是中文，也不是英文（可能是德文或法文），里面鲜亮饱满的彩图完全吸引住我。一个父亲与三个女儿住在一幢简陋的房子里，父亲背着包袱要出门了，和三个女儿话别，最小的女儿亲吻了他。接着便是回程，父亲遭遇了疾风骤雨，一座阴森而华丽的古堡，满桌丰盛的食物，花园里开满各种颜色的玫瑰花。父亲伸手采下一朵鲜艳的

玫瑰，霎时，天黑了，电闪雷鸣，一个可怕的怪兽出现，玫瑰惊恐地坠落到地上。啊！我和弟弟一齐叫出声，钻进被子里，又笑又闹。

故事是自己拼出来的，那种乐趣是无可取代的。我们有了自己版本的“美女与野兽”故事，那是野兽大变身的故事，或偷取玫瑰的爱情故事。在半梦半醒之间，没有电玩也没有电视的岁月里，一本无法阅读的故事书，给了我们一个如梦似幻的村庄，成为我们最疯狂的游乐场。

如果真的有一个叫作“梦里村”的地方，那会让我们的梦想实现吗？会牵引着不可能的相逢吗？会看见通往未来的阶梯吗？梦里村的居民，应该就是一个又一个既年轻又古老的故事吧。

继“张曼娟成语学堂 1”系列、“张曼娟论语学堂”系列、“张曼娟奇幻学堂”系列和“张曼娟唐诗学堂”系列之后，我们再度敲开了“梦里村”的大门。这次和我们相伴的仍然是很会讲故事的四位创作好手，他们将成语典故与崭新的故事结合，推出了“张曼娟成语学堂 2”。

高培耘在“张曼娟成语学堂 1”系列中写的是《寻兽记》，这次，她可真的要带我们去寻兽了呢。一个叫

小光的小男孩，失去了他最好的朋友——一只叫作嘟嘟的白色小狗。他想尽办法要把狗狗找回来，却一再落空。在这个世界上，很多东西失去了，是不是就永远找不回来了？像是嘟嘟，像是外婆的记忆力，仿佛都找不回来了。但总有一些什么，是永远不会失去的吧。在培耘的《胖嘟嘟》里，这是小光的功课，也是我们的追寻。

张维中在“张曼娟成语学堂 1”系列中写的是《野蛮游戏》，情节十分惊险刺激，新书《完美任务》，又是怎样的一场特别任务呢？三个性格不同的好朋友，成天抱怨着“无聊啊，真无聊”，在现实生活中做着自己不想做的事，不是补习，就是学才艺。如果可以生活在电玩的世界里，应该再也不会无聊了吧。他们的梦想成真了，但严苛的考验接踵而来。原来，电玩的世界比真实世界更加冷酷无情，三个人必须要同心协力，才能闯关成功。而他们的最终目的只有一个——重返再也不无聊的真实世界。

黄羿瓅在“张曼娟成语学堂 1”系列中写的是《我是光芒》，描述校园中的各种人际关系。她这一次则为大家带来一个跨海寻亲的故事：生长在美国、叫作山米的少年，带着他的身世之谜，来到台湾，与一群并

无血缘关系的人生活在一起，而他们似乎是他寻亲的唯一线索。连那只叫作浪花的小狗，也成了山米的好哥们儿。不长不短的夏天，河与海交界的淡水小镇，聆听着潮汐的声音，山米能找到他的生身父母吗？或者他还能得到更多？

孙梓评在“张曼娟成语学堂1”系列中写的是《爷爷泡的茶》，一篇温馨又感伤的离别赋。告别，也是这本新书《星星坏掉了》的重要主题。初中生小杰有温暖的家庭，有和谐的校园生活，还有过人的绘画天赋，只是没人发觉他内心的那个伤口：多年前的某个夜晚，满天星星都坏掉了，一片灰暗。那场大地震中，年幼的小杰无法与爸爸告别。当妈妈准备再婚时，那如琉璃般易碎，又如海洋般深邃的少年的心灵坍塌了，他必须启程，开始一场命中注定的告别之旅。

依然是读着故事学成语，而我们还想跟孩子分享更多，怎么与宠物建立情感，又怎么与它们分离？如何体贴老人家的心情，当他们的记忆一点一点失去？所谓完美，其实并不存在，不管在真实世界，还是在虚拟的世界，如果不能互助合作，怎么能够挑战未来？成长不一定得失去对人的热情与付出，当你主动伸出臂膀，你就有机会拥抱世界。每个人的心中都有伤口，

有的人选择流泪，有的人选择微笑，你会怎么选择？

四位创作者都真诚地写出了他们珍爱的故事，我想要温暖的安慰，想要成长的启示，想要落泪的感动，想要欢笑的趣味——借问故事何处有？牧童遥指梦里村。

山米和浪花的夏天

张曼娟
成语学堂2

第一章

这个夏天

倒屣相迎

稻洗相赢？洗稻子比赛吗？这些人真怪，我看我是死定了。

一踏进机场大厅，我，山米·崔，就明白自己死定了。

那个手上拿着写有“欢迎淳风”的纸牌、露出大口白牙呆呆笑着的男人，是大汉姨丈；他身旁站了一位看来慈祥，但表情有些滑稽的老奶奶，那应该就是他的母亲；老奶奶旁边留着大波浪鬈发，抱着婴儿若有所思的女士，则是我的小安阿姨。

四年前在阿姨的婚礼上，我第一次看到姨丈，不久我便和爸妈出国了；老奶奶则素未谋面，根本谈不上印象；我和小安阿姨，也超过三年没见面了，其间只打过几次问安电话而已。

可以预见接下来的日子会有多么无趣。这次离开美国，我可是放弃了两个游泳夏令营和一个足球夏令营！尽管心很痛，我还是不得不走向他们。没办法，接下来两个月，我得和他们同住，然后在暑假期间，找到我的亲生母亲。

“你是淳风？”阿姨吃惊地问。

我点点头，但不喜欢那个名字：“叫我山米就好。”

“啥米？”头发灰白的阿嬷用闽南话复述我的英文名字，“真特别。”

“又黑又帅呢。三年前你才多高呀！现在一米几了？”阿姨又问。

“一米六九。”我骄傲地说。这是我少数能够骄傲的事。

“不到十三岁就这么高了！”姨丈说，“来来来，欢迎全世界最帅的海王子回台湾来！”

“叫阿嬷呀，阿嬷一定要亲自来接你。”阿姨笑道，连怀里白嫩的小婴儿都跟着笑了，害我也不自觉地笑了，其实我不喜欢笑的。跟大家问过好后，我们便一起上车，驶向灯火灿烂的台北。

“上个月，你美国的妈妈说你暑假要来，姨丈就去替你买床了。”美国的妈妈？看来大家都知道我这趟是寻亲生妈妈来的。小安阿姨是我一直以为的妈妈——

又华妈妈——的妹妹。我在台湾读完小学三年级，便随父母移居美国，住在加州长滩[①]；而就在快升七年级时，妈妈告诉我，其实我不是她的亲生儿子，我可以回台湾寻找亲生母亲。总之，最后我带着讶异和一点淡淡的悲伤，千里迢迢来寻找真相。据说，唯一的线索已经寄到阿姨家了。

“我们都很欢迎你！”姨丈边开车边笑，“简直要倒屣相迎了！”稻洗相赢？洗稻子比赛吗？不懂，我的中文不好，但移民美国了，中文不好也没什么关系。

十分 easy-going（亲切）的阿姨很懂我似的，马上解释“屣”是“鞋子”的意思。

姨丈继续说：“这成语是你小安阿姨教我的，意思是说因为太过着急迎接客人，居然将鞋子穿倒了！是《三国志》里的故事哟。听过《三国志》吗？”

“听过。”我回答。

“东汉末年啊，有个叫蔡邕的人，非常博学，备受朝廷倚重，他家总是宾客满座，车马多到把巷子都塞满了。有一次，仆人向他通报王粲来访，蔡邕听了，立刻起身相迎，而且急到竟把鞋子穿倒了。宾客们都

---

① 长滩：Long Beach，又称长堤、长岛。

在想，到底是哪号人物让蔡邕如此匆忙、如此看重？结果进门来的，竟是个年幼瘦小的孩子，众人十分惊异。蔡邕解释道：‘这可是王府那位天赋异禀的公子啊，我常自叹不如！我看我家收藏的书文，都应该全部传给他才对。’成语‘倒屣相迎’就是从这里来的，用来比喻迎接宾客的热情。山米，姨丈虽然鞋子穿得好好的，却真的很欢迎你哟！”

“喔。那个王粲，真的那么厉害吗？”我只想知道这一点。

“他从小就很有才华，”阿姨逗着婴儿接话，“在三国时代，官也当得挺高的，有文采，擅长辞赋，还是‘建安七子’之冠呢。”

建安七子？没听过。我低声道：“可是我不是神童，也没才华。”

“你是‘啥米’呀！”阿嬷在前座说，耳朵颇灵。

“对啊！”阿姨笑，“这就够重要了，值得‘倒屣相迎’了！”

大家都在安慰我。一个被亲生妈妈丢弃不养的孩子，总是会引起一些同情的，虽然我并不需要，我是坚强的男子汉。与其说这趟是来找“血缘”的，不如说是想问出原因，我只要找到生母，当面问她为什么，然后就会转身离去。

我闭上眼，突然不想讲话了，大家好像也依着我，没有再出声，毕竟这跟暑假旅游不大一样。直到三个多月大的小娃娃拉住我的手指，我才睁眼转过头看，对她笑笑。

阿姨逗着她："娃娃，叫表哥。表——哥——"我也不喜欢婴儿，尤其在知道自己是个弃婴之后。

三年来，和爸妈在异国的新生活非常忙碌，忙到这是我去美国后第一次回台湾，感觉台北的街道和加州的没什么不同，气氛却又十分相异，是陌生感吧。

"你以前挺活泼，现在安静多了。"阿姨拍拍我，"随缘啦，别想太多。"我没有回话，只是苦笑，看向车窗外移动迅速的街景。

到了淡水，有一股海的味道。风挟着浪的声音，在宁静的夜晚里唱和着。我知道他们在淡水开了家咖啡馆，车停下时，就着路灯，可以看见"阳光海咖啡屋"几个字。紧接着，狗叫声立刻传来，进门后更是震耳欲聋。

"浪花！闭嘴！"姨丈喊。

狗立马不叫了。浪花？难道是以前那只全身黑毛的小狗？那时它不到一个月大吧。我们穿过咖啡馆大厅的座位，转进后屋，我立刻被吓倒在地！一只金黄色的小型犬扑上来，不停舔我，热情得过分；与此同时，一只猫瞬间迅速跳躲开去，那拼命的模样，仿佛我拿了刀要杀它。

“浪花，他是美国来的‘啥米’哟。”阿嬷对小狗说。

“小浪有没有好好顾家呀？妈妈很想你呢！”阿姨也对小狗说。

“方向！来，爸爸抱抱！”姨丈边拉起我，边对柜顶上只露出一小片白的猫说。

看着这些跟动物讲话的怪人，我惊讶到无语。这时婴儿哭了，他们忙了起来，我站在一旁，十足是个外人。

那一夜，我拿出笔记本电脑，在Skype①上告诉死党杰克，要跟这些怪人一起过两个月，我想我是死定了，会无聊到死。杰克稍晚回我：“不是要忙着找妈妈吗？哪有时间无聊？”

他怎么懂！才要回他，脚踝突然一阵湿凉。我低下头，一双圆圆的大眼睛正看着我微笑着——是那只

① Skype：借助互联网，用于视频、语音通话的通信应用。

编了两条红黄色辫子、名叫浪花的小狗。

倒屣相迎

【成语出处】《三国志·魏书·王粲传》

时邕才学显著，贵重朝廷，常车骑填巷，宾客盈坐。闻粲在门，倒屣迎之。粲至，年既幼弱，容状短小，一坐尽惊。邕曰：“此王公孙也，有异才，吾不如也。吾家书籍文章，尽当与之。”

【成语释义】比喻热情地迎接宾客。

【近 义 词】倒屣迎宾、倒屣迎之

【反 义 词】拒人千里、闭门不纳

黯然销魂

很迷惘、很沮丧，像没了三魂七魄，只有浪花安慰我。

“我只有一个夏天。”真想念吉士汉堡和玉米片啊！早上十点半，我不习惯阿嬷煮的稀饭，只吃了一点就放下筷子，对来到厨房的阿姨说：“小安阿姨，我只有一个夏天，要把握时间。可以把线索给我了吗？”

“这么急？”她手上拿着婴儿刚换好的尿布，丢到垃圾桶，“你给爸妈报平安了吗？”

我点头：“妈妈已经睡了，我跟爸爸说了。”

阿姨想了想，叫我等一下。

姨丈、阿嬷和工读生都在前厅的咖啡馆忙着。

我看看这后屋中的小厨房，想到昨夜不时传来的婴儿哭声，还有睡觉的局促小空间——严格来说，那是起居室一角，放置了一张书桌和我睡的单人床。重点是，这约二十平方米的起居室还兼书房、猫狗房和储物间，现在又多了个新功能：收容山米·崔。

我坐在通往后院的门槛上，院子里有一个小花园。我倚靠着敞开的蓝色木门，觉得台湾的夏天真热，还让人皮肤湿湿黏黏的；而且这里什么都小，光是我在加州的房间，就有这里的起居室和厨房加起来那么大！正出神时，觉得一阵湿凉，浪花又舔我了，还开心叫了声“汪咿”，然后露出两排小巧可爱的牙齿对着我笑。我摸摸这只小小的混种约克夏梗犬，想到今早下床差点踩到它。

“浪花昨天没睡自己的床，一直守在你床下呢！”阿姨走来，递给我一封信，“山米，早餐吃不习惯吗？还是因为时差？”

我摇摇头，急着拿出空白信封里的东西。妈妈只告诉我，我是领养来的，她无法多给什么信息，只有我身上的一封信。那信原本在台中的外婆家，先前寄到阿姨这里来了。我微微颤抖着打开信纸。

孩子出生后，以歌声、舞蹈来庆祝太平和乐。不料平静的生活无故起波澜，大浪滔天而来。但仍要积极努力前进，即使艰难到不知往前还是往后。当信箱破了，依然需以诚恳的态度信守誓言，就算体力、资源消耗殆尽，嘴巴也休提放弃。回顾几年来的幼稚行径，不知该哭该笑，强风中沙石满天。我们的言行都受世俗约束，结果也多与原先的期望恰好相反。唯有回到原本的质朴境界，才能证明坚强的人禁得起各种考验。不要多话，必须静心、谨慎思考，从漆黑角落投向光明，拿起显微镜来观察，那么就没有丝毫疑惑，可以理直气壮、言词正当地说出那句看似普通，却意涵深远的八个字了。

“这……”我哑口无言，“在说什么啊？”

阿姨和我对看着：“我们也不懂，所以多年来只能放着。”

这就是关乎我身世的线索？一封不到三百字的天书？虽然我的中文不是很好，但那些字我大部分都认得呀！可是为什么完全不能理解这封信的含义？

“信是放在你胸前，跟着你一起来的。收好，等多学一些文学经典后，说不定就能懂了。”

“是指那个读经读诗写作班吗？”我想到妈妈跟我提过的中文夏令营，“我一定得去吗？”

“随你啰。这封信我们看很多次了，阿姨没办法为你做什么，只能替你在小学堂报名。你就随自己的心，不必勉强，若有更好的方法也跟我说一声。上不上这个夏令营无所谓，只要你别一直一副黯然销魂的样子就好。”

“黯然销魂？”

阿姨解释道：“‘黯然销魂’就是说很迷惘、很沮丧，像没了三魂七魄一样，比‘怅然若失’更严重。关心你的人看见了，很难过的。”

我呆望着阿姨紧锁的眉头，她随即说要忙了，便转身离去。我望着院子，突然感到前途茫茫，十分孤独。

这时，浪花突然“汪咿”叫，接着抬高两只前脚，用后腿来回走着步。

“哇！”我看得目不转睛，讶异道，“你不只会笑，还会耍特技啊！”

“浪花！”有个声音突然喊，“跳起来！”

用后腿站着的浪花闻言，竟原地纵身旋转一跳！

“好棒！”

我循着鼓掌声看向花园外的人，发现是一个小女生。“汪咿汪咿！”浪花跑到院子对着女孩叫，显然认识她。

“浪花，拜拜！”女孩骑上自行车，挥手喊，“改天再带你玩鼻球！”

黯然销魂

【成语出处】《别赋》

黯然销魂者，惟别而已矣。

【成语释义】比喻心神沮丧，如失去了魂魄一般。

【近 义 词】怅然若失、失魂落魄

【反 义 词】心花怒放、乐不可支

如坐针毡

谁不是只有一个夏天呢?

我查了词典，发现有比“黯然销魂”还适合我的词：心如槁木。

我的心已经是枯木了，因为这两天我只能坐在蓝色木门前，看着院子里阳光灿烂，对着阿嬷说的叫三角梅的紫花发呆，一点法子都没有。

我打电话回家，爸爸急着上班，妈妈也没空跟我说话。不知道为什么，我觉得她在躲我。

“Nobody cares about me.”我对着一旁的浪花说。接着想了想，替它翻译：“没有人关心我。”

说也奇怪，原本歪斜着头看我的它，听了翻译后，竟“嗯咿”一声，然后伸出爪子来抓抓我，流露出的尽是安慰之色。

我有点感动地握握它的爪子、摸摸它的头，更想不通自己为什么每晚会让它上我的床，照以往脾气，我应该会踢走它的。至于那只猫，白天不见踪影，总是躲得远远的，黑夜里却会偷跑上床来看我、嗅我，真的很恐怖，但我没有惊叫。要是惊叫了，还像话吗？

叫的是我的肚子。午餐是中式的，我吃得不多。来这里三天了，因为不习惯，还没好好吃过一顿。那封信我看了十遍，仍百思不得其解。想到这里，我实在坐不住，频频挪动身子。电风扇送来的是热风，我的心情非常浮躁。

“啥米，你是长痔疮吗？火气太大了？”阿嬷抱着婴儿出现。

我想我的额头一定有了三条线。

“是‘山米’啦！”阿姨加强语气喊出我名字的正确发音，“这叫‘如坐针毡’。山米想听阿姨讲这个成语吗？”

我点点头，反正也很无聊。

“话说古时候啊，有个懒散太子，非常讨厌一位总是苦心劝他上进的侍官，于是命令人把针倒插在侍官常坐的毡子上，侍官一坐下就被针刺得流血了。后人就用仿佛坐在插满针的毡子上的‘如坐针毡’，来比喻一个人身心都痛苦，极为不安。就像你现在这样。”阿姨耐心讲解着。

真的很像。我笑笑，觉得这个成语把一个人的不安形容得好贴切。

“汪咿！”浪花突然喊叫，我们抬头看向花园外。

“哈啰！”

是昨天骑自行车的女生。阿姨穿起便鞋开了院子的后门，一个男人也跟着走进来，还有一只狗和一只猫。浪花开心得又叫又跳。

“哇，小浪的朋友来了，它好高兴！山米，这是小吉和八爪。”阿姨介绍着，“她呢，叫恩玛。这是恩玛的叔叔东雷，在经营一家钓具店。”

恩玛？很西化的名字。八爪？好可怕的猫名。小吉？它怎么一直想往屋内钻？而有着青青胡楂的东雷，看阿姨的眼神好像怪怪的。

“东雷，这是我姐的孩子，叫淳风，啊，山米啦！”阿姨继续道，“工作关系，山米一家人去美国加州三年了，那边有很多华人。”

他们都盯着我，包括八爪和小吉，好似对我品头论足，让我很不舒服。“山米，恩玛才要升小学六年级，小你一岁，是邻居兼你夏令营的同学哟。”

阿嬷摇着怀里的娃娃，说：“可以做朋友，互相照顾一下！”

“不必，”我很酷地接话，“我不需要朋友。我只有一个夏天。”

气氛有点尴尬。不料，恩玛回答：“谁不是只有一个夏天呢？每个人每年的配额不是都一样吗？”

有道理，我一时语塞，如坐针毡的感觉又来了。

“山米的中文不太好，而且还不适应台北的生活。”阿姨打圆场，又对着我说，“恩玛可是‘上知天文，下知地理’的女生哟。”

我看看恩玛，哼，又是那种聪明至极的优秀孩子，那也没什么，我见多了。

东雷轻拍恩玛的头，笑说：“没那么厉害啦！哈哈。对了，我们晚上要去吃牛排，山米要不要一起来？”

“他在美国吃得还不够多吗？”恩玛抬头望望叔叔，又望望我。

我看着她眯起的眼睛，像下战书，脱口便说：“我要去！”

如坐针毡

【成语出处】《晋书·杜锡传》

锡字世嘏。少有盛名，起家长沙王乂文学，累迁太子中舍人。性亮直忠烈，屡谏愍怀太子，言辞恳切，太子患之。后置针着锡常所坐处毡中，刺之流血。

【成语释义】比喻身心痛苦，惶恐不安。

【近 义 词】芒刺在背、坐立不安、惴惴不安

【反 义 词】安然自若、稳如泰山、怡然自得

约法三章

一堆规定！大人就是喜欢立一堆规定来为难小孩。

昨天会答应社交活动的挑战，跟陌生人吃牛排，现在想想，是因为肚子实在太饿了。我不仅赴约，还一口气吃了两份，把东雷和恩玛惊得目瞪口呆。

“你确定吗？”早上在前厅，还没开门营业的咖啡屋里，阿姨抚平我衬衫的领子，“山米，勉强没有意义哟。”

那细心和关心的样子，一时间，让我想起妈妈。又华妈妈也是这样对我的，我却常显得不耐烦。

“确定啦。反正我也没事。”我有点害羞地说。她指的是我去夏令营上课的决定。其实，除了不知该拿那封信怎么办，只好随遇而安、且战且走外，也因为恩玛。昨晚吃牛排时，我才发现眯眼只是恩玛偶尔的习惯，并非挑衅；而且，她不像那种趾高气扬的好学生，非常单纯可爱，但又跟一般的乖孩子不太相同。

“好，那东雷叔叔就带你和恩玛去小学堂，中午下课你们一起搭地铁回来。对了，阿嬷和浪花坚持要送你们去车站。”

“嗯。”我点头，回头想找浪花，不料竟被它的全身装备吓了一跳。

浪花戴着伸缩项链，耳下编了两条红黄色辫子，竟还穿了红、黄、蓝、绿四色绑腿护布！它甚至还背着一个斜背包！

“这造型也太炫了吧！”我发出惊异之声，它咧嘴笑，还“汪咿”叫。

“这是我们小浪出门的招牌装备啊！”阿嬷的神情，就好像浪花是她另一个孙子一样！

“东雷来了。”阿姨拍拍我的肩，又去拉紧浪花的背包，他们刚好开门进来。

“走啰！”东雷对阿姨颔首，恩玛接着喊道：“哇！浪花，你也要跟我们去上课吗？”

几个人愉悦地走在通往地铁站的老街上，浪花和恩玛很熟的样子，一路上雀跃不已！它真是一只会笑、爱玩、喜欢跳的酷狗啊！

不久，挥别了“嬷孙”两人，我们抵达小学堂。

入座后，东雷还旁听了一堂课，然后交代我们好好学习，下了课立刻回家，便离开了。

恩玛觉得这个小学堂和一般补习班或课后托管班不一样。是吗？希望我能慢慢感受到。我大她一岁，但同班。无所谓，我不是很在意。

我们这一班，有教导和批改作文都很有毅力、一双眼睛可以看透人心的毅力老师，肤色白皙、酷爱潜水及游泳的潜水老师，喜爱一切有关猪的饰品及玩偶的爱猪老师（她是姨丈的妹妹），活泼可爱得像小孩却已经拿到硕士学位的秋千老师，对学生关怀体贴的玉瓷老师，以及不必看镜子就能涂口红，随时都能变出红笔来批改作业的画红老师。

画红老师还是学堂负责人，正在台上讲话："哇，有的同学来自新竹、高雄，还有远从美国来的淳风呢。淳风，嗯，这名字好听！"

她说得我有点脸红，因为我不喜欢这个名字。

"大家还可以叫他山米。欢迎！欢迎！现在啊，老师要跟大家约法三章。听过汉高祖刘邦吧？"

全班都点头，我也是。谁能没听过电视、电影和游戏里经常出现的刘邦呢？当然最出名的还是要算诸葛亮那些人的三国故事。

“秦末乱世，刘邦不是和项羽比赛谁先打入咸阳吗？结果刘邦捷足先登，并制定三条法律：‘杀人者死，伤人及盗抵罪。’他希望老百姓共守，以重整社会秩序。沿用到后来，只要事先提出应该互相遵守条约，就可以称‘约法三章’。哈哈，但小学堂可不止约三章而已哟。”

一堆规定，我在心里嘟囔，大人就是喜欢立一堆规定来为难小孩。

“这些规约都很容易遵守，不会让你觉得为难。”画红老师笑着看我，“大家要互相尊重，而如果还能自爱、自主，你还会发现我们的约定能让你在优良的环境中轻松学习，提升自己。读经、读诗、写作的效用，不仅能很快看见，也能为你们的将来提供很多帮助。”

希望是真的。我又嘀咕。好怀念去年的足球夏令营啊！但跟着老师们上了几堂课后，我很不情愿地承认：小学堂其实没那么无聊啦。

原来孔子和学生之间的故事挺有趣的，孔子并不死板。一直被贬官、发明东坡肉的苏东坡，竟然叫书童去扫掉花影！作文也没那么难，毅力老师还说我的逻辑思维能力很棒，虽然我只是不情不愿地写了个一百字的文章而已，她却大赞我超有想象力，错别字多暂时没有关系。

尤其到了茶歇时间，我在书柜前（我从没见过这么多的方块字书籍）看了有关项羽和刘邦相争多年的故事，足足看了二十分钟！当然，也因为恩玛碰到她学校的同学，两人一直聊天，而我又不想和别人下棋、堆积木。

“她是我一个男同学的表妹，才要升五年级，和我挺好的，叫碧波。”恩玛还是找了时间为我引见，“碧波，他是小安阿姨的外甥，回台湾过暑假，要升七年级了。”

“崔淳风嘛，山米嘛，老师介绍了。”个子比恩玛娇小的碧波，推推眼镜，上上下下地看我，“淳风·崔，你的皮肤十分黝黑，很喜欢运动吧？看起来又桀骜不驯，应该也惹过不少麻烦吧？”

我可以感觉到自己的鼻孔撑得很大，心里有点厌恶这个肤色白、发色深、讲话直接的书呆女！但我没有说出口，老师才要我们互相尊重，我就暂时不同她一般见识！

“啊，很有学问的碧波就是说话太直，没别的意思呀！”恩玛连忙缓颊[1]。

“碧波，山米哥哥很会游泳，外号叫‘海王子’呢！”恩玛见氛围不对，又补充道。

“游泳？哇！好可怕！”碧波的脸色竟然大变，“我怕水，是只旱鸭子！我好怕水！”

见她如此模样，我不禁起了坏心眼：“怕水？嘿嘿，那就对我好一点，否则……”

“否则怎样？”她凶悍地扬起下巴。

我将“把你丢下水”吞回去，只冷笑说：“对我好一点，否则你哪天跌进水里，我一定不会救你。”

约法三章

【成语出处】《史记·高祖本纪》

与父老约，法三章耳：杀人者死，伤人及盗抵罪。

【成语释义】泛指共同议定必须遵守的简单条款。

【反 义 词】背信弃义

① 缓颊：婉言劝解。

琵琶别抱

琵琶别抱？那……抱吉他可以吗？

我将了碧波一军，谁叫她不给人留情面，看来她才是那种趾高气扬的好学生；偏偏她是恩玛的好朋友，所以我那样讲，也还算有良心。

“你背好了吗？”下午，恩玛来访，问我背诵学堂规定的经和诗了没。

“不想背。”我答得很直接，吹着电扇，摸摸躺在我腿旁的浪花的小肚肚，再望望院子里被太阳烤得干干的泥土。

恩玛捧着讲义，兀自诵读了起来：“子曰：‘人无远虑，必有近忧。’”

在说我吗？我转头，见她晃动着可爱的小脑袋，不觉微笑起来。

看着她，我突然想到杰克，他后来一直没回我的邮件，Skype也不在线上，脸书开心农场的鸡也很久没喂了，让我不解，感到十分烦闷。恩玛问我为什么叹气，我竟毫不隐瞒地说了。

“……就是这样。我正在被死党丢弃。”

“噢，他琵琶别抱了啦。”她下结论。

“琵琶别抱？”我不懂，虚心请教，“那……如果琵琶别抱，抱吉他可以吗？”

她转动着圆圆的眼睛，说：“不知道啊，应该不行吧，不然人家就会说‘吉他别抱’了呀。”

我听了，感觉就像阿嬷讲的“雾煞煞[①]”，就是哪里怪怪的。不料一阵笑声传来，原来是阿姨。

“哈哈！啊哟，‘琵琶别抱’怎么会扯上吉他呀！”手上拿着玉米罐头的阿姨，止不住笑，但仍解释道，“这出自白居易的《琵琶行》：‘千呼万唤始出来，犹抱琵琶半遮面。’在古代，是指妇女改嫁，后来则用来比喻女子结交新男友，不能拿来形容山米和杰克啦！你们还真可爱啊！”

我感到有些羞赧。

“啊，不过，听山米和恩玛两个小孩讨论中文，已

---

① 雾煞煞：闽南话，意思是弄不明白，毫无头绪。

经是一件很酷的事了！”她竟笑得无比灿烂，“继续、继续，有讨论有进步！”

见阿姨离开，我忍不住问恩玛：“喂，阿姨不是说你‘上知天文，下知地理’吗？”

“没错呀，我就是只有天文和地理比较强，其他的，都很烂，不骗你。”

没想到这话是这么理解的！我吃惊地张着嘴。

她倒是从容不迫地接着说：“我知道了，我妈妈真的叫‘琵琶别抱’，她在我小时候和我爸离婚，嫁给别人了。”

“哦，对不起。”我突然觉得心酸，盯着有浅色发丝、淡淡雀斑的她，问，“那你爸爸呢？我看你都和东雷在一起。”

她的眼睛在霎时间转红，嗫嚅道：“爸爸……在上海办厂，很忙，我一年见不到他几次面……我几乎是……叔叔带大的……”

我不敢再问了，我很不擅长，也讨厌面对这种场面，但又无法撂着不理，只好拍拍她的肩：“别哭了，东雷对你特别好啊！”

浪花“咿嗯”一声，竟爬起来舔舔她。我忙去拿纸巾给她。

她擦擦泪，吸吸鼻子，接着说道："就是……因为叔叔对我很好，我很怕变成他的拖累，他都二十八岁了，还没结婚……"

我想起东雷看阿姨的表情，试探着问道："你叔叔是不是喜欢小安阿姨啊？"她点头，我接着拍拍大腿说道："这就对了嘛！不是你的问题，是东雷在单恋有夫之妇，难度系数太高了，才不是他的侄女耽误他呀！要搞清楚！"

恩玛笑了，浪花也立刻"汪咿"叫，这时阿姨从起居室探出头来，问："小浪，晚餐换希尔思牌的好吗？鸡汤牌的卖完了。"

浪花竟"汪咿"地回答，还摇着尾巴。真是只有思想的小狗呀，让你忍不住觉得它是家里的一分子。

"啊，娃娃哭了！对了，请恩玛姐姐带小浪去沙滩玩鼻球，好不好？"

刚还在哭的恩玛立刻拍起手来："好啊！很久没和浪花在外面奔跑了！山米也一起去嘛！"

浪花兴奋地跳着小碎步，迫不及待的样子，我惊异于它怎么什么话都听得懂！恩玛笑着，我们联手替浪花系上四色绑腿，背上装上斜背包，大吼大笑地一起往海边奔去。

一路上阳光炙热，我沉沉的心却奇怪地第一次有飞翔的感觉。

琵琶别抱

【成语出处】	《琵琶行》
	千呼万唤始出来，犹抱琵琶半遮面。
【成语释义】	指女子改嫁，现也指女子结识新男友。
【近 义 词】	琵琶别弄、移情别恋
【反 义 词】	白首偕老、从一而终

心无旁骛

不管读书还是玩乐，都要全神贯注，才不会浪费生命。

原来鼻球是小安阿姨发明的！它像人类的足球，只是得用鼻子推，而球门有四个，可以根据球员数量随地围出一个大小合适的球场来。基本上是专为猫狗设计的，恩玛说八爪、小吉都是浪花的“球友”。我讶异至极，阿姨怎么有办法让猫狗听令玩耍呢？实在太厉害了！

暑假，学生们考完期末考试，让阳光海生意好上加好，多雇了两名工读生才应付得过来。姨丈每天都忙到晚上十二点后才打烊，一早大家又要做许多准备，以至我要上学时，大人们渐渐没空随行。

早上，浪花一直吵着要送我上学，竟像小孩一样跺脚，又是央求又是发脾气的，真让我看傻了，也算大开眼界。最后，阿姨终于答应它，让它跟去地铁站，但要立刻回家。她告诫它，如果在外贪玩逗留，就没有下一次了；而若迷路、被坏人拐走，那么缘分也尽，就此拜拜了。

阿姨真酷！但不得了的是，浪花居然点点头，然后开心地让恩玛把自己抱进自行车的篮子里！我只能吃惊地骑上阿姨的自行车，再脸红地盯着前方放有两个书包的车筐。

我和恩玛比谁骑得快，她前方的浪花紧抓着车筐，模样真可爱，而且发丝飞扬，和恩玛的头发一样。到了老街，虽然早上的游客还不多，但我们还是放慢速度，安全第一嘛。

“喂！恩玛！”一个男生突地跳出来，张开双臂挡住我们的去路。恩玛紧急刹车，浪花差点跌下来。

“看看你做的好事！”我实在生气极了，脱口就喊，“Crude and impetuous![1]”

“转什么转！”他瞪着我，大声吼。

恩玛惊魂甫定，说：“高竿！你吓死我了，这样很危险！”

---

① Crude and impetuous：又粗鲁又莽撞。

“我急着找碧波，你有没有看见她？”名叫高竿的家伙说。

“碧波？去小学堂了吧，她家住红树林那里，不会在这一站上车啦！”

“小学堂？那个作文班吗？”

“不止啦，还有经典、文学和……”

“来不及了！我改天再找她！”他打断恩玛的话，又转过头来对着我，脸上一副很不屑的样子，“哼，竟然骑个带车筐的自行车，活像个女人！”

我想扔下车和他打一架，恩玛看出来了，拉住我，叫我别在意，说高竿是碧波的表哥，就是性子急了点。看着恩玛的脸，我忽然也没那么生气了。

没一会儿就到地铁站了，我们锁好自行车，对浪花叮咛一番，才去搭地铁。

到了景美的小学堂，全班都在找老师们背诵昨天学过的指定诗文（碧波还将不必背的也全背了），置身其中，我又像个局外人了。玉瓷老师用细细的声音喊我，我索性跑到教室后面的书架找书看，今天选了讲庄子的漫画。一会儿，毅力老师过来问我怎么不背书，我说虽然妈妈常教我中文，在美国也上过一些课，但文言文我背不下来。

“嗯。老师上课讲解过后，你懂意思吗？”见我点头，她继续说道，“那就先背几条超简单的，来，老师帮你钩，放学前背完就好。”

我看见恩玛对“全背”的碧波鼓掌，不禁问：“老师，有个词叫洁傲不什么的，是指不清洁吗？”

“桀骜不驯？”老师笑笑，在讲义上写给我看，“就是性情倔强，我行我素，从不顺从别人的意思。有人那样说你吗？那就是还不够了解你，你只是看起来桀骜不驯，其实内心善良、开朗，而且，会见贤思齐。”

我望着毅力老师，心想，那真的是我吗？她笑笑，离开去准备上课了。“山米！”每天都很“关心”我的爱猪老师这时过来摸摸我的头，“我哥还好吗？娃娃乖不乖呢？最重要的是，你还适应吗？有没有不舒服？”说着，递给我一瓶饮料。

听说她新婚不久，住在台北东区，对我好到让我怀疑她会不会是我的亲生母亲。昨晚我终于和又华妈妈通电话了，她只问了一下寻找的情况，叮嘱我别惹麻烦，就匆匆挂了。难道妈妈怕我离开她吗？不会的，我怎么可能离开她呢！

“看碧波读书，真是舒服。”毅力老师一上课就说，“她总是心无旁骛，把阅读当作至高的享受。‘心无旁骛’知道吗？‘骛’是追求的意思。‘心无旁骛’就是心里没有别的追求，也就是一心一意，没有其他念头。”

“碧波真的是这样啊！”叫大东的顽皮男生举手说，“我跟她说话，在她眼睛前挥手，她都没看见！”

“又不是瞎了，”一名女同学接腔，“她只是懒得理你。”

全班大笑，碧波本来嘟着的嘴，也咧了开来。毅力老师笑道：“不管读书还是玩乐，都要全神贯注，该玩时玩，该用功时用功，才不枉费生命。”

“但我认为是该玩的时候，我爸妈都不认为啊！”

有人提出异议，大家便开始“对啊、对啊”地抱怨起父母。这下好玩了，我心想。不料老师从容不迫地说：“这个不好拿捏，而且你们也应该承认自己比较偏袒玩的那一边吧！提供一个好方法，把学习当作玩乐来看待，不就一举两得皆大欢喜了？”

“很难啊，老师！”

“尽量呀！在小学堂，我们就这么做。而且你们可以在生活中把握机会，轻松吸收、轻松学。”

这时我举手发言，后来连自己都很讶异：“大家都说，现在和未来是中文的时代，有很多人抢着学中文！我发现不论走到哪里，都有人给我解释成语典故，难道真进入中文的时代了？”

“真的吗？你真幸运！山米，有人为你解释成语，你真的非常幸运！”老师认真地看着我说，“而且，你不觉得那些典故、故事很有趣，有助于了解、记忆成语吗？”

“为什么我必须了解、记忆成语？”

“好问题。大家是不是觉得能讲话，会沟通，文章不要写得太不通顺就可以了，记那些成语典故干吗呢？”见许多人点头如捣蒜，她继续说，“山米，你爱游泳对吧？那你认为美国游泳运动员菲尔普斯在学会闭气、踢水后，不会想学换气吗？甚至挑战四百米、八百米？同样的项目，不会想从五分钟减到三分钟游完？而学会自由泳之后，不会想练蛙泳、蝶泳？如果都不会，就没有二〇〇八年八块奥运游泳金牌的世界纪录了。”

我咀嚼这番话，感觉脑海里突然出现一道闪电。

“当然不是每个人都必须，或可以成为菲尔普斯。的确，游泳基本上是掉到水里不溺死就好；中文学习也是如此，会认字、会说、会写就好，阅读经典、记诵成语、学会运用修辞等，都不是必须的。但如果能轻松地学习这些千古传承的智慧与简洁之美，让你表情达意时更为流畅，甚至在描写形容上愈加优美，那有什么不好呢？可以跟和你一样有个性的古人做朋友，向优秀的人才学习知识与品格，又有什么不好呢？就是这样的道理。明白了吗？”

“明白了。”我笑，“但我为什么需要优美地描写和形容，我又没想当作家？”

“难讲哟，说不定哪天你会写本小说，或是给女朋友写情书呀！”全班又是大笑，我极力想镇住正急速往头部冲的血液。“哈哈，山米脸红更帅了。”毅力老师按着电脑鼠标，准备用投影仪播放今天要讲授的内容。

“还有，考试时，在大家都会写中文的情况下，你若是阅卷老师，会给怎样的文章高分？对嘛，你一定懂，这时，高下立判。”毅力老师接着说，“总之，能有机会学习，就要全力以赴，更要懂得循环利用，像做地球环保一样，每种资源都要珍惜与循环使用，不要浪费。而且，要学得快乐，如果不快乐，学来的东西，是记不长久的。”

心无旁骛

【成语出处】《怡芬书屋诗草叙》

盖慎于职司，心无旁骛，而性情淡定，无人世好尚轻重之汩于内，故能一切不顾而独求其心之所安。

【成语释义】比喻全神贯注，十分专心。

【近 义 词】专心致志、聚精会神

【反 义 词】心不在焉、漫不经心、心猿意马

第二章

关关难过关关过

沐猴而冠

我告诉自己别惹麻烦，不料，双脚却往他们那边走去。

没想到，昨天听完老师的回答之后，我竟然心甘情愿地打开了讲义，认真学起成语来。其实就算在美国，我也不常问问题，只要能游泳、踢球，我不在意其他事情。

讲到游泳，若是接力比赛选组员，我当然选菲尔普斯，不会选碧波，浪花应该都比她强吧。当然，作文竞赛，碧波也不会选我啦！

老师说，真的不是每个人都要去当菲尔普斯、杜甫或苏轼，但要在生活中努力充实自己、把握学习机会，若不经多方面的尝试与观察，很难发现自己有兴趣的领域在哪里。

虽然懂了，但我昨天还是在玉瓷老师面前，把简单的诗文背得磕磕巴巴的。

尽管如此，她仍不停鼓励我："加油，剩下两句了。提示你……就算别人不知道我的才华，我也不生气……"连画红老师经过教室门口，都对我微笑以示加油。

晚上，我在玩在线游戏时，小时候一身黑毛，长大却变成金黄色的浪花，竟衔了一本抹茶色的书来放到我脚边。它当然不是要我讲睡前故事，那是小学堂的讲义，可能看恩玛总是捧着那本书，它觉得我也应该读。

"你管起我来啦？不过，讲故事给你听也不错。算奖励你啦！"我摸摸它的头，"很久以前啊，有个老庄……不，是有个老子，什么都不爱，超爱水！还有个庄子，堂堂大男人，竟梦见自己变成蝴蝶……"

阿姨说到浪花早上很快就成功到家时，眼里竟泛着爱子长大独立的喜悦之泪……唉，要不要这么煽情？但，我现在在干吗？念故事给一只狗听！每天还对它说话，让它偎在我肚子旁睡觉！还在终于看见那只猫的全身时，觉得很感动！天啊！我一定是病了，这一点都不像我。

今天，我穿了白衬衫、西装裤和黑皮鞋来上课，因为东雷开的钓具店今天歇业休息，他自愿带我去市政府查我的协助收养相关资料，看有没有当初没注意到的细节；然后，再带我和恩玛去看我非常期待的电影《变形金刚》。

中午快放学时，画红老师拿起红笔写下“沐猴而冠”，说：“上次提到，刘邦入咸阳城后与百姓‘约法三章’，取得支持。不久，项羽也入关，来到秦国都城咸阳，却杀死已经投降的秦王子婴，还放火烧毁了秦王宫，大肆抢夺财宝，想一举返回江东故乡。这时有人向他建议，关中有山河四面环绕，有天然屏障保护，而且土地丰沃，若在这里建都，必能称霸。但项羽见秦的宫殿烧毁殆尽，加上思乡情切，便回答：‘一个人富贵了却不返乡，如同穿着漂亮的衣服在黑夜行走，谁看得到啊？’之后，这人对旁人谈起此事，就说啊，人们都说项羽‘沐猴而冠’，像性子急躁的猴子，虽然学人戴冠戴帽的，却戴不长久，缺乏远见，无法成就大事，看来传言果然不假。这些话传到项羽耳中，他立刻烹杀了这个人。各位同学，这就是刘邦和项羽的不同呀。而后世就用‘沐猴而冠’来比喻一个人有其表而无其实。老师也提醒大家，不管做任何事都要记得，眼光要放远一点，千万不要急。”

整理书包准备离开时，我看到碧波在教室门口和表哥高竿讲着话，高竿拉扯她的衣角，似乎有些纠缠。我告诉自己别惹麻烦，我只是来找生母，顺便学点中文而已，但我的脚却往他们那边走去，谁叫碧波一副很为难的样子！

“需要帮忙吗？”我问。

“会需要你帮什么忙？多管闲事！”高竿竟对我凶巴巴地嚷。

娇小的碧波挡在我们中间，忙说：“没事，山米，他是我表哥啦，真的没事！”

“你凶什么！”我不甘示弱，挺起胸膛，“你好像在威胁她！”

高竿举起拳头，对我挑衅似的吼道：“欠扁啊？要你管！看你现在，穿成这样，沐猴而冠！”

“高竿！”从洗手间出来的恩玛，拉住他的手臂，“别乱说！”

我气得想挣脱碧波的手，上前和他好好理论一番。但这时潜水老师双手左右一伸，同时撑住我和高竿，拉开了我们。

“停！在文明社会里，就要好好说话。”她说道。

爱猪、玉瓷、秋千老师也赶来解决这起冲突，各自拉开我们。碧波频频道歉，说高竿是她表哥，大家发生了一些口角而已。

“不要这么容易动怒。”潜水老师甩甩手，“每个人说话的语气都要好一点。”

“发生什么事了？”东雷出现了，以家长之姿，“有人在闹不愉快啊？”

他看看我，再看看高竿。潜水老师忙解释：“就是小孩之间的冲动和误会啦。”

高竿和碧波离开后，潜水老师与东雷谈了谈，爱猪阿姨也好好“关心”了我，我才和东雷、恩玛走进电梯。一时间一阵沉默，我没有看他们，只淡淡地说道：“我不想去市政府查了。”

恩玛竟答：“好啊，那我们直接去吃饭和看《变形金刚》！”

那单纯的表情，使我不想毁掉她的兴致，便笑笑说好。

沐猴而冠

【成语出处】《史记·项羽本纪》

人言楚人沐猴而冠耳，果然。

【成语释义】猕猴戴帽子，装成人的样子。比喻徒有其表而无其实。常用来讽刺人依附权势、窃据名位的行为。

【近 义 词】衣冠禽兽、虚有其表

【反 义 词】表里如一、秀外慧中

苟且偷安

是不是太得过且过，对生活没有半点感受能力呢？

恩玛真是个特别的女生。

看完《变形金刚》，我为片中令人目不暇接的机器人疯狂，超想拥有汽车人的至尊首领擎天柱！恩玛竟也可以和我一起讨论所有的变形车，甚至为片中的关键——奥利安[①]——鼓掌！一点都不像那些只喜欢玩洋娃娃或沉迷于梦幻偶像剧的女生。

东雷说他看得眼好花、头好昏，恩玛判断他已经老了；下一秒却又求人家，等《名侦探柯南》上映后，一定要带我们去看。

“不过，我最想看的是七月二十二日二十一世纪持续时间最长的日全食！有六分钟！可惜，听说台湾只

① 奥利安：Orion，擎天柱成为变形金刚前的名字。

看得到日偏食，亚洲只有上海、重庆和日本等地才看得到日全食。唉，上海……”

我和东雷对望一眼，赶紧转移“上海”话题，问了她很多天文方面的问题。那时我还不懂，他们其实也转移了我晦暗的心情。

晚上，我看完卡通《机动战士高达》，接着拿PSP[①]玩。浪花又叼来那本抹茶色讲义，我没理它，它竟“咿嗯”着撒娇。

“唉，去交女朋友好不好？只会吵我。你的猫朋狗友呢？不然就去找方向玩！”我对着它可爱又无辜的脸嘀咕，它没动，仍然“咿嗯”地叫，“要怎样？你的中文程度已经快比我强了！”

嘴上这么说，我终究还是翻开书，给它念故事。

“你知道孔子的学生子路都六十几岁了还是很冲动吗？他很有义气，孔子很信任、很喜欢他，但也预言过他会死得很凄惨。现在，浪花同学，山米老师就来告诉你子路是怎么死的……”念着念着，我看了看端正坐着专心听讲的浪花，它简直就是“心无旁骛”！它不能上学求知实在太可惜了。瞄了眼老师特别勾选

① PSP：Play Station Portable 的简称，是一款多功能掌机。

的简单版诗文，我尝试背背看。“孔子的志愿？嗯，‘子曰：老者安之，朋友信之，少者怀之。’哦？也不是很难嘛。喂，小浪，你听过‘但愿人长久，千里共婵娟’吧？竟然是苏轼写给他弟弟苏辙的，哈哈，我一直以为是写给情人的！哪有兄弟感情会这么好的啊……”

第二天一早，当我主动背出三条短短的诗文时，玉瓷老师相当吃惊，一旁的毅力老师还差点掉眼泪。

只可惜，恩玛没看到。

早上，东雷打电话跟阿姨说，昨夜恩玛的妈妈接她去新竹玩，今天不上学了，烦我代为请假。我感到有点失落，不知道是因为恩玛，还是因为她的妈妈。

反而是碧波为我鼓掌，大赞：“Good job![①]”但想到老师要大家多跟我讲中文，才又改口：“淳风·崔，太棒了！”

她后来还跟我道谢和道歉，说她表哥人不坏，只是嘴巴坏。但，嘴巴不是长在人身上的吗？我心想。

午茶时间，秋千老师突然笑起来，大家不明所以，过一会儿她才拿起麦克风说：“我刚看到有人在写学校的暑假作业，‘苟且偷生’的造句，他居然写：‘妈妈

---

① Good job：做得好。

怀孕了，爸爸不想要，但后来妈妈还是把弟弟苟且偷生了下来。'”

全班哄堂大笑，秋千老师接着道：“这是搞笑造句法，不能这样用啦！‘苟且偷生’是指得过且过，勉强生存下去。和生孩子无关，别再用错哟！”

我一时冷汗直流，不停地想：难道我就是那样被妈妈“苟且偷生”下来的？

“各位同学，顺便学一个成语：苟且偷安。‘苟且’这个词，是行事随便、草率，得过且过的意思；‘偷安’则是贪图眼前的安逸，不顾以后可能发生危难的意思。而‘苟且偷安’组合起来，便是形容人不知振作，只贪图眼前的安逸，不顾将来。”

老师解释得很详细。我自问，自己是不是这样呢？得过且过、贪图安逸？我的心一直被这些词语充斥着，满得快爆开来，尤其之前那句“苟且偷生了下来”，虽是搞笑版，却击中我的心脏。

下午，和浪花一起到靠海那边的堤防坐着，我对它讲了所有心事，从长滩的生活、千里来台湾寻母，到今早的“苟且偷生”。它静静地听，仿佛是人，而不是狗。记忆所及，我还不曾对人讲过这么多关于自己的事，即使是对死党杰克。

“谢谢你聆听我，呃，谢谢你的聆听，小浪。”

趴在地上的它，突地叹了口气，然后转头望向大海。夕阳西下，渲染了许多金、橘、黄交错的灿烂云彩。

我忽然觉得自己很残忍。对浪花讲这些心事，它却连自己的母亲是否存在都不清楚！我记得它是阿姨从朋友家带回来的。

人不能选择父母，却可以做自己的主人；狗既不能选择父母，也不能选择主人，更不能做自己的主人！它们多半一出生就与母亲分离，父亲更是传说中的一个名词而已。

“对不起，小浪，你听我一直讲母亲，很难过吧？”我握握它的爪子，“那你和山米一起浪迹天涯好了。”

它盯着我，眼里浮现出蔚蓝天空。

“啊，不行，如果浪迹天涯，你小安妈妈会心痛，会伤她心的，她那么爱你。”

浪花“汪咿”叫了一声，还站了起来，摇着尾巴。

“想到你小安妈妈啦？”我躺下来，它随即舔了我的脸，“嘿，小安阿姨都会问你意见呢，真幸运啊！你就是自己的主人！”

我嘻嘻笑着，将它举起来：“你妈妈和阿嬷对你超好，好到让人吃醋！也很令人感动啦。想想，她们简直把你当成真正的孩子，不嫌你四只脚、黑鼻子，不嫌你长尾巴，还永远不说话……”

我顿时愣住，想起又华妈妈也这样对我，不自觉放下浪花，坐起，呆呆地望着对岸娴静的观音山。

苟且偷安

【成语出处】《乞蠲减星子县税钱第二状》

其幸存者，亦皆苟且偷安，不为子孙长久之虑。

【成语释义】指得过且过，不知振作向上，只求眼前短暂的安逸。

【近 义 词】自暴自弃、得过且过、苟且偷生、因循苟且

【反 义 词】发愤图强、高瞻远瞩、宁死不屈

鞭辟入里

太偏僻了，要进入深山里！我几乎“苟延残喘”了。

恩玛两天没有上课，不过下午倒是带着小吉来找我了。那时我才看完威廉波特世界少棒联盟亚太地区资格赛的冠军赛，没有替美国属地关岛加油，倒为中国队小选手们的表现感到五体投地。

“小吉！乖一点，别吓到方向！”她喊着，顺道说明，“小吉是去年在地铁站跟家人走失的流浪狗，后来我们收养了它，它很爱方向。”

原来如此，初次见到它那天，鼻子旁有大黑斑的吉娃娃小吉，就是想钻进屋去找方向。狗爱上猫？酷！

恩玛心情不好。她妈妈带她和同母异父的弟弟、妹妹一起玩，但他们太顽皮，动不动就尖叫，她实在受不了。而且，她并没有跟妈妈单独相处的机会。

“妈妈的心其实都在弟弟妹妹身上……我说不能再

缺课了，她才送我回来。”

我不知道该说什么，在这方面，我似乎没有立场和智慧给她意见，只能看看浪花，对着它说：“小浪，我们四个天涯沦落人一起去走走好不好？请恩玛姐姐带我们去骑自行车吧？”

浪花又兴奋地跳了起来，恩玛笑着抱起它，也跟方向打招呼。我看着圆乎乎的猫，笑说：“十五天，这位小姐终于不躲我了，但我只要一接近，它又把自己藏起来。”

恩玛笑说猫就是比较认生，随即瞥见我讲义上红红绿绿的字，惊讶道：“哇！山米·崔，你有在听课！”

“我讲义上的笔记可以借你抄，你再配合老师给的视频课程，应该就能补回来了。”

她抱着浪花，嘴巴张得大大的：“哇！我错过什么好戏了吗？”

我取来浪花的出门装备，它立刻跳下。

“问浪花啊，它每天叼书叫我看，我就讲老师讲的故事给它听。哈，总之，我主动背了经和诗，不只简单版，还挑战了几篇中级版的！毅力老师昨天差点掉眼泪，今天是真的飙泪了……”在恩玛的惊异神色下，我们着装完毕，便到前廊推车，告别大人们。阿嬷已经不叫我“啥米”了，进步到“三米”，反正是音译，这样也对。

下午五点，恩玛领我骑车上山，车篮里的小吉和浪花，十分开心地欣赏景色。淡水小镇地势起伏大，才到沪尾炮台公园，三公里而已，我便已大汗淋漓、气喘吁吁了！浪花“很适时”地吵着要下来，我只好停一下，恩玛却调侃我：“还没开始‘上山’啊！”

放了浪花在草地上和小吉奔跑，我顺势躺下，好奇地问：“你不会累吗？”

“会呀，但我常骑，所以还好。你一定也可以，你是运动健将！”

我笑了一下，起身拿水喝，说：“嗯！我要振作，要努力骑上山，绝不能‘苟且偷安’！”

她又张大眼睛说：“哇，你讲成语！”

我有点骄傲地笑了，对她讲了“苟且偷安”的意思，又讲了今早学的“鞭辟入里”的意思。

“写作前，毅力老师说碧波昨天的文章真是鞭辟入里。我就问她，是太偏僻了，要进入深山里吗？结果大家又大笑。老师说是见解独到，且深刻扎实的意思，接着解释它的典故。没记错的话，是北宋的程颢的理论，他认为身体力行很重要，不只是修身和处世，做学问也该自我鞭策。‘鞭辟入里’就是从这里演变而来的，也可以用来形容评论或见解十分深刻透彻。‘鞭辟’是鞭策、激励的意思。天啊！这么难的词，我居然记得住！我病了！”

恩玛哈哈大笑，露出可爱的虎牙。浪花则汪汪叫，恩玛说它在催我们了，再不走，它又要去扑花，把自己弄伤了。她说去年浪花曾经扑向从桥下长上来的凤凰花，结果跌下桥，都骨折了。她哭了很久，也和邻居小宾一起内疚了好久。

“扑花？你这么浪漫？”我把它放进篮里，又问，“那小宾呢？怎么没看到他？”

恩玛拉拉帽子，立即往前骑：“上个月搬家了！”

我耸耸肩，没有多问。迎头赶上后，跟她说：“老师还赞美另一个同学的文章掷地有声，说美妙到丢到地上都能发出铿锵有力的声音！”

她呵呵笑着，领我在大街小巷穿梭了一两公里。我骑得晕头转向，她倒绕得很有成就感。

“大土地公！”她指着左前方喊，“要开始上山啰！”

天，才要开始啊？现在觉得阳光海那边的路真是平坦！没办法，还是得硬着头皮往上蹬。

“樱花农场！”我的腿已经有点发软时，她指着左前方又喊。

然后是好长的大陡坡，我的腿部肌肉和臀部椎骨都在抗议着，但我不能示弱啊，难道“海王子”离开了海就变“逊王子”吗？我们超越几位也正挥汗奋战着的骑士，大家的腿抬得都像电影里的慢动作一样，脸部则是痛苦的悲情戏。

“汪咿！”浪花转过头来贴心地舔了我汗津津的手，我赶忙唤它坐好——为了安全——当然也希望它谅解，此时我多说两个字都是一种折磨呀！

“小土地公！”恩玛在炽热的风中回头，鼓励我，“加油，接下来两关是高难度的！”

那时，我累到几乎已是“苟延残喘”，完全不知道是谁的腿在踩自行车，心中只有一个念头：不能放弃。

“北新乐园！”她指着汗水又喊，“最难的是从这里到下一关‘斜坡之家’！加油呀！”

下一关？啊！我咬着牙，汗水湿透全身，提醒自己调整呼吸，坚持下去。你可以的，山米·崔！我为自己打气。

在青翠中，拐了个几乎让我投降的弯……

当恩玛喊出“斜坡之家”时，我的眼泪几乎夺眶而出！

“恭喜……山米……最难的都通过了！”她在前方喘着气喊。

总算啊！我的天。我对她摆出一个很酷的笑，却在心里哀哀地叫。接着便借较缓的坡路舒展一下腿筋，然后在过了水源小学后有一段短短的小下坡，我让四肢全部松弛，全身如释重负，像获得救赎一样。

这一带的大楼、小区颇多，还有便利商店呢！真佩服住这附近的人，若不是爱山，谁会在这种几乎“偏僻”入里的地方安居啊！

“天元宫！”恩玛宣布，“骑到阶梯那里休息吧！”

车一停，浪花一个纵身，已在阶梯的第七级，开始跑上跑下了！

“它好像在说我骑得太久了，它受不了了！”我大口呼吸着。

“不会啦！”恩玛的眼中倒映着落日余晖，“它知道你很厉害，你是第一个第一次骑就成功挑战北新大道的人！而且都没有休息，一气呵成！嗬……山米，我就知道你可以！”

鞭辟入里

【成语出处】《师训》

学只要鞭辟近里，著己而已，故切问而近思，则仁在其中矣。

【成语释义】指分析说明问题深入透彻，切中要害。

【近 义 词】鞭辟近里、入木三分、刻画入微

【反 义 词】言不及义、不着边际、轻描淡写

一筹莫展

不如一起努力研读中文，说不定就能理解全信线索了！

真服了恩玛，把我弄到这里来操练！不过也因此，我才知道自己的潜力，还真不是普通的强！

嘿，将近五公里的急升坡！后来我才知道，今年台北举办的第二十一届听障奥运“自由车公路赛”，就包括北新大道这一段，应该也是在北海岸的全程中最艰难的一段。

恩玛为大道上的七大关卡取名，说这样骑起来才有一个个的目标可以鞭策自己。她的方向感很好，虽然常常东绕西钻，但总是能找到新路线。还跟我说过了天元宫，可以到金山、三芝和阳明山公园；而天元宫的吉野樱是台湾除了阿里山外最漂亮的，我若三月底来，肯定看得惊心动魄、叹为观止！

从高山眺望海那边，有一种远距的茫茫美感，连夕阳都添了几分沧桑。那天，我们和狗狗们嬉闹、赛跑了一番，才溜滑梯似的滑下山。

在与恩玛道别，接近家里时，我看到爱猪老师从咖啡馆出来。

心里的某一处觉得怪怪的，但我不知道为什么。第二天，偷偷问了教导作文的毅力老师有关爱猪老师的事，我不想问姨丈。最后，我提出疑问："老师，不是常有女生太年轻就生了小孩，只好让兄姐代养那种事吗？"

"你电视剧看太多了。"老师驳回我的问题，然后指着我刚写好的作文，"这里，再去加写一点你的章鱼战士看到水母公主时的感觉。还有，我真的觉得你可以排除爱猪老师是你生母的可能性，她还不到三十岁。"

"那你呢？"其实我到现在都不明白那天是向谁借了胆，"是你吗？"

毅力老师笑到得撑住头："你不能到处认妈啦，而且，我觉得养重于生。别说了，快去补写。"

回想那天问老师的情形，真不像我平常的作风啊！今天不必上学，我在书桌前拿出那封信，一读再读，还用打火机烤，看会不会浮现什么密码，但没线索就是没线索。我生着闷气玩电脑游戏，娃娃的哭声使我加倍烦躁，阿嬷叫我，我也不想理。

“来吃三明治啦，三米！”后来，她叨念了起来，“只知道打游戏，娃娃也不会顾一下，阿嬷叫也不回应！”

“哼！你又不是我真正的阿嬷！”

阿嬷吃惊地看着我。脱口而出的话已收不回，我立即从花园狂奔而出。

只穿着夹脚拖鞋一路跑，直到六百米外的红毛城口才停下。我坐在阶梯一角，低着头猛喘气。这时，才看见浪花跟来了，它吐着舌头，也喘吁吁的。

“跟屁虫！”我弄乱它的毛发，苦闷的心却有了一点甜，但想到刚刚做的事，心又酸涩了起来。

“山米——”是恩玛！她竟在马路对面的堤道上，正举着大本子对我挥舞，“啊！还有浪花啊——”绿灯后，她穿越斑马线跑过来，我才看到一旁的小吉，浪花马上热情相迎。

恩玛和同学从关渡水鸟公园写生回来，问我们怎会在这里，我们的样子可一点也不像要参观红毛城。我把寻母没有进展的苦恼和对阿嬷做的坏事都告诉了她。

“很忧愁吧，真是一‘愁’莫展。”她靠着城墙叹气，“不知道要往前还是往后。”

我突然一惊，觉得这句话好熟！连忙想一想，才跟她提“不知往前还是往后”是信里其中一句！

“真的吗？”她很惊讶。思考一会儿，拉了拉差点被海风吹走的遮阳帽，她接着说：“你亲近的每个人，都可能是你妈妈。山米，不如我们一起好好研究，然后努力读中文、学经典、练作文，说不定就能理解全信的线索了！”

我抬头眯着眼看她，艳阳下，仿若站着一位年轻的阿加莎·克里斯蒂[①]，或破案天才春濑奇奈[②]，还是单纯无邪中国版的！

“但你一定要先跟阿嬷道歉，没得商量。”她拿起大画本，在上面涂涂写写，然后撕下，“帮你写好了，你马上回家，把它举在胸前，然后——”

“咳！干什么啊，约会啊？”

这声音好熟！我很不情愿地回头，戴着球帽、背着钓竿的高竿正好走过来。没有花太多时间，他就对

---

① 阿加莎·克里斯蒂：英国著名侦探小说家，代表作品有《东方快车谋杀案》等。

② 春濑奇奈：日剧《不可能犯罪搜查官》主角春濑奇奈，专门负责破解各种难以解释、稀奇古怪的案件。

我发起攻击:“哼，从美国回来了不起啊?告诉你，现在石油都比美金贵了!”

我站起来，拍拍屁股，无惧地对着同我一般高的他，直视他的眼睛:“不劳你担心。浪花，回家啰!”然后丢下他和恩玛。恩玛会理解的，高竿是她同学，不会对她怎样。那家伙就只喜欢找我麻烦而已。

我和浪花既帅气又快速地奔跑着，从后院冲进起居室时，阿嬷和阿姨刚好都在。我立刻拿起恩玛替我写的“阿嬷，对不起，因为我一愁莫展”的牌子，并说我不该讲那种话。

想不到阿姨笑了起来，我完全摸不着头绪。

“写错啦!是筹划的筹，不是忧愁的愁。”她拿过纸张，写上正确的，抬起头转向也笑着的阿嬷，“阿嬷，他中文不好，都这么有心了，你要原谅他吗?”

老人家收起笑容，假装严肃地说道:“好啦。但不准再这样乱发脾气了。”

“不会了!”我举手做发誓状。

她们都笑了，阿姨递给我毛巾擦汗，还看看猛舔着水喝的浪花，说:“宋朝有位官员蔡幼学，他曾在新皇帝即位后建言:身为君主，有三大要事必须注意，就是事亲、任贤、宽民，又以任贤为最重要。以前，君子总被小人暗中使计排挤或陷害，以致臣子不敢有所作为；而与皇上亲近的臣子本应忠言直谏，却因忠言违逆圣意反而遭到皇上遗弃。再这么下去，为君的必定毫无作为。满朝大臣没人能提供一点计策，国家这样下去是不行的。山米，这原文是‘一筹不吐’，后来演变成‘一筹莫展’，用来比喻没有一点计策，毫无办法。以后要记得，是筹划的筹，不是忧愁的愁。别再写错啰！”

这个恩玛……

一筹莫展

【成语出处】《宋史·蔡幼学传》

陛下欲尽为君之道，其要有三：事亲、任贤、宽民，而其本莫先于讲学。比年小人谋倾君子，为安靖和平之说以排之。故大臣当兴治而以生事自疑，近臣当效忠而以忤旨摈弃，其极至于九重深拱而群臣尽废，多士盈庭而一筹不吐。自非圣学日新，求贤如不及，何以作天下之才！

【成语释义】 比喻毫无办法，一点计策也施展不出。

【近 义 词】 手足无措、计无所出、束手待毙

【反 义 词】 胸有成竹、急中生智、计上心头

焚膏继晷

捧着书的台湾孩子坐在加拿大传教士面前读李白，酷！

这个恩玛……

真可爱。要不是她写错字，阿嬷也不会笑出来，然后那么快就原谅我。

“好啦好啦，你也很可爱！”在阿姨的房间里，我逗着摇篮里的娃娃，刚刚店里忙，我自告奋勇照顾她，但还不敢抱。一抬头，见方向正端坐在房门口盯着我，我开朗地夸奖它：“方向小姐，你也可爱啦！”

它对着我优雅地“喵”一声，我立刻有点想哭。这是这么久以来，它第一次跟我“说话”！它是只混种折耳猫，有些宫廷贵妇的骄矜，是姨丈的爱猫。浪花举起前脚想跟它玩，它突地一个转身就跳走，害得浪花只好去软垫上继续啃布骨头。我微笑，一手牵着娃娃的手，一手翻着讲义，想把之前学过的课文再细读几次。

恩玛说我很幸福，“淳风”这个中文名字真不错，不像杰克，连中文名都叫“王杰克”。跟她约定一起努力提升中文后，这几天，我已经看了《孔明借东风》《桃园三结义》《水浒传》《西游记》等故事了，还念了几首与三国故事相关的诗文；恩玛更让我听MP4里的中文歌曲《老子说》《子曰》等，挺有趣的。和浪花玩顶鼻球游戏时，我也尝试用修辞手法来夸赞它：“你跃起来的身形好美，就像一头豹子！真神气啊！”它开怀地吠叫，我再回应：“够了够了！已经‘如雷贯耳’了！”

我也常读讲义中的经和诗，在床上读，在地板读，摇着娃娃时读，看美国职业棒球赛转播时也在读！有一次还因为想搞懂庄子和死对头惠施到底在辩什么而研究到半夜！突然觉得自己的生活从来没有这么充实过。

“你真不简单！”坐在河堤马偕老爷爷的石雕船里，恩玛崇拜地对我说道，“大家一定不会相信！”

我很酷地笑笑，回她：“人不知而不愠，不亦君子乎？”

她笑着捶我，再和我一起背诵陶渊明的《归园田居》、李白的《将进酒》，还有苏轼的《念奴娇·赤壁怀古》等等。后来我们发现游客猛对着我们拍照，才发窘地赶快逃离。

看两个捧着书的台湾孩子坐在加拿大传教士马偕面前读李白，应该是挺特别的吧！

然后，再上课时，我一口气将之前“欠”的都背齐了，虽然还是需要提示，但已让全班都惊掉下巴，老师们更是难以置信。

“太厉害了！”潜水老师抚着掌心表示，“恩玛说淳风这几天非常努力，常读到半夜呢！让我想到‘焚膏继晷’这个成语，跟大家分享一下。

“唐代大文学家，也是‘唐宋八大家’之首的韩愈，在《进学解》这篇文章里，借太学老师训诲学生的话来讥讽政府不懂得善用人才，也抒发了怀才不遇的失意感。文中提到‘焚膏油以继晷，恒兀兀以穷年’，‘膏’是膏油，指灯烛，古时候，夜晚是燃烧灯烛的；‘晷’则指日影、日光。也就是说，读书写作不眠不休，往往一直进行到第二天日光出现，经年都如此劳苦不息。这是一种非常勤奋的读书态度，后世也用来形容夜以继日地勤于工作或从事活动。山米，虽然你不是一年到头都如此，但这几天非常有焚膏继晷的精神呢！所以才能在短时间内进步神速！”

“恩玛有帮我忙啦。”我腼腆地挠挠头，其实浪花也帮了我。

“很好啊！帮忙的人一定也会进步的！”老师笑着看看恩玛，“同学之间就是要互相帮忙。大家鼓鼓掌！要记得，发愤图强，永远不嫌晚！”

下课后，毅力老师拿了她批改好的作文一一指导大家，并对我说我进步了好多，但哪里还可以怎样加强，等等，恩玛、碧波都为我高兴。后来我们三人和大东同学一起挑战魔方，虽然我很想再玩，但一抬头看见毅力老师指着她写在白板上的“订正错别字词”，我只好回到座位拿出作文纸，开始和一些画在眉批处的空格子奋战。恩玛和碧波也协助我查字典，并在看到我写的词语“大匹人马”和“情不自尽”后笑得半死。恩玛纠正我，说是“禁不住”的“禁”；碧波还故意消遣我：那匹人马到底有多大一匹，让你吓到想要自尽呢？

“别取笑他啦。”恩玛说。不愧是我的金兰之交。

“不过，山米，这样你永远都不会忘记了吧？”

我也笑了，点头。还真是难忘，被笑到印象太深刻了，如此的记忆方法也不赖。后来，上了毅力老师充实有趣的作文课，在欢笑声中学了些描写技巧和简单的修辞知识；也在写作课最后一秒交出我的文章，老师看着我那篇五百字的《一个噩梦》直微笑，赞我把情境描写得很好。

心中一股成就感，就这么油然而生了。

门口传来东雷的声音，我走向他时，潜水老师刚好跟他说："真是两个乖小孩！会互相帮忙呢！"我觉得不好意思，便走到公告栏前去等恩玛。公告栏上张贴着上一次作文写得好或有进步的文章，今天我俩的和碧波的都在上面。

"要赶上碧波，还真得'焚膏继晷'好几年呀。"恩玛站到我旁边说，随即拉住我转了一半的身体，"等等，让他们再聊一会儿。"

我听了，稍稍回头，只见东雷和潜水老师正聊到潜水和钓鱼，两人都笑盈盈的，那气氛真是……

我想到画红老师课上讲过的唐朝刘禹锡的《竹枝词》"东边日出西边雨，道是无晴却有晴"，便和恩玛相视而笑。

焚膏继晷

【成语出处】《进学解》

先生欺余哉！弟子事先生于兹有年矣。先生口不绝吟于六艺之文，手不停披于百家之编；记事者必提其要，纂言者必钩其玄。贪多务得，细大不捐。焚膏油以继晷，恒兀兀以穷年：先生之业，可谓勤矣。

【成语释义】形容夜以继日地勤奋不怠。

【近 义 词】孜孜不倦、夙夜匪懈、夜以继日

【反 义 词】好逸恶劳、玩岁愒日、饱食终日

大相径庭

车位太少，大家争相竞停？

分别学完秋千老师和画红老师教的诗词，也吟唱了好几首。其中，我最有感觉的是唐朝张志和的《渔歌子》和南唐李后主李煜的《虞美人》。一样都是古调，唱起来却有欢乐与悲愁的差异。

“真是大相径庭，连内容也是。”毅力老师听了我的感觉后说。

又一桩怪事。我是不和老师打交道的，在这里却能把他们当朋友看待。

毅力老师将我的感想提出来和同学分享，接着又是一次“机会教育”：“择日不如撞日，我们就趁机来学一下‘大相径庭’。这是《庄子·逍遥游》里的一句，说有个人说话老是一讲就毫无边际，回不到原来的话题上，让人害怕听他说话，因为简直远如天上的星星，和一般人的言论实在差太多了，而且不近情理。‘大相径庭’便出自文中的‘大有径庭’。‘径’是门外小路的意思，‘庭’则是堂外之地，就是院子。‘径庭’连用，指的便是差异很大。后来用来形容两者截然不同，或指双方的言行、作为相差太大。”

原来“径”和“庭”是外面的小路和我家的院子啊，那当然是有差别啰！我还以为是车位太少，大家争相竞停的意思。哈，我的想法和原义还真是大相径庭！而且，除了不再排斥学习经典，我也从未如此期待上作文课，甚至不讨厌写作文了。和从前相比，又是一个大相径庭。

放学时，我们等着阿嬷，老人家说今天要来接我们去忠孝东路吃她老友儿子的结婚喜酒，我和恩玛必须代表走不开的阿姨和姨丈，这样才不吃亏。但此时，我瞥见高竿又出现在小学堂，正跟碧波讲着话，我刻意经过他们，刚好听到碧波说：“很遗憾，但我真的没钱了。”于是我忍不住又管了闲事，其实我在美国不会这样的。

“你干什么？勒索她啊？”我开口，口气还很冲。

“没有！”碧波赶紧横在我们中间，“表哥只是跟我借而已！”

高竿瞪我："少管我的事！我今天没有美国时间理你，你最好闭嘴，滚回你的美国去！"

我气得抡起拳头就要冲向他，碧波和恩玛劝阻的声音又起。说时迟那时快，潜水老师已经又使了那招"张臂功"分开了我们。真不知她是怎么办到的！

画红老师走了过来："你们俩怎么这么容易针锋相对呢？"

"因为他们的个性和言行大相径庭啊！"恩玛竟为我出头，我有点感动。

"汪咿！"

还有它也为我出头。我听到它的声音，就笑了。低头看，只见浪花对着高竿叫了一大声，再挤压着鼻子发出低沉的怒音，仿佛宣示：要动山米·崔，得先过我这一关！

"怎么了，三米？"单纯的阿嬷则还在五里雾中，"一出电梯，小浪就跳出提袋闯进来了！"

"阿嬷，没事啦，淳风在等你呢！"画红老师笑，接着对高竿说，"你是碧波的表哥？有事的话，以后跟大人谈，或找我谈也可以。好吗？"

高竿未置可否，只摸摸鼻子，悻悻地走了。老师也要我学着控制脾气。接着，阿嬷说她带着浪花到小学堂，路上迷路了。恩玛忙再次跟她讲解路线。恩玛小小年纪，方向感却很好；阿嬷则有迷路的习惯，听说有一次只是搭公交车要去淡水渡船头吃阿给[①]，最后却辗转坐到台北博爱特区！这两人还真是“大相径庭”啊！

“哇！好可爱！”周遭突然传来欢呼声，只见浪花在几名围着它的同学间后脚站立，来回走着步，“现”起了绝技。

恩玛也拍手，紧接着喊：“浪花，跳起来！”

浪花闻言，立即表演了原地跳转的高超本领，再度获得如雷掌声。果真名副其实的“Every dog has his day[②]”啊！我看见美丽又有智慧的画红老师在办公室里和碧波谈话。一会儿，碧波的爸爸来接她了，她示意大家别提刚发生的事，我们懂，也尊重碧波，毕竟这是她的家务事，高竿也不像会伤害她的样子。

外面的小路是管不到门里的院子的。家务事真是一门好大的学问，在她家是，在我家是，在谁家都是啊。

---

① 阿给：台湾淡水特有的小吃。

② Every dog has his day：人人都有成功的机会。是句谚语，直译为“每只狗都有得意的一天”。

大相径庭

【成语出处】《庄子·逍遥游》

吾闻言于接舆，大而无当，往而不返。吾惊怖其言，犹河汉而无极也。大有径庭，不近人情焉。

【成语释义】比喻两者差异很大，相距甚远。

【近 义 词】天差地别、截然不同、大有径庭

【反 义 词】并行不悖、大同小异、不相上下

良辰美景

这不是“渔歌互答，此乐何极”吗？我肯定被洗脑了！

跟又华妈妈讲电话时，我提到自己长大了，会帮阿姨忙，照顾娃娃、清洁起居室和咖啡馆，她十分高兴；但一说到我学了很多经典，中文越来越好，应该快可以解开身世线索信时，她就沉默了。

“你一定要相信，山米无论如何不会离开你。”我强调。

她想了想，才说：“嗯，妈妈相信你。”那声音远远的，细细的，最后发出“要乖一点”，随即沉没在海的那一端。

离开妈妈好多天了，我很想念她，从没如此想念过。

听到阿姨的叫唤，我走进前厅咖啡馆。除了阿嬷在哄娃娃睡觉，大家都忙着打烊工作，连浪花都忙进忙出的。我擦着桌子，排整桌椅，想到从没帮妈妈做过家务，真的很不应该。

稍后，环顾室内的图片展示，我终于问了一直想问的问题:“阿姨，你是马偕爷爷的大粉丝？”

阿姨叫工读生先回家，清理着咖啡机的同时，回答我:“他可是淡水最有名的人！他来到淡水已有一百多年了。六月二日是淡水的马偕日，我们每年都会举办纪念活动。他几乎把一辈子都奉献给台湾了，那时台湾非常贫穷，老爷爷就一手《圣经》，一手医钳，为大家医治身体和心灵，帮病患拔了两万多颗牙呢！”

我吞吞口水，舔舔嘴，心想还是不要遇见这位老爷爷好了。

“他在老街那里的马偕街开设了诊所沪尾偕医馆，帮许多人治病，是北台湾第一所西医院呢！而隔壁那栋淡水教堂，也由他亲手创立、后代维修，是北台湾第一圣会。我们店里会配合展览马偕和淡水文物，还负责向游客解说。当然，也因为他是我的偶像啦！”

我想那一定有很伟大的意义，就我所知，阿姨很少如此崇拜一个人。

“马偕医院就是纪念马偕博士而设立的，到现在，马偕的医疗系统已经非常庞大了！”阿姨对走过的姨丈笑笑，继续谈论偶像，“他在日记里有一个对神的盟约，写着：‘我再一次与你立誓，就是痛苦至死，我一生也要在此地——我所选择的地方，被你差用。愿上帝帮助我。’山米，很感人吧！”她像少女一样将双手放在脸颊旁，要不是老爷爷已作古，我觉得姨丈的地位非常危险。

“对了，山米，你都还没去游泳？”

我看看正擦着玻璃杯的她，颔首。的确，来了这么久，我似乎没心思做自己原本爱好的事。

“那怎么行！你叫海王子啊！明天好不容易休假，就去游泳好了。也要邀恩玛，她可代替我们陪了海王子不少时间呢！”

我感觉脸红了一下，但十分期待明天。好像我现在才想起自己会游泳，而且很会、很爱。我打电话给恩玛，她立刻答应，还显得十分开心，因为她爸爸帮她订好去上海的机票了。我也扯开喉咙大叫一声，替她高兴！

“我下星期三就在上海了！”第二天，她还是非常兴奋，“你知道上海上次看到日全食是什么时候吗？一五七五年！明朝！而下一次要到什么时候？二三〇九年！就是三百年后！那时我们都已经重新投胎，又死四五次了！”

恩玛实在很可爱，连姨丈都称赞她：“你这么清楚？好像女诸葛啊！”

姨丈开着车；阿嬷抱着猫咪方向坐前座；阿姨抱着娃娃，恩玛抱小吉，我抱着浪花，一起在后座热热闹闹挤着。基本上，所有的小孩和小狗、小猫都又叫又笑，喧闹不已，包括我在内，令人难以想象。

“哇，好热闹！这样真好！”车驶在淡金公路上，姨丈有感而发，“风光宜人，真可谓良辰美景啊！小朋友，知道天下有哪四件事很难同时拥有吗？”

我和恩玛齐声喊：“不知道！”他们也乐得直笑，大人真奇怪啊！

“就是良辰、美景、赏心、乐事。”姨丈宣布。

我很自然地看向阿姨，她也习惯地对我们解释道：“这是喜爱刻画大自然之美，文学史上山水诗派的开创人谢灵运说的，他曾经说良辰、美景、赏心、乐事，四者难并。也就是美好的时刻、迷人的风景、欢畅的心情、快乐的事情，四者很难同时出现！”

“就像我们现在这样嘛！”恩玛抓住已快攀到前座找方向的小吉，大声说。

“对呀！四者难并，我们都并了！”阿姨补充，“而且王勃在《滕王阁序》中又把它提升到‘四美具，二难并’。时、景、情、物要巧遇已经不容易了，再加上贤主和宾客，更是难得的聚合！我们也都有！”

“哇！”恩玛将小吉举起，大喊，“都有啦！”

我也举起浪花，觉得好开心。车窗外，一边是阳光迤逦的海面，一边是遮盖蓝天的山巅，连公路都别有况味，或笔直或蜿蜒，延伸在山海之间。而这幅图画里，有主人、宾客、家亲、宠物，大家欢聚于夏天的今日，一个最灿烂的时光……

我也终于做了我的“乐事”了！在沙滩美丽的北海岸翡翠湾游泳，我如鱼得水，从皮肤到肌理，从身体到心灵，无不受到久违的水的慰藉。突然，想到跟我一样爱水的老子，“天下莫柔弱于水，而攻坚强者莫之能胜”这句名言，竟立刻浮现在脑海里。我是怎么了？竟联想起古人诗文？

我甩甩头，恣意翻卷成浪里白条，前冲后扑，好不快活！许久后，当我停下脚，四肢轻飘地休息时，望着远处大海及沙滩戏水的人潮，竟又联想起范仲淹写的湖景：“上下天光，一碧万顷。沙鸥翔集，锦鳞游泳。”我又是怎么了？

“汪咿”，欢呼声中，浪花也游来找我了，简直活泼到极点。“小浪好棒！”我把它举得高高的，问它，“开心吗？有没有吃到鱼？”

它又“汪咿”回我，一唱一和。我一惊，这不是“渔歌互答，此乐何极”吗？啊，啊，啊，我到底怎么了？

我想，我肯定被“洗脑”了。

良辰美景

【成语出处】《拟魏太子〈邺中集〉诗序》

建安末，余时在邺宫，朝游夕宴，究欢愉之极，天下良辰、美景、赏心、乐事，四者难并。今昆弟友朋，二三诸彦，共尽之矣。

【成语释义】形容美好的时光，宜人的景色。

【近 义 词】美景良辰、良辰媚景、良时美景

【反 义 词】愁云惨雾、新亭对泣、凄风苦雨

美轮美奂

终于了解刘邦入咸阳城后，就想住在秦王宫的心情了。

我肯定被“洗脑”了，还有别的原因吗？

浪花热情地舔我，展现出“此乐何极”的样子后，再歪着头注视我，好似在说：“不过是懂得欣赏和运用经典，有那么严重吗？”

“对呀！”恩玛带我骑自行车到碧波家前表示，“我昨天跟叔叔说和你们一起玩得畅快淋漓，他听了都快吓死了，还不停摇晃我的肩膀问：‘你是谁？你把我的恩玛藏到哪里去了？’”

我哈哈大笑，东雷还挺幽默的嘛！恩玛提议改天一起研究那封信，我附议。

转了一个弯就到了碧波家，我被眼前碧波的家吓一跳。这是红树林站前的豪宅，我们经过警卫的再三盘问、检查，才推着自行车进了豪华大电梯！今天是碧波生日，她请几个朋友到她家庆生，还在邀请函上写明不可以带礼物和宠物，违反约定的人要当她一个月的仆人，供她“颐指气使”。那多可怕！我只好跟浪花说抱歉。

“吓到了吧？”恩玛笑，“我第一次到她家时，简直目瞪口呆。”

碧波迎接我们进门后，我立刻在心中喊了一声：“哇！”瞧那格局，瞧那欧式古典装潢，十分具有设计感，现代陈设也应有尽有，简直是宽广气派的豪宅嘛！

我们和碧波另五个朋友参观着豪宅，就像樱桃小丸子和同学去花轮家一样，也像《红楼梦》里的刘姥姥逛大观园，一切只能惊叹再惊叹！碧波的生日大餐也不遑多让，中西料理，一应俱全！因为实在太享受了，我竟然觉得有点对不起浪花。

碧波的爸妈亲切招呼大家，说我们都是碧波的好朋友，谢谢我们照顾她。我听了心虚，我应该是沾了恩玛的光！

“真的啊？恩玛明天就要去上海看日全食啦？”碧波的爸爸对恩玛说，“那你是专家喽？好多的‘追日族’和天文学家都往那些地方去了，是百年难得一见、不可多得的研究机会！”

“台湾可以清楚地看到日偏食！电视还会全程转播。”一个男生接话。

“偏食？很好，我们碧波也是偏食族呢。”波爸失笑说，“不管日偏食还是月偏食，她都爱。青椒不吃、苦瓜不吃、羊肉不吃，连紫色的食物都不吃，有谁比她更爱偏食的啊？”

“爸！”碧波噘嘴叫着。

大家为波爸的双关语笑弯了腰，难怪碧波长得这般娇小，原来喜欢“日偏食”。不久，我借机问了碧波墙壁上的匾额“美轮美奂”是什么意思。

“你真的变了！”她惊讶道，随即流畅地解释起来，“‘轮’是形容高大的样子，‘奂’则是形容华丽鲜明的样子。这成语出自《礼记》，说有个官员新居落成，很多同事都去参加落成大典。其中一名官员叹道：‘这房子多么高大宽敞啊！装潢又是多么华丽啊！从今以后，主人就要在这屋子里奏乐祭祀，也在这里守丧和宗族聚会宴饮了。’主人回答：‘能够在这里祭祀、居丧、与宗族聚会，表示我将来得以善终，会和先人们合葬于九原！’‘美轮美奂’就从这里演变而出，一般用来形容房屋高大美观、装饰华丽。”

“就知道你会。”我点头，“谢啦！”

“老师说过啦！”她呵呵笑，“其实那位宾客表面上称赞屋宇高大华丽，实际上意在提醒主人不要太过奢华，要适可而止。但用到现代，祝贺人家新居落成也都会送这四个字。和金碧辉煌的意思差不多啦！”

我终于了解刘邦入咸阳城后，见识到秦王宫的金碧辉煌，就想住在那里的心情了。只是，碧波家再怎么美轮美奂，我还是会想念阳光海咖啡屋那朴素但有品位的蜗居，可能是因为里面的人吧，还有我亲爱的浪花。

离开碧波家，我们推了自行车走下红砖道，突然见到高竿在侧门探头探脑的，很是鬼祟，但我们实在管不着。回到家，带上浪花，便由恩玛领着逛淡水，我看到真理大学大教堂，也觉得它真是美轮美奂。

淡水不愧是台湾早期最西化的地方，除了鄞山寺、福佑宫等传统建筑，我们不管怎么骑，总能轻易就经过一处洋风古迹，像红毛城、理学堂大书院等；我很喜欢小白宫的雅静脱俗，也在马偕街见到了阿姨说的沪尾偕医馆和淡水教堂，那是淡蓝色的古朴木建筑和彩色玻璃红砖瓦的老教堂。在复古石板路上遥想当年的马偕老爷爷，从宗教、医事到学校，无处不充满马偕身影的淡水，真是与台湾其他市镇不同。

“难怪马偕爷爷能成为阿姨的偶像！”我对车筐里的浪花说。

它立即回了声“汪咿”。我们骑进淡江中学寻找更多古迹，浪花前脚扶在车筐边缘上，激动地站了起来。

“不可以！小浪坐下！危险！”我喊道。人群总能让爱表现的它情绪沸腾，见到来来往往活动的学生和游客，它怎么坐得住？

我只好使出“杀手锏”，对它喊：“谁要洗澡？谁要罚站？”

像紧箍咒发威一样，它马上坐了下来。的确如阿姨所说，大家都有死穴。

我们稍后在马偕墓园内休息，恩玛说马偕夫妻和儿子儿媳都长眠于此，淡江中学还是他儿子偕叡廉创立的，要说谁爱台湾，一定有他们的名字啊！

往家里骑自行车时，望见不远处高竿钓鱼的身影。虽然他自号“高竿小钓手”，但我不喜欢他，浪花也不爱，还对着他发出低低的吼音。

我跟阿姨说，我跟马偕老爷爷几乎相处了三小时，她竟激动地拥抱了我！我心中涌起特别的感觉。半晌，她擦擦我的汗水，自己整理一下，才到咖啡馆大厅，将自己“奉献”在马偕老爷爷的展览解说里。

美轮美奂

【成语出处】《礼记·檀弓下》

晋献文子成室，晋大夫发焉。张老曰：“美哉轮焉！美哉奂焉！歌于斯，哭于斯，聚国族于斯。”文子曰：“武也，得歌于斯，哭于斯，聚国族于斯，是全要领以从先大夫于九京也！”

【成语释义】指房屋气势宏伟、装饰华美，可用以祝贺新居落成，亦广泛形容建筑物的富丽堂皇。

【近 义 词】金碧辉煌、富丽堂皇、竹苞松茂

【反 义 词】家徒四壁、环堵萧然、蓬门荜户

第三章

改变及淬炼

不寒而栗

被关在鬼屋里，夏天竟是这般寒冷。

今天早上是全世界为二十一世纪历时最长的日全食疯狂的日子。

台湾刚巧位于偏食带上，可以看见月亮偷天换日、把太阳变成“弦月”的奇景（其实是太阳被月球阴影遮盖形成了缺角）。恩玛将她的护目镜送给我看日偏食，但我必须上课，就只能观赏电视的报道了。据科学家推算，台湾要看到日全食天文奇景，是二〇七〇年，那时候我都老了。

早上，台湾没有天昏地暗，但因太阳被遮住，我在学堂都可以感受到温度下降，凉爽了一点。恩玛在上海，不知道有没有见识到白天变暗的景观。我觉得今天的太阳很幸福，大约有一亿人关注它！

放学回家吃过午餐后，偷偷喂了一只过了开水的鸡腿给浪花，倘若人人都有死穴，我的死穴应该就是它。我跟它说今天是“天狗食日”的日子，所以可以加菜。然后，我留它看家，去游泳池游泳了。经过翡翠湾那天后，我发觉自己找回了做一条鱼的感觉，不能离水太久。

在游了两千米之后，心灵深处才勉强有了满足感。踏着夕阳而归，我忽然觉得海那边的天空好美，便没有过马路回家，反而加快了速度，往沙仑海滩骑去。

但一让自行车停在沙滩，我就后悔了。因为神出鬼没的高竿又出现在我身旁！

“你跟踪我吗？”他没好气地问。

谁会这么自找麻烦？但我没说话，我一点都不想跟他说话。

“神气什么？”他提起钓竿戳我，很是挑衅，“尿包，今天没人帮你了吧？”

一股怒意驱使我拉过他的钓竿，用力甩在前方的沙地上，还吓得一些小沙蟹躲进了洞里。他顿时脸色大变，五官狰狞起来，举起拳头就扑向我。

第六感告诉我快逃，他应该疯了，钓竿可能是他的死穴吧！我使劲跑着，他紧追在后，还大吼大叫。我越跑越远，然后一个转身，躲进海滩上一间小小的仓库里。过了一会儿，没有听到他的喊声和脚步声，我顿觉不妙，想开门出去时，门已被锁上了。

“再躲啊。”他在仓库外冷笑一声，“这是鬼屋，你进得去，出不来。等着被鬼吃吧！我会通知你阿姨来收尸！”

接下来，静无声息，我鸡皮疙瘩都立起来了，不觉想到温柔的玉瓷老师稍早讲的“不寒而栗”的故事。是说西汉有一个酷吏，以执法严峻、不讲情面与十分主观闻名。有一次，他将牢中的两百多名囚犯全数改判为死刑，又把曾经前去探监的犯人的亲友统统抓起来，认为他们涉嫌替这些犯人脱罪，必须一律处死。就这样，他在一天内处死了四百多人。从这以后，在天气并不寒冷的时候，当地百姓都害怕得发抖！

天啊，都什么关头了，还想这个！我咒骂自己，但又觉得这四个字把那种恐惧感形容得恰到好处。尤其是寂静无声的此刻，只有海浪对我的嘲笑此起彼伏，孤单更使人害怕啊。

我受不了了，便敲起门呼喊：“开门！让我出去！”

依旧没有声音，我从窄小的窗户望出去，海滩上也没人，这一带比较荒凉。夜色渐渐降临，我就着月光，在屋里摸索，想找办法出门。但门被高竿故意用

木棍闩上了，我怎么都弄不开，也没带手机，一想到得在这里过夜，就真的感到不寒而栗！

就在我不知如何是好，只能狂敲木门时，鬼使神差地，浪花的叫声响起。啊，我的好兄弟！它怎么知道我在这里？正当我高兴地冲到小窗前跟它讲话，还喊“浪花！跳起来”，想让它撞掉卡在门上的棍棒时，竟听到高竿出声骂我：“跟狗说话！神经病！”然后，眼见他踢了浪花一脚，浪花痛得大叫！

“太过分了！”我大吼，“你干吗踢它？有种就开门直接对付我！”

“别想！你就在里面过夜，好好做梦吧！让鬼去对付你！再见！”

我气到发抖，又心系浪花，便发了疯似的使劲对门又撞又拉的。不一会儿，一个东西掉落的声音响起。原来浪花靠着冲跳，把闩门的棍子碰掉了。门一开，我赶紧摸摸它，觉得它应该没事后，便拔腿直追，并对前方一条人影吼道：“你死定了！别让我追到！”

浪花甩着两条彩辫跑在我身边，吠叫着，看来它也气到极点！我一直跑到停自行车的沙地，立刻用尽全力踩骑。

背着钓竿的高竿跑在前面不远处，见后有追兵，只能奋力向前迈着步伐。

不寒而栗

【成语出处】《史记·酷吏列传》

是日皆报杀四百余人。其后郡中不寒而栗，猾民佐吏为治。

【成语释义】形容非常恐惧。

【近 义 词】毛骨悚然、胆战心惊、心惊肉跳

【反 义 词】无所畏惧、面不改色、从容自若

息事宁人

它垂头丧气地举起两只前脚，搭在墙上，站着不敢乱动。

狂奔中的高竿偶尔回头，见我气势汹汹，脸上出现惊慌的表情，只能拼命跑。很好，会怕就好。我心想，也要让你尝尝“不寒而栗”的感觉！

我们就这样追逐到老街，浪花对他吼叫，眼看就要追上他了，我抡起左拳准备攻击。不料，他竟突然停下，害我无法完全刹车，人跌了下来，自行车则继续往前冲。

“可恶！”我爬起来，怒不可遏地朝他揍了一拳，他一闪，正中右肩，和我扭打起来。

顷刻，路人的尖叫声紧随着“哐当”声响起。一看，自行车撞上了一家玩具店的玻璃门，把玻璃撞裂了，然后弹到一旁的小摊停了下来，摊上玩偶摆饰已被撞得或破或倒。我瞪着眼前的罪魁祸首，对着他就要再打，路人见状，纷纷拉开我们，但无法阻止两头狮子怒目相向。

“山米！冷静一点！”东雷出现，惊讶地看着我，“冷静！”

在商家、游客、路人七嘴八舌之时，东雷打了电话。高竿趁机转身要逃，我眼明手快一把抓住把他压在地上，但又被人拉开，随即是大家七嘴八舌的责备。眼看受害商家就要报警，东雷拜托他们别那么做，并保证一定会负责。就在大家让出马路，在人行道上讨论起责任归属和赔偿金额之际，阿姨赶到了。

该怎么形容这位行事风格非常特别的女性呢？就算到今天，我还是极为震撼。她看了眼玻璃窗、小摊和倒地的自行车，再看看我，便向老板赔不是，询问有没有人受伤；接着送上名片和一个红包，说是压惊的，等全新玻璃的修护估好价后，加上碎裂商品，全数照赔，并会附加因维修造成的不便的慰问金。

阿姨全程和善温柔，干脆利落，让每个人都无话可说。

接下来，她竟问还在地上的高竿有没有怎样，高竿又惊又愣地摇头，她才叫我们向老板道歉，再叫高竿立刻回家；然后，请东雷帮忙把车把已歪掉、轮圈也扭曲了的自行车运回咖啡馆。东雷要我们一起上他的车，阿姨说想走路，便头也不回地转身开始步行。我对东雷点点头，快步赶上她，浪花也乖乖跟着。

一路上，小安阿姨没有骂我，也不看我，不说一句话。这让我更难过，觉得一顿劈头痛骂胜于无语、冷意、死心。也就是从那时起，我感觉到，她就是我的生母。

只有母亲才会这样对孩子，不是吗？

“对不起。”海风吹来，我硬着头皮道歉，这时真羡慕浪花不会说话。

她依然默不作声，我只好叙述起事情的来龙去脉，并回溯到之前高竿老爱找我麻烦的行径。她望着远方淡水河出海口白亮亮的灯火，眼睛闪过一丝泪光。“阿姨！”我急得拉住她的手。她擦擦眼角，继续走，但终于说话了。

“没事，我只是最近累坏了，所以比较脆弱……”她揉揉鼻子，“阿姨了解，如果怪你，你会觉得很委屈，因为你不是挑事的那一方。但，难道你不懂凡事要三思而后行，要息事宁人吗？”

她的眼眸流露出的，尽是失望。

“对不起，我……”我像个刚学会说话的孩子，“我以后会……三思而后行的，会惜事，拧……拧什么……”

见我又拗口搞乌龙，她忍不住笑了。我觉得很糗，但还算是美丽的错误。低头看看浪花，它也正露出一排牙齿对我笑。

“平息的息，安宁的宁。”踏着步伐，阿姨缓缓说着，夜风习习，十分安适，“汉章帝时，为缓和矛盾，他下令所有官员，如果百姓不是犯了必须斩首的重罪，就不要干扰、查验他们；官员之间若互相告发、攻讦，则一律不受理。因为为政应以不扰民为重点，要懂得‘息事宁人’。‘息事宁人’这个成语原意指为政不生事扰民，现在也可用来指平息纷争，使彼此安和相处。”

“噢，懂了。”我乖乖点头称是。

“一个社会里，如果人人都要强争那口气，会有多乱？一些小事，就算吃亏了，也别放在心上，当作经验就好；而就算你有理，也要懂得网开一面，不要得理不饶人或以暴制暴，那循环下去没完没了，只会得到相反的效果而已。还有，硬碰硬是很不聪明的，你要用脑、用心去想。”

瞬间，老子的“柔可以克刚”“水善利万物而不争”

浮现在我脑海中！阿姨就是这样的人啊！以柔克刚，而且聪慧、冷静、有主见！

没多久，进了咖啡馆，我被满室的客人吓到了。姨丈在吧台里满头大汗，工读生们马不停蹄，连阿嬷都劳累不堪。而已精疲力竭的阿姨，洗过手后立即投入“战场”。我很内疚，店里忙成这样，山米·崔还一直找麻烦！

“小浪！”阿姨突然叫住正要走进后屋的浪花，对它使了个眼色。

没想到，浪花竟垂头丧气的，踩着沉重的步伐往里走。我跟进屋，正好瞧见它举起两只前脚，搭在起居室的一面墙上，立着不敢乱动。

它在罚站！我惊讶极了，这只狗在罚站！天啊，它根本就是一个“人”！

息事宁人

【成语出处】《后汉书·肃宗孝章帝纪》

其令有司，罪非殊死，且勿案验；及吏人条书相告，不得听受，冀以息事宁人，敬奉天气。

【成语释义】原指为政不生事扰民，后多指平息纷争，以使彼此和平相处。

【近 义 词】省事宁人、排难解纷、相安无事

【反 义 词】惹是生非、无事生非、煽风点火

一触即发

场面十分危险，她表情闪亮地看着我，刹那间——

浪花根本就是一个“人”，准确地说，是一个孩子。

一个有舔脚底板怪癖的孩子；一个爱玩、爱笑、会思考、不必上学校的孩子。浪花非常听话，只要妈妈一句“谁在吃脚”，它就会乖乖“住嘴”，停止这种无法自拔的享受。

看到浪花乖巧受罚，我也心甘情愿地帮忙做了好多事，我想，这样比较有贡献，比较能补偿，也比较能表现出悔改的诚意吧。

做完打烊工作，阿姨还叫我去谢谢浪花，因为它救了我，并且挨了一脚。原来傍晚浪花突然冲出门，阿姨觉得很奇怪，它从未这样过，可能是闻到我骑过家门的味道吧。后来它一路找到我，才救了我。

“没有浪花的话，山米今晚就要在鬼屋里过夜了，然后我们一堆人和警察，就会在外面一直找……”姨丈扛着两大袋咖啡豆笑着说。

我抱起浪花，向它致谢，它摇着尾巴“汪咿”回应我。“嘿，你鼻子真灵！”我紧紧抱着它，心里说的是：“还与我并肩奋战，好哥儿们！”

第二天上课时，潜水老师讲了“一触即发”这个成语：“明代有位著名的文学家兼戏曲家叫李开先，他当了十几年官后，返乡从事文学写作。他本有间名为‘面山’的屋子，一位友人建议改叫‘原性’，他一听，悲伤地想起和前辈张龙湖论述理学的往事，便把屋子改为‘原性堂’。他在一篇文章里说，改屋名是自己内心存有的‘原性’之念，一被客人的话触动，立即有所感发了。原文是‘触而即发’，多用于感情方面，后来演变为‘一触即发’，转用来比喻十分紧张或危险的场面。”

午茶时间，我吃力地背诵孟子关于“仁义礼智”的论点，潜水老师边指点我，边说：“还好吧？昨天你和高竿在淡水老街真是剑拔弩张。”

我本来在想“一触即发”的原意和今意，一听老师这么说，便问：“老师你怎么知道的？你如果不是在现场，就是有专门的途径提供消息，无论哪一种，都和我们东雷有关吧？”

她顿时无言，脸颊泛红。秋千老师在一旁听了，掩嘴偷笑，但仍提醒：“仁义礼智，非由——”

“非由外铄我也，我固有之也，弗思耳矣。”我竟无意识地背了出来，“故曰：‘求则得之，舍则失之。’”

“很厉害嘛！”潜水老师笑。

不知她指的是背诵，还是我的推理？我边吃点心，边思考昨天的行为，还挺像“舍则失之”的，自己舍弃本来拥有的仁义礼智，就真的失去仁义礼智了。我默默思索着，还留下两片饼干，用卫生纸包起来，准备带回家给浪花吃。这时，爱猪老师递给我另一包，说：“拿去，这是恩玛的，她一定不会介意请浪花吃。”

我道谢后，开心地收起来。稍后在毅力老师描述事件的作文训练上，我写了洋洋洒洒七百字的《山米·崔忏悔记》，连“息事宁人”等教诲都用进去，打算等老师批改完后，回家献给小安阿姨。我想，不管她是不是我妈，都该这么做。

不久，东雷和恩玛竟然出现了。东雷说去机场接恩玛，顺便就来接我一起回淡水，但我看他明明和潜水老师在眼神之间传递着什么，噢，眉目传情、眉来眼去，可谓“一触即发”啊！而且快一发不可收了。

“山米，你有没有看日偏食？”从上海回来的恩玛雀跃地拉着我，只有这个小女生不知道她的叔叔已经坠入爱河。

“我看到两次‘钻石环’和‘贝利珠’！像钻戒和珍珠项链一样，好漂亮的！”她说着我在电视新闻中也见过的日全食耀眼阶段，“天气预报说上海会下雨，我爸清晨载我去杭州了，总算让我看到完整的日全食过程！”

“哇，只为了那六七分钟，来回却花掉那么多时间，还陪你那么久，你爸挺爱你的嘛！”

她呵呵笑起来，对长期与父亲分隔两地的怨念应该能释怀了。她表情十分闪亮地看着我，霎时间，我觉得我们好像也将“一触即发”了。

一触即发

【成语出处】《闲居集·原性堂记》

予方有意，触而即发，不知客何所见，适投其机乎？

【成语释义】原指一经人、事、物的触动，内心即有所感应，后用以形容极为紧张的情势或危险时刻。

【近 义 词】剑拔弩张、箭在弦上

【反 义 词】安适如常、相安无事

所向披靡

浪花浪花，出神入化！小吉小吉，所向无敌！

“怎么可能！”我甩甩头上的水，在泳池里再游了四百米。

严格来说，恩玛才读完五年级，我待她就像待一个小妹妹，如此而已。是啊！不然呢？我告诉自己，饭可以乱吃，成语可不要乱用。

恩玛说小吉一直顶球，很想玩，该来场鼻球大战了。她邀了碧波及潜水老师，我则请爱猪老师和她的好朋友秋千老师，一起在周一下午到沙仑为“第二届罐头杯海滩鼻球大赛”加油。

很会画画的秋千老师还制作了海报替大家打气，刚从数学营赶到的碧波也难得地手舞足蹈。

小吉和花猫八爪是浪花的球友，全身黑的九阴则是八爪还没被东雷收养时认识的猫，听恩玛说，它的指甲功很厉害！而另一个朋友——“天涯流浪客”子弹一出现，立即引起欢呼，看来东雷、浪花他们都认识它；而当一只黄金猎犬金发飘扬地来到会场时，浪花立刻狂奔欢迎，猫狗都叫着跳着，连恩玛都像看见失联已久的亲人一般。

“海霸小姐——恩玛好想你啊——”

海霸的主人阿强到沙滩伞下和阿姨握手寒暄，也对东雷颔首致意。原来他们之前也住附近，去了高雄快一年，昨天才忽然觉得该回老家看看。

动物间一定存在什么联络机制，不然怎能好像彼此打了电话似的全数到齐呢？恩玛很懂我在想什么，回答我说：“我家八爪是猫狗界情报头子，不仅如此，还是女管家呢，小吉就被它管得死死的。”

我听了大笑，潜水、爱猪和秋千老师也惊异地笑了起来。接着，我在体形硕大的海霸痴情凝望小小的浪花时，又想到“一触即发”四字了，这……

“海霸一直爱着浪花。”恩玛解释，顽皮地挑了挑眉。

我对浪花的情史非常感兴趣，但接近黄昏了，比赛即将开始，得替大家穿背心。八只小动物分成了“浪花八爪小吉海霸队”和“子弹九阴蝙蝠火箭队”，后者光是队名就令人生畏！

我们已用树枝、石头圈出比赛场地，四个旗门也插好，各由东雷、阿强、阿姨和蝙蝠的主人保哥在场外守着，并评断得分与捡球。三位老师和我都是首次观赏，只能当啦啦队。碧波是记分员，恩玛则是总裁判长兼啦啦队队长。两队猫狗，只要把球弄进任何旗门就得一分，最终统计总分；十五分钟算一场，三局两胜。

大会设有“得分王”，射进最多球的可以独得奖品一份，冠军队伍则有大奖。

“预备——开始！”恩玛用力吹了哨子，比赛正式开始。

八只猫猫狗狗于是就着鼻球玩起来，啦啦队和守门员也不停喊叫着。动物玩心重，不是很懂战术或彼此传球，尽情享受奔跑，踢球，用鼻子顶球！如果树枝被碰倒或球出了界，裁判就喊暂停，重新丢球。所以，要让球进旗门，还得靠一点运气。

我果然见识了浪花的本事。它的造型已经很炫，却还有思想力和行动力。它吠了一声，像传达了什么话，海霸立刻将球踢给正在南边旗门附近的它，它弹簧腿立即一扫，进球！

“哇——”大家欢呼起来。真帅呀！我好高兴，南门后方的阿姨更是开心。生了小宝宝后，她很少有机会好好放松，尤其又加上我这个大麻烦。

紧接着，子弹快速地闪过八爪、浪花，一气呵成地带着球直入保哥的北门。众人又是欢叫，觉得它果如其名：快似子弹！

轮到火箭怪猫发威，它横冲直撞，吓倒了海霸，一颗球正中小吉后反弹回来，火箭起脚就是一踢，进东门！东雷喊得分，观众亦掌声鼓励。小吉最是可爱，没啥球技，但很享受胡踢瞎顶，竟也胡乱进了一分！大家笑弯了腰，恩玛还带头喊：“小吉小吉，所向无敌！”

经过一阵混战，两边都没再进分。恩玛喊时间到，二比二平手，进行第二场。围观的人越来越多了，大有取代树枝石头之势。浪花和八爪联手再拿下一分，但敏捷十足的子弹又靠单打独斗拿分；时间快到时，小吉进一球，却被保哥评定不算；接着蝙蝠一颗踢过头的飞球让浪花漂亮拦截了下来，再定住，瞬间往西门阿强那里送——

“哇——得分！”又一个欢声雷动。二比一了！

“浪花浪花，出神入化！”啦啦队齐声喊着。像孩子般跳着的秋千老师说，这些词都是恩玛想的，还有："火箭火箭，快如闪电！""蝙蝠蝙蝠，势如破竹！""八爪八爪，心强手辣！""九阴九阴，快手断金！""子弹子弹，超级震撼！"

比赛很快进行到第三场，海霸蹲在西门前不远处，看着火箭乱冲所踢到的球滚到它脚边，阿强大声喊："踢过来，宝贝！"海霸小姐这才想起什么似的，缓缓提起脚，再轻轻一推——

"哇——海霸海霸，温柔轰炸！"

我也忍不住跳起来，挥舞毛巾为它优雅的一击而欢呼。蝙蝠这下急了，也开始和火箭一样横冲直撞。子弹似乎看不下去，赶忙稳住阵脚，传球给九阴，九阴的猫腿奋力一扫，球越过小吉，应声进了保哥的旗门！这时，八爪好像跟浪花说了什么，只见浪花疾奔向海霸，再接获八爪对角线妙传，拿优雅坐着不动的海霸做阻挡，接着，射门得分！

二比一！我的心沸腾着！时间将要结束，浪花队只要做好防守就能赢了。就在此时，浪花盯着空中被子弹踢起的球，准备……

"浪花，跳起来！"

喊出声的竟是我！像一种习惯似的，浪花纵身一跃，比九阴先顶到球，再闪过它的指甲功，一落地，就用鼻子把球往最近的旗门方向顶，然后在哨音响起前，快速将球踢进阿姨守护的门！

“哇——”阿姨尖声喊，看热闹的人也齐声欢呼！

“‘浪花八爪小吉海霸队’获胜！”恩玛高兴地宣布，“浪花再度夺得‘得分王’称号！”

浪花在人群中被抱来抱去，大家都说比赛太精彩了！秋千老师更是大赞浪花每战皆捷，简直所向披靡！并在我们走回咖啡馆的路上给我们解释“所向披靡”的意思。说“披”是分散，“靡”是倒下的意思。《史记》中记载，项羽被人多势众的刘邦的汉军困于垓下、四面楚歌时，却仍率兵八百，突围而出！他勇猛无比，可以一敌百，于是汉军被攻得溃不成军，纷纷散逃。“所向披靡”就从这里演变而出，比喻力量强大，所到之处，对手皆纷纷溃散败逃。

“嘿！你真是身手不凡！”我摸摸秋千老师怀中的浪花的发辫，感受到仍喘着气的它对鼻球无穷无尽的热爱。

恩玛和碧波也高兴到了极点，不停眉开眼笑地喊：“浪花浪花，出神入化！小吉小吉，所向无敌！”

一行人像选举造势或和平游行般，引人注目地回到阳光海咖啡馆。

所向披靡

【成语出处】《史记·项羽本纪》

汉军围之数重。项王谓其骑曰："吾为公取彼一将。"令四面骑驰下，期山东为三处。于是项王大呼驰下，汉军皆披靡，遂斩汉一将。

【成语释义】形容所到之处，敌人纷纷溃散败逃。

【近 义 词】所向无敌、势如破竹、无坚不摧

【反 义 词】节节败退、溃不成军、三战三北

狗尾续貂

听到“貂不足，狗尾续”，它竟然悄悄垂下尾巴，收了起来！

浪花在“第二届罐头杯海滩鼻球大赛”中再度赢得丰富的奖品和超高的人气。

比赛结束时，大会主席李依安（小安阿姨）特地颁发安慰奖——猫狗饼干——给子弹队成员，而浪花队则各获一大箱营养美味的猫狗罐头。

阿姨还邀大人们到咖啡馆喝咖啡，赏晚时的夕阳。小孩和猫狗们在后屋和花园里玩，整间房子人来人往，说说笑笑的，又是一个“良辰美景”呀！不，应该是阿姨引述的王勃的“四美具，二难并”的景况，即良辰、美景、赏心、乐事、主人与宾客皆齐！

我、恩玛和碧波坐在连接后院的木地板上，高兴地唱歌、跳舞，以庆祝这一刻的胜利，连海霸、小吉跟浪花都开心地吠叫、对话。等一下！我想起了什么？天啊，是信中的一句！“以歌声、舞蹈来庆祝太平和乐”，这……我的脑海轰隆响起大雷，出了会儿神，但随即被恩玛说要送浪花一个特别奖给拉了回来。

“这是战士项圈，很轻。我准备给今年的得分王的。”恩玛为浪花戴上，它直摇尾巴，开心地舔她。

“礼成！来，握手！”浪花立刻伸出前脚让她握握。

太有趣了！在碧波哼的舒伯特的《军队进行曲》颁奖音乐中，我谢过恩玛，并转身到书桌抽屉里，拿来装在随身听上的布项链，套在八爪脖子上。

“它可是‘助攻王’！也赐项链一串。”我像个国王般宣布，“再加封女爵，赐淡堤大道皇地一亩！”

两个女生竟然鼓起掌来，碧波继续哼《军队进行曲》，也助长我大方赏赐的威风：“小浪！从阳光海到沙仑海滩那一大块地，都是你的了！你以后就是‘浪花大公’！”

我不得不承认，这种“给予”真的带来很大的快感和欢乐，方向猫虽然一副非常不屑的样子，却仍在一旁观礼。鼓噪声中，我又去找了条绳子，打了个漂亮的绳结，为乖乖坐着的海霸套上：“你像篮球队的最佳中锋，今后也是另一个女侯爵！封你……嗯，老街到地铁站那块宝地！”

“哇——”恩玛欢呼，“海霸！你发了！最好快点搬回来！”

这时浪花突然踩着小碎步，“汪咿”地叫，还望着小吉，我立即明白。但没项链了，我瞥见地上有一圈专系外带食物的红色尼龙绳圈，马上拿了来套住小吉：“好！据‘浪花大公’汇报，你也很棒，杀敌不胆怯！就晋封你为伯爵，称‘小吉大伯’，啊，不好听，还是‘小吉子爵’比较适合。封‘小吉子爵’，嗯，北新大道！”

“哇！那好大一块呀！”恩玛拍手，“小吉，以后你有得巡视啦！”

大家哈哈笑，实在太痛快了！顿时，后面传来笑声，原来爱猪和秋千老师已笑倒在地，秋千老师还夸张地拍着地板。我感到十分不好意思，脸红了起来。

“太可爱了！好像‘狗尾续貂’故事的情形啊！”秋千老师坐正身子，“跟你们讲，那个说‘何不食肉糜？’的晋惠帝，在饥民没饭吃时，竟问他们为何不用碎肉煮成粥来吃。因为他昏庸无能、朝政败坏，赵王司马伦率兵入宫，废掉了惠帝，自行称帝。司马伦紧接着大封党羽，只要是参与篡位的人，不论身份，一律加官晋爵。那时的官帽都用珍贵的貂尾来装饰，但因他滥封官爵，以致貂尾不够用，一时也找不到更多的，只好以狗尾巴来代替，所以当时流行一句话讽刺他们：‘貂不足，狗尾续。’”

天下奇观——我们竟看到浪花悄悄垂下尾巴，收了起来！大伙儿又是一阵笑。

老师必须捧着肚子，提起气，才能再说：“这就是‘狗尾续貂’的由来，比喻滥封官爵，或把不好的接在好的后面，前后不相称。但自谦时也会这样用啦。虽然你们没有像典故中说的那样，但如此加官晋爵，还大肆封地，鼓励性质大于实际，实在很可爱！我好喜欢！”

由于是周一晚上，客人不多，阿姨便坚持请客，众人于是在咖啡馆欢欣地用了简餐；我们三个还喂了大大小小的猫狗，跟它们在花园里来了个“月光烛光晚餐”，也欣赏方向如何与小吉玩真正的“躲猫猫”。

稍后，东雷和潜水老师自愿洗碗，两人窝在厨房——大家也不好打扰他们的二人世界。姨丈和阿强十分起劲地聊着高雄举办的世界运动会和股市走向。阿姨和爱猪老师拿猪布偶逗弄着小婴儿。阿嬷偷跑到起居室看回放的连续剧《光阴的故事》，开心地说：“好喜欢！”我们的秋千老师还以余音绕梁的歌声犒赏大家，连咖啡馆的客人都起立叫好！

直到波爸来接碧波，我们才意识到已经很晚了，这就是欢乐的日子容易过，时光如水不停奔啊。

宾客离开后，一切都归于平静，但我认为曾经出现的美好，并不会因时光流逝而消失。

我躺在床上一边看世运蹼泳项目的转播，一边回想今日，感触良多。浪花累了一天，不情不愿被我洗了澡，已四脚朝天地躺在我身边了；而令我惊掉下巴的是，方向竟也依偎着我睡着了，还发出舒坦的“呼噜呼噜”声。

真令人感动！不是吗？

还有一个人也很感动。我瞥见阿姨坐在后院地板上，轻轻擦拭眼角，我知道她盯着的那张纸上，写着《山米·崔忏悔记》。

狗尾续貂

【成语出处】《晋书·赵王伦传》

奴卒厮役亦加以爵位，每朝会，貂蝉盈

坐，时人为之谚曰：“貂不足，狗尾续。”

【成语释义】比喻封官太滥。也比喻以次品接在珍品之后，前后不相称；多用于指文艺作品的续作不如原来的好。

【近 义 词】狗续金貂、滥竽充数

当机立断

我躺在后院木板上冰敷，觉得从没这么累过。

《山米·崔忏悔记》上星期五被毅力老师批改后张贴了出来。当时恩玛说她不敢相信，她才离开几天，山米·崔就大闹淡水了；碧波则称赞我的文笔突飞猛进，还代她表哥向我致歉。

我不想怪任何人。无论如何，是自己笨，就像毅力老师的评语："不论对或错，容易吞不下那口气的人，往往是最吃亏的。"一语道出我在这件事中的角色和结果。但我因此得到了教训，且懂得自省，这一点她十分赞赏。

我知道我有委屈，但那不是出手打人的借口。阿嬷跟我分享的圣严法师《108 自在语》的"逢人结恩不结怨"，姨丈引用的孔子"小不忍则乱大谋"，阿姨教我的息事宁人、用脑思考，我都深深记在心里。

我还写了阿姨那天在事发后的处理方法令我折服；但她不骂我、不理我，让我第一次感受到，原来心碎是很痛的。能在瞬间让我后悔不已的，绝对是她的眼泪，是她眼睛里的失望。而知错后，我还要实际力行，以补偿她为我伤了的心、赔偿的钱。总之，阿姨扮演了老师、妈妈和朋友的角色，对我而言，意义重大。

鼻球大赛回来后，我才把那篇作文放在她的梳妆台上。

现在，我偷偷盯着她瞧。稍后，她起身，我赶紧闭眼装睡。她走来摸摸我的脸，半晌，才关了灯走出房间。

然后，我就失眠了，不断想她或许就是我的生母，不停想象将来相认的情景，也不免考虑接下来该怎么面对。

最终不得不承认，我是个驽钝的人。我想不出对策，只能帮忙做很多家务弥补。我年纪小，阿姨不让我在店里端盘子、送饮料，但其他的我都能做。我没跟又华妈妈说，除了不想提闯的那些祸，还因为不知道她会怎么想：山米找到亲妈妈了，几乎算找到了吧。

因为自行车坏了，我和浪花出行便改为跑步。恩玛不喜欢跑步，但会骑自行车带着我们跑，像教练训练马拉松选手一般；也会为我介绍地理风俗，像导游一样。

后来几天，她参加了天文营，我们就复习她曾经介绍过的路线。这一天，我跟跑步高手“浪花大公”决定绕环堤自行车道从淡水一直到关渡那段看看，一路临河，能看到观音山，还能看水笔仔林里的招潮蟹和弹涂鱼，再跟苍鹭、白鹭鸶和过境的其他水鸟打招呼。

“如果还有体力，我们就再跑上关渡大桥，到八里玩风浪板，然后搭渡轮回来好吗？”在跑过了红树林，靠近竹围地铁站时，我跟浪花商量。

它抬头回我一句“汪咿”表示同意。真是好哥儿们！我超过路上的自行车，加快脚步逗它玩，它却一下子就超过了我。我只好放慢速度，说：“哼，中文比我强，踢球比我强，连跑步都比我强！”

它咧嘴而笑，开心得很。而就在此时，它突然边跑边低声叫起来。我觉得奇怪，定睛一瞧，发现自号“高竿小钓手”、棒球帽和钓竿不离身的高竿跑在前方。我要浪花别跟他一般见识，我们不能再惹祸了，要聪明一点。但浪花随即在一扇半掩着的铁门前叫了起来，我追进去，发现大楼楼梯口趴着一个妇人。

我赶快蹲下来轻拍她的肩膀，帮她翻成仰卧姿势，并喊：“张开眼睛！”在确定她已经不省人事、没了呼吸和心跳后，我要浪花“叫”人来帮忙，然后立刻检查她的口鼻，保持她呼吸道的畅通，再为她做起心肺复苏。

邻居被浪花如雷的吠叫声引来，随即对外呼喊：“打电话叫救护车！”我循环实施着人工呼吸，妇人仍没有脉搏，于是立刻决定进行胸外按摩。

人声杂乱中，我看看表，数着节奏，以每分钟六十至七十次的频率实施胸外按压，然后再做两次人工呼吸。这样持续到第四个循环，再检查，她还是没有脉搏和呼吸！我告诉自己要稳下来，不可以放弃，便继续进行着。终于，在救护人员赶到接手后，她恢复了呼吸、有了脉搏！

此时，我才注意到一旁不停喊着“妈！”的声音，来自高竿。

大家称赞我的行为，全身因出汗而湿透的我，无力地跪坐下来，两手久久无法动弹。

“当机立断！”稍后，碧波对我救了她的姑姑，表示感激、赞赏，“你当下做出决断，争取了时间，真不简单！”

我躺在后院木地板上冰敷，觉得从没这么累过。

“如果心跳停止超过六分钟，姑姑可能就回天乏术了！”

碧波说着，竟哭了起来。

当机立断

【成语出处】《答东阿王笺》

琳死罪死罪。昨加恩辱命，并示《龟赋》，披览粲然。君侯高世之才，秉青萍干将之器，拂钟无声，应机立断，此乃天然异禀，非钻仰者所庶几也。音义既远，清辞妙句，焱绝焕炳，譬犹飞兔流星，超山越海，龙骥所不敢追，况于驽马，可得齐足！夫听《白雪》之音，观《绿水》之节，然后《东野巴人》蚩鄙益著，载欢载笑，欲罢不能。谨韫椟玩耽，以为吟颂。琳死罪死罪。

【成语释义】形容当下毫不犹豫，立刻做出决断。

【近 义 词】毅然决然、不假思索、刚毅果决

【反 义 词】优柔寡断、举棋不定、拖泥带水

捉襟见肘

你真是以德报怨！好有男人味！

我安慰着碧波，她才跟我娓娓道出高家的事。

原来高竿家经历过许多变故，父亲卧病在床，生活十分穷困，靠妈妈工作维生。虽然高竿脾气冲，但事亲至孝，他钓鱼、打工，都是为了补贴家用。高竿的妈妈和碧波的爸爸因事情闹翻，已多年不相往来，但碧波和高竿的感情却不错，最近他老是找碧波，是为了向她借钱。

“其实，我姑姑的心脏本来就有问题。”碧波停止哭泣，说，“她最近不舒服，没法正常上班，表哥才会常找我借钱。我的钱几乎都给他了，爸爸责备我钱花得太快，后来干脆要妈妈别再给我零用钱。”

竟有这样的内情！啊，人家院子里的事，你站在外面小路上是真的不清楚的。我一直认为高竿在骚扰碧波，原来那是他们之间在互相依靠，大人合不来，可他们表兄妹的亲情仍然存在。

“天啊，我觉得好难过，”我揉着太阳穴说，“我在二十一世纪最长的日全食那天打了他！”

“不，你是在他生命中最重要的一天救了他！”碧波按着我的肩，表情十分认真，“如果他妈妈死了，他一定也会倒下，会像行尸走肉一样！你的心肺复苏救的可不只是他妈妈！”

我不知道该说什么，一时感怀万千，想起这是在美国的又华妈妈教我的急救法，因为她的坚持，我今天才有办法救人。

“现在姑姑心肌梗死发作，人也住院了，表哥要家里、医院两头跑，分别照料父母。唉，他们的生活原本就辛苦，如今更是捉襟见肘，雪上加霜。”

我的脸上一定出现了他们早已习惯的迷惑神情，她才会推推眼镜，对我解释：“去年玉瓷老师说过，‘捉襟见肘’表面的意思是指衣衫破烂，你才捉住衣襟来遮胸，却又露出了手肘。本来是讲曾子在卫国过着贫穷的日子，常多天不生火煮饭，十年都没有添新衣服；才要把帽子戴正，帽带就断了；抓住胸前的衣襟，手肘又给露了出来；穿上鞋子，脚后跟却晾在外面……

过得十分艰苦。后来，‘捉襟见肘’就用来形容生活困顿、穷于应付的窘态。”

我颔首，进而联想到颜回“一箪食，一瓢饮”、陶渊明“箪瓢屡空”及杜甫的“布衾多年冷似铁”，心中百感交集。望着脚边的浪花，我用心电感应传达着：“瞧妈妈将我照顾得多好，我其实很幸福！”

“寅吃卯粮，入不敷出。他们的收入根本就不够支出，别说预支未来的用度了，他家早就已经透支、债台高筑了。啊，我得走了，我爸出差，今晚就回来了！”

碧波站起来的那一刻，平常没什么想法的我，忽然灵机一动，去抽屉取来了一个足球，那是我最爱的存钱罐。

“碧波，帮我把它送给高竿，里面是我全部的钱，而且大多是纸钞。可以的话，足球还我，因为这个足球我从一年级开始用到现在。”

碧波眼里闪着晶莹的泪光：“淳风·崔，你倾囊相助，真是以德报怨啊！那我就替你带给表哥了，他应该很需要，也先替他向你说声谢谢。”

“别那么说啦。”我挥挥手，接着对身高只到我胸口的她，故弄玄虚道，“嘿，你以为就这样了吗？”

阿姨正好来帮我换冰袋，我忙不迭对她仔细讲述高竿家的事，然后提出我的建议，那就是我想对碧波说的，一个挺不错的点子。

碧波睁大眼睛凝视我。阿姨则露出欣慰的神情，拍拍我的头，说我长大了，懂得帮助别人，她很高兴，并叫我着手去做，场地就包在她身上。我笑笑，低头跟浪花讲："嘿，鼻球高手，你无用武之地啦，这次就看山米大显身手了！"

"哇！淳风·崔，你好有男人味！"碧波说。

我差点跌倒，惊恐地望着她。

捉襟见肘

【成语出处】《庄子·让王》

曾子居卫，缊袍无表，颜色肿哙，手足胼胝。三日不举火，十年不制衣，正冠而缨绝，捉襟而肘见，纳履而踵决。

【成语释义】形容生活困顿、穷于应付的窘态。

【近 义 词】顾此失彼、左支右绌，踵决肘见、一贫如洗

【反 义 词】绰有余裕、绰绰有余、应付自如

班门弄斧

我也有专属的口号啊！

“挑战海王子——长泳公益募款赛”在淡水小镇一处室外游泳池展开。

我决定举办游泳募款比赛来帮助高竿家，除了阿姨出钱出力为我订了三小时的场地，并找几个朋友共襄盛举之外，其余从计划到执行，都由我一手包办。

恩玛和碧波当然是助手，也是永远站在我这边的好朋友。

“汪咿！”浪花有意见，我只好对它说：“好啦，还有你！”

我邀请了姨丈、阿强、保哥、东雷和潜水老师等人参赛，再去正在放暑假的淡江及真理大学、淡江中学张贴传单征集高手。一星期后，连我共计十六人报名。但最壮观也最令人期待的，要数亲友团啦啦队和观礼贵宾了，前者是支持我的力量，后者则能支持高家的经济。我还请泳池救生员整装待命，阿姨找了律师朋友为募款活动做专业的公证，以确保款项都会交到高家手中。

比赛共计三轮：第一轮，参赛者分别游四百米自由泳，依时间长短，取前十二名进入下一轮；第二轮，十二人分两组比四百米，每组取前三名进入下一轮；第三轮便由这六人一较高下，比的是一千米，最先抵达终点的便是冠军。

虽然属于公益表演赛，没有奖金，也没有奖牌，只颁发阳光海的咖啡券和东雷提供的全新钓竿，但选手们无不铆足了劲，在这夏天的周日下午六点，挑战个人体能、技巧的极限！

所有来宾和选手，都可以免费享用阿姨的朋友添实叔叔做的点心，再自由捐献；而想跟淡水名狗浪花和它的朋友海霸、小吉合照的人，只需多捐一百元。我原本也想多找几只来，但只有这三只比较坐得住。方向呢？别提了，这小姐超宅，根本不喜欢出门，若有一天谁说发现它在上网购物，我都会相信。

比赛还没开始，就看见“挑战海王子——长泳公益募款赛”布条之外还有许多加油海报，我的心情十分雀跃，便对东雷和潜水老师说，好想立刻下水纾解这阵热潮。他们听了呵呵直笑，糗我像个小姑娘。

“淳风！你只花一周的时间筹划执行吗？很棒啊！”画红老师走过来跟我说，毅力、爱猪、秋千、玉瓷等老师也应邀前来捧场。

我很高兴看到她们，觉得这是真正的关心，而且能使泳池池畔不致太过阳刚。

“但我们会不会太班门弄斧啦？”东雷对我打趣道，“在行家潜水老师面前卖弄本领，小心就像‘鲁班门前玩大斧’一样，不自量力啊。”

“你才班门弄斧吧？”我对他说，“在那么多老师面前讲成语。”

几个人被我的回答逗笑，唯一的女选手潜水老师做着热身操，说：“别抬举我，我潜水比较强，游泳实在一般！”

“那下次来个蹼泳赛好了！”毅力老师笑说，“蹼泳不是结合了潜水和游泳吗？我看世运转播时，那腿部的摆动简直像孔雀鱼一样！”

就在我们讨论着蹼泳时，恩玛、碧波和老师群兴奋地聊了起来。过了不久，在阿姨宣读了本募款赛的宗旨和办法，并大力感谢了来宾与选手后，比赛在枪鸣声中开始。

瞬间，锣鼓喧天，阿强的朋友敲起大鼓，啦啦队跳着叫着，好不热闹！我们可以听到恩玛、碧波合作撰写，由亲友老师团“大声疾呼”的口号：“大汉！大汉！锐不可当！”“阿强！阿强！当仁不让！”“东雷！东雷！冲天一飞！”“潜水！潜水！无坚不摧！”“保哥！保哥！攻无不克！”“山米！山米！至尊霹雳！”

哇！我也有专属的口号！好喜欢那与众不同的四个字！这使我的心情几乎达到沸点，快要沸腾了！于是在下水的刹那，我享受了有记忆以来最满足的一次跳跃！而且破了自己的四百米纪录，只花了四分十六秒二二！

结果，我们之中除姨丈外，都进入了第二轮。接下来，保哥、阿强和潜水老师未能抢进总决赛，只剩我和东雷，要与另外四名大学生在第三轮一决高下。基本上，能拼进冠军赛的都已游了八百米，却还要继续游一千米，所以是场体力与毅力的大考验。但一切都值得，不管最后谁能胜出。

鸣枪后起跳，我便调整着呼吸和节奏，分外用心与用力，虽然已经疲惫，仍想完美地结束。终于，我的手碰到泳池壁到了终点，全场欢呼声、尖叫声顿起，

“山米！山米！至尊霹雳！”口号声也不绝于耳，我站定，才明白自己领先第二名的东雷足足有一分钟之多！

而此时，浪花再也忍不住了，它跳入我的赛道，奋力游着，笑坏了大家。“真爱表现！”我心里嘀咕，仍疼惜地游过去，抱起它，在“浪花浪花！出神入化！”的加油声中，把它递给摇头笑的阿姨擦干。回头一看，恩玛整个抱住壮海霸，碧波则拼命拉住小吉，因为它俩也跃跃欲试，似乎都想追随“浪花大公”起义！

在宠物的临时串场表演后，前三名和参赛选手被颁发了咖啡券等奖品。紧接着便是自由捐款时间，对较大笔的捐款，小安主席也以麦克风口头宣报，这总能引起鼓掌欢叫声。我们沉浸在助人的快乐之中，在这个场合里，没有大人物，只有小小的、深深的心意，串联成偌大的磁场，为帮助弱势群体而共同努力。

“对不起，呃，现在有一个状况。”

阿姨的声音透过麦克风传来，我们都望向她。然后，目瞪口呆。

站在她旁边的，正是碧波的父亲。

班门弄斧

【成语出处】《王氏伯仲唱和诗序》

操斧于班郢之门，斯强颜耳。

【成语释义】比喻在行家面前卖弄本领，不自量力。含讽刺意味。

【近 义 词】弄斧班门、布鼓雷门

【反 义 词】量力而为、自知之明

第四章

历史性的一刻

学富五车

满腹猪鸡？去“吃到饱”餐厅，才有可能吃得满肚子猪和鸡。

波爸突然到场，只见碧波的脸色发白。在他们家，姑姑的事像是千百年来的忌讳，不能提及，她自然不敢告诉父亲这些事。

“各位，我是高家的亲戚。”只见波爸拿起麦克风，从容不迫地说，“我一直不知道高家近况，也是在三十分钟前才听闻这场募款泳赛。我是有能力帮助自己妹妹的，从前只是赌气才断绝了往来。谢谢大家为我们做这么多，今天的捐款，我想可以转捐给其他更需要的人或者公益团体。无论如何，谢谢各位的善举，还有发起本活动的山米和他阿姨……今后，我会负责……让高家再站起来的！”

波爸说到最后一句不觉哽咽，在场人士听了无不动容，纷纷鼓掌。

他私下跟我们说，十四年前不同意妹妹的婚事，但妹妹不听，之后又陆续因为几件事而彻底决裂。接下来，他完全不想知道妹妹的事，也禁止妻女讨论，才会不清楚状况的发生与严重性。他还拿出一张募款赛宣传单，说看到时大惊失色："好像全淡水的人都知道，只有我不知道！"

没有比这结果更令人满意的了，不仅高竿家的艰困获得了纾解，两家人也能重拾亲情，碧波更不必偷偷摸摸地关心表哥一家人了。

我好开心！如果是之前在美国的我，不可能为这种事高兴，更不用说付出心力去帮忙。想到暑假到现在所背诵的文学经典，做的跑步、骑车、游泳等训练，这一切都让我觉得自己在改变。

像电影中那个普通学生就要变化成蜘蛛侠、十六轮大卡车即将变形为至尊金刚一般；也像武侠小说中的令狐冲练了独孤九剑、杨过创了黯然销魂掌；还像周处①除去三害、崔瑗②亡命天涯时痛悟、苏秦游说列

---

① 周处：年轻时凶暴强悍，和河中蛟龙、山上白额虎并称"三害"。后周处斩蛟射虎，改过自新。

② 崔瑗：东汉著名书法家、文学家，年轻时因替兄长报仇杀人而亡命天涯，吃了很多苦，后遇赦才回乡。

国不成功后苦读……山米·崔，整个内里都不一样了，尽管他外在的样貌依然。

我把这种特别的感觉写进作文里，虽然远不及那些人的成就，但对应暑假前的自己，现在的我……

“可谓‘满腹猪鸡’了。”毅力老师指着我文章中的成语笑，“哪里听来的？”

“姨丈都这么称赞阿姨啊。”我不明所以地答，“这么满，不是很丰富吗？”

“去‘吃到饱’餐厅，才有可能吃得满腹猪和鸡吧！”

老师试图克制自己的笑意，但嘴角还是咧开了，使我也跟着发笑。她在纸上写了两个字：“珠玑”。

稍后，她对全班同学解释：“珠是圆的蚌珠，玑则是不圆的蚌珠。两字合称可引申为诗文，而‘满腹珠玑’就形容人善于诗文，下笔成章，很有才气。说人家才识丰富也可以用‘满腹经籍’‘满腹经纶’。总之，‘珠玑’，不要误以为是‘猪鸡’。”

同学笑了起来，老师又道：“与其读到满肚子猪和鸡，不如读五车的书吧！我们再来学‘学富五车’。望文生义，就是说读过的书可以装满五大车了！五大车多不多？”

“多！”大家异口同声。

“还记得庄子的朋友惠施吧？惠施是名家的代表，事事追求逻辑、辩证，和主张超脱、逍遥的庄子的道家思想有很大不同。所以惠施爱找庄子抬杠、辩论，庄子也常拿惠施来做反面例子。比如他说惠施读过的书虽然足以装满五辆车，可谓学识广博，但思想也因此过于庞杂，有的道理说得并不适切。成语‘学富五车’就从此处演变而来，形容人书读得很多，才识丰富，学问渊博。但，注意一下，‘五车’是形容书的数量很多，并非真的就是五车呀。”

若是从前的我，一定会为“猪鸡”发窘，但现在我已不同于以往，会因为又多记了一个成语而开心。就像金庸的《倚天屠龙记》，张无忌意外获得《九阳真经》，练习了九阳神功后，接下来又学会了乾坤大挪移心法，他的潜力才有如山洪暴发，他才因此天下无敌。而有着精致之美的成语，便是我的“乾坤心法”，不仅让我增长了深厚的“内力”，还能让我在不想多说话的时候，撂一句成语就行，酷！

就在我认为成语很酷、经典诗词文学好玩时，夏令营也进行到最后一堂课了。我们分组表演多日来习得的诗词吟唱，东雷、阿姨和其他家长坐在一起欣赏，我和恩玛这组吟唱了李煜的《虞美人》和苏轼的《水调歌头》，最后东雷还忘情地站起来卖力鼓掌。

画红老师在毕业致辞中鼓励所有同学，也表扬了我的进步，并希望大家日后多读经典、勤写作文。谢师敬礼后，我在小学堂的夏令营正式结束。

我望着关心我、教导我的老师们，竟有舍不得的感觉。要怎样？我在心里嘀咕，现在就这样，那跟阿姨分别时不是要哭天抢地了？

何况，若她真是我的生母，我做得到当面问她为什么，然后立即转身离去吗？

学富五车

【成语出处】	《庄子·天下》
	惠施多方，其书五车，其道舛驳，其言也不中。
【成语释义】	形容人书读得很多，才识丰富，学问渊博。
【近 义 词】	满腹经纶、博学多才、博览群书
【反 义 词】	胸无点墨、才疏学浅、不学无术、腹笥甚俭

忧心如焚

要像连续剧演的那样，直接喊“我什么都知道了”吗？

我做得到吗？当面问她原因，然后转身离去？

当我正思前想后时，姨丈请人将自行车修好了，车篮也换了个很炫的蓝色，浪花看得直跳步，兴奋得很，那可是它的宝座啊！

下午，恩玛骑着她的自行车来到咖啡馆，她已经受不了陪我和浪花跑步，才几天而已，便巴不得远征长途了。

她带着小吉，领我和浪花向北骑，就是姨丈开车载大家去玩的北海岸。但这回大多时候我们是骑在自行车道上的，也因此离海更近。一路上有海做伴，我的心情十分愉悦。可能我上辈子是一条鱼吧，那种大型的海生鱼，渴盼着蔚蓝的深水天际。恩玛呢？或许她的祖先是哥伦布或郑和，她才念完五年级而已，却总是展现出超强的方向感，就算在海上也不会迷路——因为她还能观星象。

我们时而轻快时而吃力地踩着“风火轮”，享受汗水淋漓的青春时光。过了三芝浅水湾，道路两旁是鳞次栉比的咖啡馆和观海餐厅，度假的游客人潮如水，充盈在海边、沙滩上。经过了好几个风车公园，我们抵达麟山鼻渔港，又到白沙湾泡海水，然后去了富贵角、富基渔港。后来，在老梅停留了一会儿，拜访石槽藻礁奇观，虽然礁石上的海藻已枯黄，但可以想象它们在春末夏初的青绿景象。

“好几百米的绿色地毯，就长在海水拍打的岸石上！”恩玛神气地说，还对两只欢乐地奔来跃去的小狗训示，“那里海水深！危险！不可以！”

紧接着是令我惊讶的石门风筝公园，五花八门、琳琅满目的风筝抢着彩绘天空，我们也买了两个，在广阔的海边沙地随风玩了起来，小狗们更是尽情地奔跑、欢快地吠叫。之后，我们再骑到自然天险石门洞赏景，然后便开始往回骑，这回陪伴我们的，还多了夕阳。

山的轮廓如花椰菜一般，映染着夕阳的地方，就像花椰菜变黄了，要是阿嬷见了可能会说，要赶快炒了。我想着，笑了笑。这来回约九十公里的路程，就像一段由双脚踏出来的深度旅行，不知怎的，让我感觉格外充实。

道别恩玛，我抄小路回到淡海路的咖啡店，把车推进后院时，小安阿姨正在茉莉花前，抱着娃娃微笑着，像在等我。

“想不想陪两个女生到大榕树下坐坐？浪花也一起来。”

好像有事的样子，虽然她的笑容对我来说，是一种慰藉，甚至是上天的布施。难道……她要对我和盘托出了？我不由得紧张起来，急着思考如何应对。要像连续剧演的那样，直接喊“我什么都知道了”，然后质问她“为什么”吗？我会不会是过继给她姐姐，而他们不想告诉我呢？还有，什么时间点切入才好？我连要不要叫“妈”都想了！思绪像千军万马般，弄得我汗流浃背。

“怎么啦？你像热锅上的蚂蚁。”走到堤边一排老榕树前，阿姨拉我坐下，“对还没有解开身世之谜感到忧心如焚吗？”

我不知是否应该直接坦白，这种时候，我像个毫无主见的婴儿。我看看娃娃，只好回答："嗯，急如焚，焦如火，乱如麻，心重如石。"

"哇，你的中文真的进步很多。但，找生母这么重要吗？"

她认真地瞅着我，眼睛是暗橙色的淡水河，河上一只鸟儿飞过。

"美国那对爱你、教养你那么多年的父母呢？并不是因为她是我姐姐，我才这样说。我觉得你长大了，所以想和你聊聊。你妈妈，刚打过电话来。"

我一惊，旋即又想，你们谈了什么？

"《诗经》里有一首诗说，西周末年，尹太师备受君王重用，却不为人民谋福利，反而贪污、乱政，使得国不像国，人民因此心就像被烧灼一般。'忧心如焚'就是从诗里演变而来的，本是形容人民担忧国家情势，内心如同被火烧一般；后来多用以比喻十分焦急。你妈妈刚谈起你，就是忧心如焚。"

"为什么？"我终于问出我一直想问她的问题。

而她的回答当然不是针对我这个问题："你妈妈觉得你的心都在生母那边了，即使你还没找到她，你们的母子情，好像也再无法像从前一样了。"

我想起又华妈妈，她对我很好，只是我一直很幼稚，身在福中不知福。望着阿姨，我突然想到，把一切都讲开好吗？会不会太尴尬？其实妈妈会说出我非她亲生的秘密，只是想让我和阿姨相认吧！感情上，大人总是口是心非，又华妈妈明明不想失去我！

在这一刻，我做出了决定，虽然不容易。

“阿姨，就算没弄清楚身世也无所谓，时间一到，我就会回美国去了。大丈夫，拿得起放得下。”

她笑了：“很好。山米，又华真的是个好妈妈，你很幸福。”

“嗯。我已经变了，只想珍惜生活中所拥有的。爸爸、妈妈、你、姨丈和阿嬷。”我想到浪花和恩玛，低头看，浪花正咧嘴对我笑着，“还有你，小浪。”它摇着尾巴舔我的手，我呵呵笑起来，觉得还是让一切关系像从前一样比较好，反正我就像围棋里的黑棋被白棋包围，但不是被攻击，而是被爱护。

我晃着脚，海水就在脚下，上方有老榕遮阴，对岸观音山依然静卧，河面船只与广阔天空对映着，风光何其旖旎！看着浪花，一时间，我竟问起它的身世。

“它是爱猪老师那时的男朋友家的狗生的，送了一只给她哥哥，也就是你姨丈养，但它跟我比较投缘。”

阿姨逗着娃娃回忆，“就像我的孩子。”

就在我闻言若有所思时，听见有人出声喊我，是碧波，而且身后还跟着高竿。浪花对他低吠着，随即被阿姨制止。

“阿姨好！”碧波问候，“表哥要我带他来咖啡馆向你们道谢和道歉，阿嬷说你们在榕树下，我们就找来了。”

高竿对阿姨颔首，还微微鞠躬：“对不起。”

这是我第一次听到他冷静地讲话，有点不习惯。但当他对上我的眼睛时，嗫嚅着，说不出一个字。于是我替他解围，要他以骑自行车陪我上北新大道代替道歉，真是善良来着。

忧心如焚

【成语出处】《诗经·小雅·节南山》

节彼南山，维石岩岩。赫赫师尹，民具尔瞻。忧心如惔（通“焚”），不敢戏谈。国既卒斩，何用不监！

【成语释义】内心忧虑，如火焚烧，形容十分焦急、忧虑。

【近义词】忧心忡忡、忧心如惔

【反义词】安之若素、无忧无虑

江郎才尽

我凝望阿嬷含着泪的眼睛，不敢相信。

好吧，我承认我没那么善良，是怀了点坏心眼。

第二天早晨，恩玛把自行车骑到渡船码头，借给高竿，她和碧波在那里等我们。

我和高竿骑过老街的马偕铜像，开始爬坡，见他有点小喘，我在内心偷笑：等会儿有得瞧了！

途经人车拥挤的路段，他好像颇为轻松，但等我喊完“大土地公”时，已经能清楚看见他脸上的汗水了。

“樱花农场！骑快点好不好？”“前面就是小土地公！你都没运动吗？整天只知道站着不动钓鱼！要不要顺便敷面膜？”

回想恩玛在炽热的风中对我的鼓励，我可不给他：“快点！接下来两关是高难度！我和恩玛一下子就骑上去了！”

如果之前我算“苟延残喘”，那么高竿现在简直是疲惫到快瘫痪了！

“北新乐园！”但我仍下重手，“没见过骑车这么慢的男生！你好意思吗？”

上次在青翠中几乎让我投降的弯，也让他满头大汗，低头皱眉，只勉强撑住腿脚还在动的局面。我则不一样了，经过恩玛的训练，这段山路对我来说简直是小菜一碟了。我回头又喊：“你可以认输！从这里到下一关‘斜坡之家’是最难的！生命要紧，不必勉强！”

他没有说话，一路上紧咬着牙苦踩，不是会认输的人。

“水源小学！地已经很平了还那么慢！”

“你裹小脚吗？”我陆续对他喊道，“天元宫！骑到阶梯那里就过关了，算你好运！”

当车轮一碰到楼梯边，他马上弃车丢帽，整个人大字形躺在树下水泥地上。我一脸得意地坐着欣赏自己对他的折磨，他的汗如大雨般流淌而下，嘴张得大大的，胸口上下起伏，不顾形象地喘着气。

我很满意。因为满意，便起身去取来了水壶，顺便拿了他的，递给他："喂，喝水，不然会死的。"

他接过去，打开，却不先喝，直接从头上淋下。我更满意了，确定这是他人生中最刻骨铭心的一次运动了。五分钟后，我对还瘫在地上的他说："喂，你打算在这里躺一辈子吗？要不要叫出租车或搭公交车下山啊？两位小姐在等我们呢。"

他缓缓坐起来，戴上球帽，看了我一眼。我们都懂，男人之间的恩怨是不必说抱歉或谢谢的，只需要一个眼神，全都了然于心。我们轻松地骑到河堤大伙儿约好的地方——马偕爷爷当年抵台上岸处。见恩玛和碧波戴着草帽，手里各拿一只黄色长颈鹿与粉红色Kitty猫，已经坐在马偕爷爷的石船里等我们了。

真可爱！我突然心动了一下。我们把自行车停在星巴克咖啡馆前，恩玛突然叫我和高竿帮她们保管那些推弹珠、射气球、套圈圈赢来的奖品，然后便和碧波不知上哪儿去了。我们两个男生坐在石船里，各自拿着长颈鹿和Kitty猫，实在够糗的！居然还有游客对我们拍照，若被杰克看到，我一定被笑到永世不得翻身。

不久，恩玛和碧波出现了，她们买来巨无霸冰激凌请我们吃。在近中午的艳阳下，真是至高享受！而恩玛吃冰激凌的样子，简直太可爱了吧。

“高小文！”恩玛突然喊，“你妈妈快出院了吧？”

扑哧一声，我不可遏抑地笑了出来，原来高竿的大名叫高小文……

中午吃过饭，我在书桌前思索着。

毅力老师建议我不妨把自己认为在改变的感觉，以及这个暑假发生的重大事件与特别经历都写下来。这几天我一时兴起，将作文都敲进电脑里，还陆续地创作呢。不敢相信，我曾经对她说不想当作家、质疑写优美文章的重要性，那时她还说：“难讲哟，说不定哪天你会写本小说，或是给女朋友写情书呀！”

都让她说中了！我现在正记录着近两个月以来如小说般的生活（虽然一两年后才完全润好稿），也……想写一封信给恩玛，虽然她并不是我的女朋友。

好烦，给恩玛写着信，我放肆大笑高竿的画面却又一直浮现。

记得后来我故意很温柔地对他喊高小文，两个女生在一旁捂嘴笑着，他也大咧咧地笑，看来压力解除了，他变得没那么紧绷、冲动，比较像个小学六年级的孩子了。

东雷和潜水老师在前厅的咖啡馆喝咖啡，和小安阿姨聊着天。我则继续在后屋里皱眉，想不出该怎么写。阿嬷看到，问我怎么像肚肠打结的样子。

“是江郎才尽。”我趴在桌上，盯着又在舔脚的浪花，径自说着，“我们画红老师说，南北朝时，有个家里很穷却好学不倦，年纪小小就能写出好诗好文的江淹，他在文坛上名气很大，大家都叫他‘江郎’。但老了以后，他的文笔变得不如之前。有人就传说他晚年曾梦见过一个自称郭璞的美男子，对他说：‘我有一支笔放在你那里很多年了，现在该还我了吧？’江淹不明就里，把手伸到怀中，竟真的摸到一支五彩笔，于是把笔归还给郭璞。从此以后，江淹便再也写不出好的诗文了。所以当时大家认定，江淹的文才已尽。故事后来被浓缩成‘江郎才尽’四字，用来说文人才思已经枯竭，不能再创佳句了。”

我听见阿嬷出了声，知道她还在，于是边抬起头，边道：“就像我现在这样啦，明明昨天之前都还文思泉涌的，现在居然肠枯思竭了，一定是郭璞把神奇五彩笔收回去了，我已经‘崔郎才尽’了！”

说着，定睛一看，不得了，阿嬷竟热泪盈眶！

我凝望她许久，心里万马奔腾，再怎样都不会想到这个可能！不！我看着她含着泪的眼睛，不敢相信地摇头道："不会吧……阿嬷，不可能吧！"

"为什么不可能？"她擦着眼泪，感怀万千地看着我说："你一个多月前刚回来时……我好担心，那时候你连中文都不太会，更别说成语了。但现在你看……"谢天谢地！我大大松了一口气。

江郎才尽

【成语出处】《诗品》

初，淹罢宣城郡，遂宿冶亭，梦一美丈夫，自称郭璞，谓淹曰："我有笔在卿处多年矣，可以见还。"淹探怀中，得五色笔以授之。尔后为诗，不复成语，故世传江郎才尽。

【成语释义】形容文人才思枯竭，大不如前，无法再创佳句。

【近 义 词】黔驴技穷、肠枯思竭、束手无策

【反 义 词】文思泉涌、七步成诗、才气纵横

明察秋毫

我想看这只虫要去哪里，你有放大镜吗？显微镜更好！

姨丈雇了一名家贫的辍学生到店里帮忙，让阿姨开车带我、浪花和恩玛去玩，我们还邀请了碧波和高竿，一起来个三天两夜宜兰青春行。

出发时，高竿将足球存钱罐还给我，说他没有花；还拿了一条鲜橘色的小领巾，要送给浪花。对着他，浪花还是会微微撇嘴、咬牙。

“小浪，要大方一点。”阿姨推推太阳眼镜提点爱犬。

浪花这才不太情愿地靠近，让牛高马大的高竿为它系上领巾。我们赶紧拍手赞它好帅，它总算才有了开心的样子。高竿摸摸它，向它道歉，起身时，故意口齿不清地对我说：“啥米碗糕，也对不底，谢谢底。

（山米，也对不起，谢谢你。）”“别放在心上，”我回敬他，“小文。”

大家都笑了出来。挥别阿嬷、姨丈和娃娃，还有宅猫方向，我们便往北宜高速公路前进。适逢宜兰举办“山河海兰雨节”，我们在武荖坑的水上设施上玩得畅快无比。碧波在大家的鼓励下，也挑战了从十几米滑水道冲下的空飙船；而在武荖坑溪边，我们还得拉住高竿，他才没有钓起鱼来。至于罗东夜市的糕渣、豆腐卷、羊肉汤、包心粉圆等知名小吃，也都祭了五脏庙。我们还起早品尝了名闻遐迩的林场肉羹，去苏澳冷泉享受了溽暑下的冰凉，到南方澳渔港吃了便宜美味的海鲜，然后北上冬山河游览，拜访了传统艺术中心。

在传统艺术中心，我们观赏西洋偶戏、歌仔戏及布袋戏，在临水街和黄举人宅留下搞笑的十连拍。阿姨还让我们各选了一只手操布袋戏的布偶做纪念，我简直不知道该怎么形容对红脸关公的喜爱！

逛过了偌大的园区，在牛魔王和铁扇公主家门前，我的关云长和恩玛的穆桂英、碧波的花木兰、高竿的赵匡胤，彼此自我介绍，客气了一番后，便开始撂狠话，然后用配备的茅剑刀棍打打杀杀，背景音乐是超级名驹浪花赤兔马“汪咿”的欢叫声。中国历史顿时大乱，几个孩子笑得前仰后合，阿姨也为这些创意台词笑到掩嘴加捧腹。

第三天往台北开去时，我们到礁溪汤围沟温泉公园泡免费温泉——泡脚，这些冬季时天堂般的享受在此炎夏十分要命，但仍让人惊艳！而再往后，就是兰雨节第三个会场——头城海水浴场。我们在这里足足玩了四小时海水，也陪名叫碧波，却怕海，无法“碧波荡漾”的碧波小姐，堆了大大的沙堡王国。之后，一伙儿人累到在车里睡翻了，醒来时，已回到淡水。

我把在传统艺术中心做的手拉坯笔筒送给姨丈，说干了再帮他彩绘。看着陶体上“大汉”两字，他好感动，直说是他人生第一个父亲节礼物。我还做了一个给爸爸，准备提着回美国——因为没经过素烧，禁不起压。

好尽兴啊！我想着。刚哄了娃娃午睡，我从冷气中走到后院木地板坐下。今天好热，有三十八度，但我想躺在这地板上，就着阳光耍我的关云长。

浪花跟着来到我脸边坐下，不时还伸出前脚想抓布偶。突然，我停下动作定定看着它，对它说：“小浪，我快走了，我只有这个夏天。”

“谁不是只有这个夏天？”

我闻言一笑，恩玛公主驾到。她的随从小吉子爵，转眼已在后屋和浪花、方向玩捉迷藏了。我们在后院聊天，她还提到东雷想带我们去溯溪。

“我们好像太贪玩了，都没研究那封信。”恩玛突然说。

我笑笑，是这样的，哪个小孩不爱玩？

“嘿，你有放大镜吗？我想看看这只虫要去哪里。”恩玛低头盯着泥土问道。小孩爱玩，还容易分心，才刚说要研究，立刻又转移了焦点。不过她真特别，一般女生都会对虫子避之不及的。我回她：“这里不知道有没有，在我美国的家有。”

“噢，那就更不可能有显微镜啰？拿显微镜来观察，就可以‘明察秋毫’了。”

瞬时，我倒吸了一口气：“你说什么？”

“明察秋毫啊！老师说过，这个成语原指有能力做，只是不肯做而已。”她不明白我惊讶的真正意思，继续讲解，“相传黄帝时代的离娄视力很强，百步之外的野兽细毛，每一根都能看得很清楚。而孟子就曾借离娄视力好的例子，来游说梁惠王行仁义之道。他说，如果有人跟大王讲，他可以举起三千斤重的东西，却举不起一根羽毛；能远远就看见秋天鸟兽新长的细毛，却看不见一大车木柴，请问大王您相信吗？梁惠王答，当然不信。孟子于是又说，有这样的力量和视力，却举不起一根羽毛或看不见一车木柴，是因为不肯去做，绝不是做不到。百姓不被您爱护，是因为您不肯施恩德。所以大王未能用仁德统一天下，是不去做，而非做不到啊。成语'明察秋毫'就这样演变而来，常常比喻人能看到极细微的地方，能洞察一切。"

我呆愣住，问自己是不是那举不起一根羽毛或看不见一堆木柴的人。"但你不觉得显微镜更厉害吗？不止细毛，连细胞都看得到！"她说。

我旋即爬起，进房间取来那封信给她。她读了起来：

孩子出生后，以歌声、舞蹈来庆祝太平和乐。不料平静的生活无故起波澜，大浪滔天而来。但仍要积极努力前进，即使艰难到不知往前还是往后。当信箱破了，依然需以诚恳的态度信守誓言，就算体力、资源消耗殆尽，嘴巴也休提放弃。回顾几年来的幼稚行径，不知该哭该笑，强风中沙石满天。我们的言行都受世俗约束，结果也多与原先的期望恰好相反。唯有回到原本的质朴境界，才能证明坚强的人禁得起各种考验。不要多话，必须静心、谨慎思考，从漆黑角落投向光明，拿起显微镜来观察，那么就没有丝毫疑惑，可以理直气壮、言词正当地说出那句看似普通，却意涵深远的八个字了。

我几乎忘了这封信！又想，阿姨若是生母，这封信又是何意？

“哇，你的身世信里的每一句，都像有弦外之音。”恩玛打断我的思绪，“当信箱破了……什么跟什么嘛！艰难到不知往前还是往后……进退两难嘛！”

哎呀！我的脑中像刚打了雷一般，明明感觉到什么，却又想不起来，真令人头痛！

“嗨。”有个声音响起，我们回头看，是碧波，“恩玛，我带表哥去你叔叔的店，他们聊起钓具，时间就像停止了一样！无聊死了。东雷就叫我来这里找你。你们在玩什么？”

“在研究山米的一封信。”恩玛皱眉回答。

“信？”她歪了歪头，忙用手帕擦拭脸上的汗水，“热死了！对了，淳风·崔，你知道你家咖啡馆的信箱坏掉了吗？来个脑筋急转弯，‘信箱破了’，猜一个成语。”

碧波没有注意到我和恩玛惊讶地瞪大眼睛互望，而当她公布谜底为“难以置信”时，我们已惊倒在地上。

明察秋毫

【成语出处】《孟子·梁惠王上》

有复于王者曰：“吾力足以举百钧，而不足以举一羽；明足以察秋毫之末，而不见舆薪，则王许之乎？”

【成语释义】目光敏锐，能看到极细微之处。比喻观察力强，洞察一切。

【近 义 词】观察入微、洞若观火

【反 义 词】不见舆薪、鼠目寸光、雾里看花

茅塞顿开

我的心里大浪滔天，准备迎接历史性的一刻。

“怎么了？”见我们倒在地上，碧波问，“我的谜题这么给力吗？”

恩玛将信递给她，说那有关我的身世。她专注地读着，眉毛上下挑动，然后念起来：“当信箱破了，依然需以诚恳的态度信守誓言……哦？”

“怎么样？”我和恩玛同时靠向她。

“热死了，我们可以进去凉快一下吗？”她拿手帕擦着汗。

于是我们移师到起居室，开了冷气，我还奉上一杯冰茶，并向她简述：“恩玛刚刚说到，拿显微镜来观察，就可以‘明察秋毫’了。‘拿起显微镜来观察’不是信里的一句吗？我觉得好像找出点什么了，但又想不起来。”

解谜小组最新成员碧波坐在书桌前，她的眼睛没有离开那张纸，像把每个字都拿起来嚼过了一番。几分钟后，她才发现什么线索似的大叫：“茅塞顿开！”

在我和恩玛“啊”一声后，她才看着我们，解释道：“爬过山吧？山间小路如果常有人走动，慢慢会变成一条大路；而若隔太久的时间没人走，茅草就会长到把山路都阻塞起来。孟子说，圣人之道，要学习，也要常复习，不能建而不修，否则久了就像茅草塞满山路一样。这就是‘茅塞’的由来。而‘顿开’是指顿时开悟了、突然间想通了！‘茅塞顿开’就比喻本来充满着疑惑、闭塞的心，忽地全豁然了悟！”

“那到底怎样嘛！”我焦急起来，虽然我嘴上说无所谓了，但能真相大白还是好的，“了悟什么？”

“你们不觉得信里句和句之间，都有关联吗？”她的眼睛闪耀着，“当信箱破了，是‘难以置信’；依然需以诚恳的态度信守誓言，是‘信誓旦旦’；而不知该哭该笑，不是‘啼笑皆非’吗？强风中沙石满天，即‘飞沙走石’。也就是说，每个成语的最后一个字的读音，和下一个成语第一个字的读音是一样的！像修辞里的顶真手法，只要字音一样就行，也像我们常玩的成语接龙游戏，但更高段。”

“真是茅塞顿开！”恩玛拍手，我思索时，她又道，“那必须一句句解出是什么成语吧？”

“对！”碧波颔首，“虽然只是可能，但我们就从头来做看看吧！孩子出生后，以歌声、舞蹈来庆祝太平和乐。不料平静的生活无故起波澜，大浪滔天而来。嗯……啊！我知道了，是‘歌舞升平’‘平地风波’‘波涛汹涌’。但仍要积极努力前进，即使艰难到不知往前还是往后。是‘勇猛精进’吗？然后是……”“进退两难！”恩玛大声说，“当信箱破了，‘难以置信’！依然需以诚恳的态度信守誓言，‘信誓旦旦’！”

“没错！”碧波看着信，目光如炬，“就算体力、资源消耗殆尽，嘴巴也休提放弃。呃……旦，旦开头的，弹尽粮绝？然后接什么……绝口不提？哈，可以的！”

我们都鼓起掌来。恩玛紧接着又说：“回顾几年来的幼稚行径，不知该哭该笑，强风中沙石满天，就是刚说到的‘啼笑皆非’‘飞沙走石’啰！我们的言行都受世俗约束，啊，这句好难！”

“是十目所视吗？指一个人的言行受到世人的监视注意，就是被世俗所约束。接下一句看看好了：结果也多与原先的期望恰好相反。适得其反嘛！咦，对得上！”碧波笑颜灿烂，“唯有回到原本的质朴境界，返……返璞归真！真……才能证明坚强的人禁得起各种考验。真金不怕火炼？看下面的句子：不要多话，必须静心、谨慎思考，从漆黑角落投向光明。”

“最后那句是‘弃暗投明’吗？”一直看两个女生表演的我，终于也发声了。

“是！”碧波点头，“我知道了！真金不怕火炼，敛声屏气，弃暗投明！”

“明察秋毫！”我和恩玛齐声喊。我还赞道：“哇！真是所向披靡！”

“嗯，继续！那么就没有丝毫疑惑，毫，毫无疑义？可以理直气壮、言词正当地，义正词严？嗯，接得起来！说出那句看似普通，却意涵深远的八个字了。严……言近旨远？咦？最后，是哪八个字呀？”

我们如堕五里雾中，一起思索着看似普通，却意涵深远的八个字。

“可是就算解开了，跟你的身世有什么关联？”碧波噘嘴问。

恩玛斩钉截铁地说：“所以那八个字很重要呀！真相一定就在那八个字里！”

“好吧。言近旨远，远……八个字……”碧波抓着头发，我很怕她因此秃头。忽地，她大叫：“该不会是……远在天边——”“近在眼前——”恩玛与我接道，然后三个人异口同声喊出：“远在天边，近在眼前！”

我们一一回头看向前屋，只见咖啡馆的通道口，正站着阿嬷。我做了个跌倒状，阿嬷和蔼地笑笑，然后，小安阿姨走了出来。

果然是她！

我端坐起来，心里大浪滔天，准备迎接人生历史性的一刻。

茅塞顿开

【成语出处】《孟子·尽心下》

山径之蹊间，介然用之而成路，为间不用，则茅塞之矣。今茅塞子之心矣。

【成语释义】形容忽然理解、明白了。

【近 义 词】豁然开朗、恍然大悟、醍醐灌顶、当头棒喝

【反 义 词】百思不解、大惑不解、百思莫解、莫名其妙

第五章

美好时光

白驹过隙

眼皮才眨一下而已，在台湾的日子就过去那么多了！

我准备迎接历史性的一刻：与我的亲生母亲相认。

而我一直喊着阿姨的她，竟意味深长笑着，然后转身，再回来时，手中多了一个大信封。信封上大大地写着“远在天边，近在眼前”八个字。

不过，当我拿到手上，还看见里头装了三张纸。

“你说出这八个字，我才能拿出来。”阿姨说，“对不起啊，要按规定。”

“按规定？”我反问着，但手还是去打开信封，见第一张写着：

前仰后合→何许人也？

我看着碧波，再望望阿姨，不明所以。碧波叫我再看下一张，我照做。第二张的字是：

> 野火烧不尽，春风吹又生。

碧波突然问我：“你妈妈叫什么名字？”

“李又华。”我回答，愣愣地盯着意有所指的她。

她大笑起来：“那没问题啦！‘春风吹又生’，指淳风崔是又华所生！照全信的意思，就是任凭多大的野火，也烧不去这个事实，烧不尽母子情牵的韧性！”

天啊！怎么回事？要是在屋外地板上，我一定瞬间昏倒了吧！屋里冷气令人感到凉爽，可我还是有些晕头转向。

“暖风吹得游人醉，错把杭州当汴州。”碧波替我取出最后一张字条，我们凑到一起看。

淳风吾儿，在美三年，西风吹得心儿醉，不爱中文爱英文，不吃米饭吃汉堡；误将孤僻做刚强，错把加州当家乡。趁夏暑假期，命其返台寻我真正双亲。过程中，必经付出与磨炼，然孤独忧虑之间，若能返璞归真，循序渐进，平心并努力，而后定然回惊作喜，喜极而泣。吾念人当饮水思源，切不可忘本，是以安排此行，目的在使淳风虽处异乡，亦应对中华文化之诗书经典多所用心，于和善、愉悦环境中有效学习。

我瘫在地上，好想直接躺下来睡，睡后醒来就没事了！但恩玛却接着朗读："山米宝贝，前面爸爸写的，你都懂吗？简言之，你真的是我们的儿子！回来后，妈妈给你看出生证明。注：一定要谢谢阿姨一家人的照顾！"

我哑口无言，两个女生也静默着。阿姨却拍拍我，娓娓道来。

“山米，其实最重要的原因是，除了游泳和足球，在你身边还有许多好玩、值得学习的人、事、物，但你妈妈觉得你从不关心、在意，所以创造了让你独立思考和成长学习的机会。是他们的主意，他们说必须让你自己找出答案，阿姨只是受托当个把关人，没出什么力。但你可以因此看出，你爸妈的文学造诣有多高了！”

我整个人顿住，思前想后，没有能力回话。

“你妈妈不知道你能否解开谜底，如果没有，也没关系，回美后就会知道真相了。但回顾一个半月来，你所付出的与获得的，是不是很值得呢？你独立成长了，像你之前说的，觉得幼稚的自己改变了。台湾是个美丽又有文化的地方，你该谢谢父母安排这趟旅程。无论如何，从小把你呵护得无微不至的妈妈，如果不是为了救你的心，不会舍得你离开那么久。要体谅她，她好爱你的！而且，她说一定会在机场热切地等待你、迎接你！”

我想起妈妈。从前我只是参加学校的两天一夜旅行，她都能含泪来个十八相送，这次竟放我在台湾待五十天！

“阿姨不是说你妈妈打电话来，忧心如焚吗？其实是她怕你怪她，到时恢复不了母子情。也因为太想念你，她从没和你分开那么久，每次都讲到哽咽。那天，我还听到她在遥远的大洋彼端，泪如雨下……”

想到那画面，我再也忍不住，红着眼眶低声哭了出来。

两个小女生也跟着嘤嘤啜泣。虽然多年以后，我才了解女生真是天生感性、浪漫的动物，但那时我仍不顾自己挂着鼻涕，忙安慰着她们。眼角有泪的阿姨，则搂着我们，频频说道：“你们都是好孩子！真的。都别哭了！看，你们合作解开了谜题，好棒不是？”

“啊？怎么都在哭？”是爱猪老师的声音，“舍不得山米回美国啊？”

我们慢慢擦着眼泪。爱猪老师递了一只她的爱猪给我，说她要出国几天，怕来不及跟我道别。

“真正是‘目一下睨’啊！”阿嬷讲起优美又地道的闽南话。

“哈哈，阿嬷说时间过得真快啦！”爱猪老师翻译，“光阴似箭，也如白驹过隙。听过‘白驹过隙’吗？”

我吸吸鼻子，摇头。她拿了面纸给恩玛，边说：“‘驹’是指良马，‘隙’则是狭小的缝隙。庄子曾经感叹，人在天地之间的时光如此短促，生命消逝的速度又是那么快，就像白驹急速奔驰过狭小的缝隙一般。我们从狭小的缝隙看去，只能见到白光，也就是日影一闪而逝，就在一瞬间。因此，‘白驹过隙’就用来比喻时间过得很快，才一会儿，时光便飞逝而去了！而阿嬷说的‘目一下睨’，意思是眼皮才眨一下而已，我们山米在台湾的日子就过去那么多了！”

这时，恩玛突然号啕大哭，紧接着跑了出去，碧波追上去；我则如腿上绑了铅块或被点了穴道般，无法动弹。

白驹过隙

【成语出处】《庄子·知北游》

人生天地之间，若白驹之过隙，忽然而已。

【成语释义】比喻时间过得极快，急速地变迁、流逝。

【近 义 词】 日月如梭、光阴似箭、光阴如电

【反 义 词】 度日如年、时光冉冉、日长岁久、天长地久

雪泥鸿爪

忽然明了，山米之所以成为现在的山米，是因为浪花。

恩玛哭着跑回家，我自顾不暇，仍处于震惊中。

然而，我还是前前后后不停想这件事，阿姨问我是不是怪妈妈，我摇头。我之前的确不爱中文，只爱游泳、足球和汉堡，且把加州当作唯一的家乡。爸爸常说他是为了工作上的方便才移民美国，但我们不能忘本。他总是批评我没主见，问什么都回答随便、无所谓、没意见；妈妈甚至曾说我太依赖她，但行为举止又近于冷漠无情。

还有，如果妈妈只是叫我回台湾过暑假，学经诗、写作文，我绝对不会同意；若不是寻找生母的强烈诱因，我应该连加州都懒得离开一步。

情况应该是很严重了，他们才会想出这样的计划来强迫我独立、学习付出，并全心去感受生活，当一个有感觉的人！

我不会怪他们。真相大白水落石出后，只是更增加我的内疚。试想，什么样的人，用得着如此劳师动众？一切只为了山米！我忽然觉得自己很像周处，当他发现自己其实就是第三害时，心情也是这样的吧。

那一天，我一直躺在床上思索，浪花也静静的，没有吵我。第二天，碧波打电话来问我有没有怎样，还对我哼唱起方大同的《春风吹》："洞里蛇，冬日睡，原上草，春风吹。到夏天我变了谁……"十足是我的故事嘛！

下午，我终于出门去找恩玛了。浪花的精神好像不大好，我也没吵它，独自骑车到东雷家。不见恩玛人影，潜水老师却在。

"山米，你就快走了，恩玛好难过。"她替忙着帮客人选钓具的东雷说，"人生就像飞鸿踏雪泥，会留下些什么，但有时很无奈……"之后，我骑着车穿梭在淡水找恩玛，经过马偕街的教堂后，决定去石雕船找。果然，发现她戴着宽边帽坐在马偕老爷爷的船里看书，手上还拿着她的穆桂英，八爪和小吉则陪在一旁。

"潜水老师刚说呀，雪泥鸿爪这个成语来自苏轼和他弟弟的故事。”我出声，她放下《天文观星图鉴》，抬头看我。

“你知道吗？苏轼作了一首《和子由渑池怀旧》来应和苏辙的诗。他回忆起往日的困苦崎岖，还曾和弟弟借宿渑池的一所寺庙，并在庙壁上题诗的事情。如今老和尚已经去世，当年题诗的墙壁也塌坏了。人生的遭遇就像飞雁踏过雪地留下的爪印一样，那么偶然；而鸿雁飞走后，也没人知道它的去向。”

“……”她流露出离别的感伤，“我舍不得。这个夏天，我很快乐。”

“别这样，说不定我爸爸会被公司调回台湾啊！”

“是啊是啊，他也有可能调到格陵兰、克罗地亚或布基纳法索，还有安第斯山、麦哲伦海峡、的的喀喀湖什么的！”

“哇，你怎么说得出这些地名啊？”我十分惊讶，“果真如此，我一定邀你来玩。因为你是我最好的朋友。”

她笑了：“比杰克还好吗？”

“当然！我不会忘记你的，我们可以通邮件或Skype啊，还有，你也用脸书不是吗？我的中文现在超好的！别难过，我们好好珍惜时间吧。嘿，你还要带我去溯溪呢！而且上次穆桂英不是说要到天文馆为关

云长导览解说星星吗？没忘记吧？”

她摇摇头，灿烂地笑了。之后，我们一起去渡船头，看淡水特有的舢板，还有夜鹭、白鹭鸶捕鱼、抓虾的模样。长滩港和淡水风景都很美，但是不一样，这里有我蜕变的回忆。恩玛、姨丈、阿嬷和夏令营的老师，还有小安阿姨，没有他们，就没有现在的我。当然，凡是帮助我变得更好的人，我都要感谢。

尤其是浪花。我回到家后，阿姨竟说浪花生病了，食欲不振，整天都无力地趴着。我非常着急，难道是在宜兰玩水玩到感冒了？

它的体温有些高，阿姨叫我带它去看医生。我立刻抱着它娇小的身躯，走到隔了三百米的兽医院。它流鼻涕，有点发烧，加上天气太热，所以病恹恹的。我拿了兽医开的药，再抱它回家。

“小浪，生病时，体内的士兵都会联合起来对抗敌人，没有时间注意到饥饿，所以你会没有胃口，因为不觉得饿嘛！但为了增强士兵的作战能力，一定要吃东西补充营养。来，吃饭！”

它闭上眼睛，没有理我。方向小姐伸出雪白的玉手逗弄它，它也无动于衷。

我真是忧心如焚！不得已，便将塑料针筒放入它嘴角与牙齿间的空隙，再慢慢推药进去。整个晚上，我将它放在身边，以便看护。时而帮它擦鼻涕，时而担心冷气太强，索性关掉，连电风扇都对着墙壁吹！那体贴关心，仿佛在照顾一个孩子。

然后，我忽然明白，山米之所以成为现在的山米，是因为浪花。

雪泥鸿爪

【成语出处】	《和子由渑池怀旧》
	人生到处知何似？应似飞鸿踏雪泥。
	泥上偶然留指爪，鸿飞那复计东西。
【成语释义】	比喻往事所留下的痕迹。
【近 义 词】	飞鸿踏雪、飞鸿印雪
【反 义 词】	烟消云散

笑逐颜开

全心感受生活，认真做每一件事；而且不多话，就是做给你看。

因为浪花，山米才开始对生活有所感知，从它咧嘴对着我笑的那一刻，就将人性带给了我；之后，甚至将生活的感受能力全输送到我的血液里。

看着桌上爱猪老师给我的小黄猪，我想了许多。

"小浪，"我擦擦它的眼角，"快点好起来，山米很需要你。"

我不喜欢笑，它老是笑给我看；我不喜欢与人接近，它就贴着我、跟着我；我不爱读书，它替我叼来课本，还让我念故事，我才将老师上过的课全复习了；为它朗读时，我才发现经典文学的美，以及，不是那么难以学习。

我对台湾生活适应不良、陷在寻找生母的情感泥淖里，甚至被高竿锁在仓库中时，它都陪伴着我；游泳、踢球、跳跃、跑步、读书，甚至倾听妈妈的声音，它都比我做得好。它有个性，讨厌洗澡、爱舔臭脚丫、喜欢被绑得五颜六色，但也懂得享受生活，认真做着每一件事。

浪花还很善良。见小吉没有奖励，会跺步、出声为之争取；高竿踢过它，但救了高妈妈的，其实是它。它不可能没在她身上嗅到高竿的气味，却不因那是高竿的母亲而见死不救！连长泳募款赛，它都想参与，都想贡献一己之力！

生活中有如此一个人，谁都会耳濡目染，会被影响。何况它不多话，就是做给你看。从一只狗身上，竟能学习到这么多！加以身边好人一长串，我不变好都很难。

不是凭空变化，是由内而外、由细胞至心脏乃至筋肉的彻底改变！我想这是爸妈也没预料到的吧。

第二天下午，我开始觉得浪花除了感冒，好像也懂得我即将离开，因此不开心。我对它温柔地说了许多话，包括很感激它对我的好，很怀念和它一起游玩、运动、读书的时光。它舔舔我，心情好了些。而就在我提议它的病一痊愈，就来场“阳光鼻球友谊赛”时，它才竖起大大的耳朵，坐了起来，然后咧开嘴，现出整齐的两排白牙——属于浪花式的招牌笑容。

“讲到鼻球就有精神了，还真是笑逐颜开啊！”我糗它，“顺便跟你解释‘笑逐颜开’，好不好？”

它继续对我展现白牙，我则两手轻拉它脸上的毛，说：“逐，是随着的意思；开，是舒展。‘笑逐颜开’指笑容随着你的颜面舒展开来，很欢喜、很快乐的样子。就像你这样啊。这是我看成语书学到的……”我故意把它脸上的毛向左右拉开，它的嘴顺势变宽、变大了。它挣脱我的手，站了起来，像用了广告中那款知名造型发胶般，甩甩头，轻轻松松就恢复成原来的样子。接下来，它开始舔我，开始踩着小碎步。

“这才对嘛！好哥儿们！”我振奋地摸摸它的头，“健康时，身体里那些士兵的注意力就会移转回来了。小浪，你的士兵打了两天的仗，该好好喂它们了！”这才刚说，它的肚子就传来“咕噜咕噜”的饥饿声，笑倒了我。

两天后，我为浪花举办了小型鼻球友谊赛，为它穿戴好所有装备，包括高竿送的橘色领巾。浪花整个酷呆了！还好海霸回高雄了，不然铁定被迷到昏倒。

这场友谊赛只有小吉、八爪、九阴和浪花参加。

蝙蝠、火箭没空，而漂泊的子弹又已经继续浪迹天涯了。四个球门由恩玛、碧波、高竿和我固守，更兼裁判、计分员与啦啦队。

八爪和九阴两个女生互不相让，浪花精神奕奕，身手了得！小吉则老是将球玩出线，完全沉浸在自己的世界里。

正当加油声再起，战事如火如荼之际，浪花突然停下脚步，站着不动，鼻子往空中直嗅；紧接着，它转头，立即向着后方“汪汪”地叫着。

那高亢的叫声，我没有听闻过；那跃动的欣喜，也是前所未见。

阿姨和爱猪老师的身影映入眼帘，一个男人与她们并行。不，还有两只像极了浪花的小狗正向我们奔跑过来……

哇，小浪的妈妈出现了！

笑逐颜开

【成语出处】《水浒传》

众人扶策下轿，上厅来。宋江见了，喜

从天降，笑逐颜开，再拜道："老父惊恐。宋江做了不孝之子，负累了父亲吃惊受怕！"

【成语释义】形容心中喜悦而眉开眼笑的样子。

【近 义 词】眉开眼笑、喜笑颜开、满面春风

【反 义 词】愁眉不展、愁眉苦脸

壮志凌云

我已经不是五十天前的我了，志气可以直上天际。

小浪的妈妈出现了！难怪它这么兴奋。

前几天，看着爱猪老师的爱猪，福至心灵地，我拜托她打电话给前男友，因为想替浪花寻找母亲，让生病中的它能开心一点。她一开始有些为难，但听着我焦虑、请求的声音，才说试试看。

“万一不行，别把人家想成拥有仙丹却不救命哟。每个人都有苦衷的。”阿姨叮咛我。

所以我跟老师强调，只要打一通电话，其他的不强求。没想到，她的前男友立刻表示小浪妈还健康地活着，并允诺从桃园回到台北老家时，会顺道载过来。这才有今日这番感人的场面。

瞧浪花围着母亲，跳得好高，比平常转身旋跳时还高，一直跳，还一直发出“汪咿汪咿”的开心叫声；

它的妈妈也爱护地舔着它，全身上下都嗅闻过一遍，好似要确定它健康幸福无虞。它的弟弟，也雀跃地跑动着。

浪花出生没多久便和母亲分离，但它们从没忘记过彼此的味道，这就是亲情的牵绊呀！我想到碧波解释的“野火烧不尽，春风吹又生”，用在这里也可以，任凭多大的野火，也烧不去这个事实，烧不尽母子情牵的韧性。

“嘿，小浪找到亲生母亲了呢！”走回家时，我低头对喜上眉梢的浪花说，“但可不能忘了养育你的妈妈哟！她爱你、教养你那么多年，真的是个好妈妈，你很幸福啊。”

走在我旁边的阿姨听了，不停地笑，知道这些话都是她对我说过的。

“如果你心思都在亲妈那里，她一定会忧心如焚的！”我又故意说。

阿姨笑着打了我一下。我们接待了爱猪老师和她的前男友，让浪花母子三人相处了一整个晚上，它才依依不舍地送走母亲和弟弟。它很懂事，没有哭闹，知道以后还有再见的机会。

在舔舔阿姨后，它跑到书桌前对我咧起嘴，非常满足，又像感谢。“够了，兄弟间这么客套干什么？”我转过头去对着电脑，一派轻松，“还笑逐颜开，真是！”

“我不得不说你的改变令我惊奇。”

啊？我小小惊吓了一下，回头看，原来是阿姨，还以为浪花说话了。

她拿了张椅子坐在我面前：“山米，你真是个好孩子。坦白说，六月底你来的时候，我对你的期望只有变得独立一点，多学点中文而已。但你在满怀心事和必须适应异地生活的情形下，还学到这么多。重点是，不仅你自己改变了，还成就他人的幸福，像高竿、浪花，还有恩玛。真的很棒。而这期间，你为生母的事有多么苦恼，我都看在眼里。”

“阿姨，其实都要谢谢你。”我由衷表示，“我曾经很笃定地认为……你就是我在找的亲生母亲。”

她笑了：“如果阿姨有你这样的儿子，一定很高兴，也很骄傲。但相信我，现在我一样很高兴，也很骄傲。”

我忍不住起身拥抱了她。想起那些独自揣测、演着内心戏的日子，真是将人生酸甜苦辣都尝遍了。我跟她说回美国后，也要这样拥抱又华妈妈。其实我是真的寻找到亲生母亲了——不仅找到，也清楚体会到了母亲对我的爱。

阿嬷叫："山米，来吃饭了。"我回答"噢"之后愣了一下，走到厨房餐桌前，对她说："阿嬷！你把我的名字喊得好标准！"

她想了一下，呵呵笑："是啊。不然，你以为只有你在成长吗？"

我无言，真是个淘气的老人家！一旁的阿姨也露出了笑意。

"想当初山米都不吃我煮的菜，害我还要学那些外国人去买生菜、芝士、火腿、酸黄瓜的。不过也因为这样，我们店里的简餐就多了西式的了。所以说，活到老，学到老，我觉得自己也在成长啊！"

我吃着牛肉面，呛了一下，面条差点吸到鼻孔里。

本来计划和东雷、恩玛、潜水老师一起到花莲秀姑峦溪溯溪，但莫拉克台风在八月八日侵袭台湾，台东与中南部灾情惨重，农业损失、房屋坍塌与死伤人数都非常巨大。于是我们取消游乐，投入赈灾。我把高竿归还的足球存钱罐捐给红十字会帮助灾民，并与阿姨、姨丈当起搬运物资的义工。我们无法和在灾区清洗污泥、冒险修路、抚慰伤痛的义工相比，贡献更不及第一线搜救人员的千万分之一，只是尽绵薄心力。

参与了令我印象深刻的灾害救援后，就要面对铁一般的事实——分离了。

我打电话到小学堂，一一跟老师们说再见，得到她们很多的鼓励。而出发回美的那天早晨，恩玛、东雷来与我话别，没想到高竿和碧波也到了。碧波叮咛我要继续研读中文，高竿递上一支约三十厘米的小小钓竿，对我说："关公拿腻了关刀后，给他拿钓竿。"

关公拿钓竿？能看吗？但我懂他的用意。

我对恩玛眨眨眼。昨天我把这些日子以来所拍的照片，都扫描了，录成了光盘，也才知道她真的陪伴我好多时光。我将光盘送给她，说她是第一女主角，还带点羞涩地把电影《海角七号》的经典台词"留下来，或者我跟你走"改编为"你可以来美国，或者我就到台湾"。

挥别了众人，姨丈开车载我们出发前往机场。一样是阿嬷在前座，阿姨抱着娃娃，只是多了浪花和方向。浪花坐在我腿上，宅猫方向愿意来送我，已经让人感动了，想不到它竟还坐在我另一只腿上！一路上说说笑笑，跟刚回来时那趟路程的尴尬和无趣，实在大相径庭。

"山米，姨丈有始有终，来讲个'壮志凌云'的故事好了！”

我对他笑笑，想起当时还误将他说的“倒屣相迎”，想成“稻洗相赢”呢！

“三国时的曹植啊，曾写文章表彰孔子的德行和人生事迹。文中就提到孔子不仅胸中充满了仁义，更能将仁义推广到天地之间；而他的志向更是豪迈远大，可以直冲云霄！原文是‘志凌云霓’，后来演变为成语‘壮志凌云’，形容人的志气豪壮，志向高远。姨丈相信，你已经不是五十天前的你了，现在的你，想必壮志凌云，志气可以直上天际了！”

我腼腆地笑，但很开心。

接着，阿嬷交代：“山米，要好好孝顺美国的父母。百善孝为先。”

“他会的啦！”姨丈哈哈大笑，“因为他阿姨把他内在的潜力和善良都开发出来了！”

“哪是我？他本来就拥有，只是自己终于把它找出来而已！”

抬杠间，孟子的“仁义礼智，非由外铄我也，我固有之也，弗思耳矣。故曰：‘求则得之，舍则失之’”又浮现在我的脑海。仁义礼智是我本来就拥有的，只是不去想、不去做而已。那种善的感受力，应该主动去发现，然后运用在生活里。

也才算认识了内在真正的自己。

原来，我一直没有认识自己，这趟台湾行，我不只寻找母亲，还是为了寻找自己！

浪花在我腿上“呜嗯”地撒着娇。它超有生活感受力，通过它，我把原来的自己找出来了！啊，一直以为的“转变”，原来竟是“找回”！

快到机场了，浪花“呜嗯”得更大声，明白时光再怎么美丽，也到了该分别的时刻。我摸着它的头，安抚道：“我会再回来看你的。这些日子，谢谢你。”

我的手背一阵凉，一看，方向竟然舔我！这只跟当初冷漠的我不相上下的猫小姐，也找到自己原本拥有的情感了！我像看见自己的孩子成长了般，十分动容。

但，望着浪花深邃眼眸里的惆怅，我极为不舍，一时间，竟红了鼻子。

“嘿，别这样啦。记得山米跟你讲过苏东坡兄弟的故事吗？那时我还说哪有兄弟感情这么好的！但，人家真的就那么好，而我和你，也真的这么好！小浪，你是我的好兄弟。你……要想我呀，要记得这个你和我的夏天……”

这次，它以“呜咿……”的上扬声回我，那是一种悲鸣的音，哀恸的调，我从来没有听过。阿姨怜惜地将它抱过去，也红着眼眶抚摸它。

跟浪花的离别如此困难，是我始料未及的。它无法遏抑地持续悲鸣，引得我好心疼！因为舍不下，也怕它冲动，我要大家送到外头的车道就好，我可以一个人进大厅去办登机手续。

谁知我一下车，浪花便开始高声哀号，像狼对着月亮呼号一样。

我惊讶地愣了一会儿，才推了行李，快步奔跑着。同时理解到，分离不难，难的是回头望的一刹那，比“萋萋满别情”要多上万倍感伤！

方向细细的“喵”叫声和浪花悲伤的呼号声中，阿姨、姨丈、阿嬷、娃娃，在大厅外的檐廊，对我挥手。

我回想初来时他们站着迎接我的画面。

而这次，我，山米·崔，还是觉得自己死定了。

回到美国，我不停想念他们，还有浪花那令人断肠的声音。

离别不难，难的是回头望的一刹那，更难的是离别后刻骨的孤单。

一伸手，触不到已经习惯的毛茸茸的小动物；一低头，看不见总是在那儿嘻嘻笑着的小脸。不敢相信，最令我牵肠挂肚，魂牵梦绕的，竟然是浪花……

我几乎天天失眠，爸妈以为是时差问题，不知道我仿佛就要死去。

直到在电脑前，我一字一字写下《山米和浪花的夏天》。放学后的课余时间都在写，如同与浪花又相处了三个多月。血液这才一滴一滴流回，元神才一点一点收归。

我永远不会忘记这段岁月，无可取代的青春岁月。

就算别人笑我傻，我也要献给……

我亲爱的浪花。

壮志凌云

【成语出处】《曹子建文集·学官颂并序》

于铄尼父，生民之杰，性与天成，该圣备艺。德伦三五，配皇作烈。玄镜独鉴，神明昭晰。仁塞宇宙，志凌云霓，学者三千，莫不俊乂。惟仁是凭，惟道足恃。钻仰弥高，请益不已。

【成语释义】形容人的志气雄壮豪迈，直冲天际，即志向高远。

【近 义 词】青云之志、鸿鹄之志、雄心万丈

【反 义 词】意气消沉、万念俱灰、人穷志短

成语录

【这个夏天】

倒屣相迎： 比喻热情地迎接宾客。

黯然销魂： 比喻心神沮丧，如失去了魂魄一般。

如坐针毡： 比喻身心痛苦，惶恐不安。

约法三章： 泛指共同议定必须遵守的简单条款。

琵琶别抱： 指女子改嫁，现也指女子结识新男友。

心无旁骛： 比喻全神贯注，十分专心。

【关关难过关关过】

沐猴而冠： 猕猴戴帽子，装成人的样子。比喻徒有其表而无其实。常用来讽刺人依附权势、窃据名位的行为。

苟且偷安： 指得过且过，不知振作向上，只求眼前短暂的安逸。

鞭辟入里： 指分析说明问题深入透彻，切中要害。

一筹莫展： 比喻毫无办法，一点计策也施展不出。

焚膏继晷： 形容夜以继日地勤奋不怠。

大相径庭： 比喻两者差异很大，相距甚远。

良辰美景： 形容美好的时光，宜人的景色。

美轮美奂： 指房屋气势宏伟、装饰华美，可用以祝贺新居落成，亦广泛形容建筑物的富丽堂皇。

【改变及淬炼】

不寒而栗： 形容非常恐惧。

息事宁人： 原指为政不生事扰民，后多指平息纷争，以使彼此和平相处。

一触即发： 原指一经人、事、物的触动，内心即有所感应，后用以形容极为紧张的情势或危险时刻。

所向披靡： 形容所到之处，敌人纷纷溃散败逃。

狗尾续貂： 比喻封官太滥。也比喻以次品接在珍品之后，前后不相称；多用于指文艺作品的续作不如原来的好。

当机立断：形容当下毫不犹豫，立刻做出决断。

捉襟见肘：形容生活困顿、穷于应付的窘态。

班门弄斧：比喻在行家面前卖弄本领，不自量力。含讽刺意味。

【历史性的一刻】

学富五车：形容人书读得很多，才识丰富，学问渊博。

忧心如焚：内心忧虑，如火焚烧，形容十分焦急、忧虑。

江郎才尽：形容文人才思枯竭，大不如前，无法再创佳句。

明察秋毫：目光敏锐，能看到极细微之处。比喻观察力强，洞察一切。

茅塞顿开：形容忽然理解、明白了。

【美好时光】

白驹过隙：比喻时间过得极快，急速地变迁、流逝。

雪泥鸿爪：比喻往事所留下的痕迹。

笑逐颜开：形容心中喜悦而眉开眼笑的样子

壮志凌云：形容人的志气雄壮豪迈，直冲天际，即志向高远。

完美任务

张曼娟 主编　张维中 著

张曼娟
成语学堂2

中信出版集团 | 北京

图书在版编目（CIP）数据

完美任务 / 张维中著 . -- 北京 : 中信出版社，2020.1
（张曼娟成语学堂 / 张曼娟主编 . 2）
ISBN 978-7-5217-1254-4

Ⅰ . ①完… Ⅱ . ①张… Ⅲ . ①汉语－成语－故事－青少年读物 Ⅳ . ① H136.31-49

中国版本图书馆 CIP 数据核字 (2019) 第 270089 号

本书通过四川一览文化传播广告有限公司代理，经张曼娟紫石作坊有限公司授权出版中文简体字版本

完美任务
（张曼娟成语学堂 2）

主　　编：张曼娟
著　　者：张维中
出版发行：中信出版集团股份有限公司
　　　　　（北京市朝阳区惠新东街甲4号富盛大厦2座　邮编　100029）
承 印 者：北京盛通印刷股份有限公司

开　　本：880mm × 1230mm　1/32　　印　　张：6　　字　　数：93千字
版　　次：2020年1月第1版　　印　　次：2020年1月第1次印刷
广告经营许可证：京朝工商广字第8087号
书　　号：ISBN 978-7-5217-1254-4
定　　价：152.00元（全四册）

目录

第三章 **团结**

让“语文力”陪伴孩子一生

張曼娟

在“张曼娟小学堂”快乐学国学

2005 年我在台湾做了一件事，利用暑假期间开办私塾“张曼娟小学堂”。我们招收了大概 120 个孩子，刚开始是将他们分成四个年级，从小学三年级到六年级，给孩子们上传统文化和写作课程。家长们常常抱怨，孩子的创作力缺乏，表达力欠佳，我认为这些都与素养和内涵有关，而中国传统文化提供了无穷无尽的养分。

台湾的孩子一直都在读经，但是他们读经的方式比较呆板，比如背整本的《三字经》和《弟子规》，孩子不懂，但是大人说先背着，长大就懂了。这是对

孩子说的善意谎言。

在“张曼娟小学堂”里，我们会尝试另一种方法。比如今天谈“勇敢”，我会问小朋友：“你们觉得什么是勇敢？如果班上有一个同学常常被人欺负，你们觉得该怎么办？如果觉得这样不对，会怎么样处理？你会袖手旁观还是挺身而出？”因为这跟他们的生活有关系，孩子们都很热烈地参与讨论，他们会谈自己怎么样处理这个问题。接下来，让他们读一段《弟子规》，看里面怎么说。在他们觉得《弟子规》说得有道理时，就会不自觉地背起《弟子规》来。接着是一段故事，让大家讨论。然后，我们转向孔子，看看孔子关于“勇敢”又说了些什么，孩子们充分理解了、认可了，然后就会背起来。就这样不知不觉地背诵，而且背得很开心。

● 从“张曼娟小学堂”到“张曼娟学堂”系列

“老师什么时候要为我们这些小孩子写书呢？”到现在，我依然记得最初提出这个请求的那个女孩说这句话的声音，她是2005年“张曼娟小学堂”第一届的学生。

而我确实是呼应了她的愿望，开始策划并创作一个又一个“学堂”系列。我和几位优秀的创作者——张维中、孙梓评、高培耘与黄羿瓅反复地开会讨论着，编写全部内容。

我们察觉到孩子对成语的无感，只是机械式地运用，于是创作了“成语学堂”；感受到孩子无边无际的想象力在成长中不断减少，于是创作了“奇幻学堂”；意识到孩子对于美感和情感的领受变得浮夸而浅薄，于是创作了“唐诗学堂”。

这样的初心和作品，获得了许多家长、老师的认同，更令我们感到欣喜的是，孩子们的真心喜爱。

这让我们知道，“张曼娟学堂”系列不只是古典新释，更是探讨孩子成长中各种情境的系列作品，有着这样深刻的意义。

●“语文力”是什么？

也是在演讲活动的时候，常有家长询问：“我的孩子考数学，演算题全对，但是一到应用题就完蛋了，他根本看不懂题目呀。到底该怎么办？”这是发生在许多成绩优秀的孩子身上的悲剧。

我想，这都与“语文力”相关。“语文力”不仅能提升语文水平，还是提升一切学科的基础，这样的认知放在当下飞速发展的社会环境中，已经有些狭窄。“语文力”，不仅是阅读力，还有理解力与表达力。能不能看懂考题、在考试时拿高分，固然重要；然而，更大的隐忧却是，应付考试，得到高分的岁月，只占了短短几年。孩子们未来长长的人生，假若没有足够的理解与表达能力，他们将如何面对社会激烈的竞争？如何与他人建立良好的人际关系？这样的担忧与期望，才是我们十年来投入许多心血与时间，为孩子创作的初衷。

十年（2005—2015年），仿佛只在一瞬之间，许多孩子长大了，他们都是很好的成年人了。也许不是念中文相关专业的，可是，他们一直保持着对于文字的敏感度，对于人情世故的理解。

感谢中信出版集团将“张曼娟学堂”系列的简体版以全新的面貌呈现，也相信更多正在成长路上的孩子会因此受益。而我们，仍在创作的路上，以珍爱的心情，成为孩子最知心的陪伴。

遥指梦里村

張曼娟

《美女与野兽》的故事，我并不是听来的，也不是读来的，而是一张图一张图拼起来的。七八岁的时候，常常有这样的场景，我从午觉中醒来，在还没获得起床许可的时光里，和弟弟躺在父母的大床上，翻阅着母亲从教会领回来的书籍杂志打发时间。

有一本图文书，上面的文字既不是中文，也不是英文（可能是德文或法文），里面鲜亮饱满的彩图完全吸引住我。一个父亲与三个女儿住在一幢简陋的房子里，父亲背着包袱要出门了，和三个女儿话别，最小的女儿亲吻了他。接着便是回程，父亲遭遇了疾风骤雨，一座阴森而华丽的古堡，满桌丰盛的食物，花园里开满各种颜色的玫瑰花。父亲伸手采下一朵鲜艳的

玫瑰，霎时，天黑了，电闪雷鸣，一个可怕的怪兽出现，玫瑰惊恐地坠落到地上。啊！我和弟弟一齐叫出声，钻进被子里，又笑又闹。

故事是自己拼出来的，那种乐趣是无可取代的。我们有了自己版本的“美女与野兽”故事，那是野兽大变身的故事，或偷取玫瑰的爱情故事。在半梦半醒之间，没有电玩也没有电视的岁月里，一本无法阅读的故事书，给了我们一个如梦似幻的村庄，成为我们最疯狂的游乐场。

如果真的有一个叫作“梦里村”的地方，那会让我们的梦想实现吗？会牵引着不可能的相逢吗？会看见通往未来的阶梯吗？梦里村的居民，应该就是一个又一个既年轻又古老的故事吧。

继“张曼娟成语学堂 1”系列、“张曼娟论语学堂”系列、“张曼娟奇幻学堂”系列和“张曼娟唐诗学堂”系列之后，我们再度敲开了“梦里村”的大门。这次和我们相伴的仍然是很会讲故事的四位创作好手，他们将成语典故与崭新的故事结合，推出了“张曼娟成语学堂 2”。

高培耘在“张曼娟成语学堂 1”系列中写的是《寻兽记》，这次，她可真的要带我们去寻兽了呢。一个叫

小光的小男孩，失去了他最好的朋友——一只叫作嘟嘟的白色小狗。他想尽办法要把狗狗找回来，却一再落空。在这个世界上，很多东西失去了，是不是就永远找不回来了？像是嘟嘟，像是外婆的记忆力，仿佛都找不回来了。但总有一些什么，是永远不会失去的吧。在培耘的《胖嘟嘟》里，这是小光的功课，也是我们的追寻。

张维中在“张曼娟成语学堂 1”系列中写的是《野蛮游戏》，情节十分惊险刺激，新书《完美任务》，又是怎样的一场特别任务呢？三个性格不同的好朋友，成天抱怨着“无聊啊，真无聊”，在现实生活中做着自己不想做的事，不是补习，就是学才艺。如果可以生活在电玩的世界里，应该再也不会无聊了吧。他们的梦想成真了，但严苛的考验接踵而来。原来，电玩的世界比真实世界更加冷酷无情，三个人必须要同心协力，才能闯关成功。而他们的最终目的只有一个——重返再也不无聊的真实世界。

黄羿瓅在“张曼娟成语学堂 1”系列中写的是《我是光芒》，描述校园中的各种人际关系。她这一次则为大家带来一个跨海寻亲的故事：生长在美国、叫作山米的少年，带着他的身世之谜，来到台湾，与一群并

无血缘关系的人生活在一起，而他们似乎是他寻亲的唯一线索。连那只叫作浪花的小狗，也成了山米的好哥们儿。不长不短的夏天，河与海交界的淡水小镇，聆听着潮汐的声音，山米能找到他的生身父母吗？或者他还能得到更多？

孙梓评在“张曼娟成语学堂1”系列中写的是《爷爷泡的茶》，一篇温馨又感伤的离别赋。告别，也是这本新书《星星坏掉了》的重要主题。初中生小杰有温暖的家庭，有和谐的校园生活，还有过人的绘画天赋，只是没人发觉他内心的那个伤口：多年前的某个夜晚，满天星星都坏掉了，一片灰暗。那场大地震中，年幼的小杰无法与爸爸告别。当妈妈准备再婚时，那如琉璃般易碎，又如海洋般深邃的少年的心灵坍塌了，他必须启程，开始一场命中注定的告别之旅。

依然是读着故事学成语，而我们还想跟孩子分享更多，怎么与宠物建立情感，又怎么与它们分离？如何体贴老人家的心情，当他们的记忆一点一点失去？所谓完美，其实并不存在，不管在真实世界，还是在虚拟的世界，如果不能互助合作，怎么能够挑战未来？成长不一定得失去对人的热情与付出，当你主动伸出臂膀，你就有机会拥抱世界。每个人的心中都有伤口，

有的人选择流泪，有的人选择微笑，你会怎么选择？

四位创作者都真诚地写出了他们珍爱的故事，我想要温暖的安慰，想要成长的启示，想要落泪的感动，想要欢笑的趣味——借问故事何处有？牧童遥指梦里村。

完美任务

张曼娟
成语学堂2

第一章

决定

对牛弹琴

跟不懂道理的人讲道理，完全是白费功夫。

每个人都望着同一个方向。

什么话也没说，大家各自坐在自己的位子上，就这么望着墙上的同一个地方，已经过了一小时。

“真的还不行吗？”

终于，我打破了沉默。

这句话说完以后，整个房间又陷入寂静，令我怀疑其实自己刚刚并没有开口，一切只是因为过度炎热而产生的幻觉。

“还不到。”

老爸终于说话，然后又是一片安静。他气定神闲地继续翻着他的报纸，让我又以为是自己的幻听。

墙上的温度计显示是三十二度。老爸说，全球变暖人人有责，为了环保，尽管夏天很热，但不到三十三度就不能开冷气。

“只差一度，真的不行吗？”我又开口。

“如果连这点坚持都做不到，以后还能做什么事？”老爸教训我，他把报纸收了收，说，“你们帮忙看店吧，我去睡个午觉。”

“老爸不是说吃饱饭后一小时内最好不要立刻睡觉吗？会对身体不好。现在还差十分钟。”我说。

老爸抬头看了看墙上的时钟，淡淡撂下一句：“六十分钟跟五十分钟差不多。小孩子不要学得那么斤斤计较！”

我整个傻眼，看着老爸的背影，一句话也说不出来。

我继续一边看书，一边吃棒冰。坐在我身旁的阿霖，也继续打着游戏机。除了老爸消失了以外，一切都没什么改变。

阿霖从小学四年级到六年级都跟我同班。他的梦想是成为一个名模，巧的是他叫林致霖，跟电视上那个名模林志玲的名字发音很像。他积极参加所有与选秀活动有关的比赛，目标是到了初中就从演艺圈或模特儿圈出道。

不幸的是，这世界上相信他会成功的只有两个人：

一个是他自己，一个就是我。也许是这个原因，阿霖把我看成他的好朋友。否则，他那么注重外表，我又是个不懂穿着打扮的土包子，我们的价值观差得那么远，是不可能做朋友的。

“大牛，我觉得啊，你们的杂货店应该改个名字。”阿霖突然开口。

“改成什么？”我问他。

“鼎泰丰。”

“干吗改成小笼包店的名字？”

“是顶太疯。”阿霖拿了纸笔，写给我看。

“你不觉得我们两个现在坐在这里，跟蒸笼里的小笼包没什么两样吗？头顶一直冒汗，久了一定会疯掉的。不能再说服一下你老爸吗？为什么一定要坚持三十三度才能开冷气？”

“没用啦。对他讲再多，也是对牛弹琴。”

“对牛弹琴？”

“从前有个叫公明仪的人，对着牛弹琴，可是牛当然听不懂啊，只顾着继续低头吃草。后来大家就用这个成语比喻跟不懂道理的人讲道理，完全是白费工夫。”

“哈哈，我还以为是因为你们姓牛，你才这么说你爸！”

有些人虽然才小学六年级，但就可以看出他将来肯定是个大帅哥，遗憾的是，这个人头脑发达程度并没有跟外表帅气程度成正比。

话题回到坚持三十三度才能开冷气的老爸。

为什么是三十三度呢？问老爸，老爸总是不耐烦地说："反正是环保就对了！"我查遍网络，没有看到任何人说过，三十三度这个数字与环保有关。

口口声声说环保，讲得倒是好听，老爸根本就是为了省钱而已。

就像这间破旧的杂货店，有人好几次来游说，希望可以协助我们改建，加盟现代化的连锁超市，但老爸屈指算了算，一动就会花上不少钱，便宁愿维持现在这个样子。

现在谁要来这种杂货店买东西呢？室内没有设计感可言，东西也陈列得毫无章法，最重要的是，竟然没有冷气。在这么炎热的季节里，到这种杂货店买东西，恐怕连选一罐饮料的耐性都没有。

"还有一小时，我又要去补英语了。真羡慕你，不用去补习。"阿霖无奈地说。

"我想跟你们一起去补习啊，晚上一个人在房间里，超无聊的啊！可是，我家那头牛却说，想学英文，上网看英文新闻就好。我看也只是因为想省钱吧。”

“算了，你不去也好。一堆无聊的人塞在补习班里，是加倍的无聊。”

“唉，总而言之就是……”我把最后一口冰塞进嘴巴里。

“很！无！聊！”

我跟阿霖异口同声，两个人忍不住相视一笑。

炎热暑假的午后，无所事事的我和阿霖待在我家的杂货店里，在距离他去补习还有一小时的时间里，继续扮演着两个被蒸的“小笼包”。

对牛弹琴

【成语出处】《弘明集》

公明仪为牛弹《清角》之操，伏食如故。非牛不闻，不合其耳矣。转为蚊虻之声、孤犊之鸣，即掉尾、奋耳，蹀躞而听。

【成语释义】为牛弹琴，但牛依然低头而食，听而不闻。比喻讲话、做事不看对象，后亦比喻对不懂道理的人讲道理。

【近 义 词】 对牛鼓簧、语不择人

【反 义 词】 举一反三、心领神会、顽石点头

如鱼得水

鱼有了水，就能畅快优游了。

我一点也不喜欢放暑假。

班上的其他同学，不是去补习就是去上才艺班，只有我想去才艺班和补习班却去不成，每天只得遵从我老爸的命令，跟他看这间一天能有三个客人上门就要偷笑的传统杂货店。

要是真的只是看店也就算了，至少还能打打游戏或什么都不做地发呆。但老爸会限制我打游戏的时间，还要求我看店的同时也得看书。

所以我的暑假很漫长，我一点也不喜欢。

平常上课时，白天还能跟同学在学校里嘻嘻哈哈的，一放假，只剩下我一个人。所幸，我还有时常会来杂货店陪我的阿霖和小茜。

小茜跟阿霖一样，都是我的同班同学。我和阿霖会成为好朋友，已经是一件挺稀奇的事情了；小茜会跟我们两个男生凑在一起，更是奇怪——因为小茜很少跟班上同学打交道。

小茜是个话不多的女生，头脑冷静，条理分明，给人一种距离感。

我知道她跟人保持距离的原因——她长有兔唇。

虽然已经动过手术了，但还是可以明显看得出来。小茜从来没提过这件事，但我知道她心里始终很介意。她认为只要跟其他女生站在一起，她就会成为焦点。她讨厌这种受瞩目的感觉。

所以我想，当小茜跟我和阿霖在一起时，是比较有安全感的。因为我除了考试以外，大部分时候都对外界反应慢半拍，而且本身就是个相当土气的家伙，当然不会在乎别人的外表。至于阿霖，他虽然爱美，但也不会在乎别人的外表，因为他只在意自己。

这天下午，小茜抱着她的电子琴来到杂货店。

“待会儿要去上音乐课？”我问小茜。

她微笑，点点头。

“你知道阿霖今天下午去哪里吗？我还以为他今天下午也会来这里。”我问小茜。

“好像是去参加围棋比赛了。”

小茜说话时，总是轻声细语。第一次跟她对话时，我几乎以为她在说唇语。

“围棋？没搞错吧？阿霖是要走T台的，怎么会对下棋有兴趣？”

“电视台会录像转播的，虽然只是地方电视台。”

“原来如此。只要有镜头在，他做什么都会如鱼得水。”

“这跟鱼和水有什么关系啊？”

“噢，如鱼得水是一个成语，《三国志》里说，刘备为了一统天下，请来诸葛亮当军师，刘备向人解释诸葛亮对于自己的重要性，他说自己是条鱼，诸葛亮是水，鱼有了水，就能畅快优游了。”

听完我的解释以后，小茜笑了起来。

“你想啊，摄影机的镜头会一直固定拍摄下棋的人。阿霖只要想到自己一直被拍，原本不爱围棋，也会爱起来吧。”我说。

“大牛，你在翻什么书？”小茜换了话题。

“唉，很无聊，是一本法律书。我想研究一下十二岁的小孩被家人强迫看店，而且不给付薪资，算不算雇用童工。很无聊吧？”

说完，自己都笑出声来了。

“那……我去上音乐课了。”小茜说。

“真好，上自己有兴趣的才艺课，一定很好玩。”

“不，”小茜摇摇头，“很无聊的。”

“咦？”

正当我纳闷儿为什么小茜会这么说的时候，忽然间，听到屋外传来一句“好无聊啊”的叫喊声。紧接着，人便出现了——是阿霖。

看到阿霖的样子，我和小茜都睁大了眼睛，说不出话来。

如鱼得水

【成语出处】《三国志·蜀书·诸葛亮传》

孤之有孔明，犹鱼之有水也。

【成语释义】像鱼得到水一样。比喻得到志同道合的人，或处在适合自己发展的环境，能够发挥所长。

【近 义 词】如虎添翼、志同道合、意气相投

【反 义 词】寸步难行、格格不入

一泻千里

难道是吃坏肚子上厕所的意思吗？

参加完围棋比赛，阿霖出现在杂货店里时，我们被他的打扮给吓了一大跳。

“你的头发怎么了？”我问他。

阿霖的头发像是被雷打到似的，卷曲成一块。噢，不，我觉得更精准的说法，应该像是一块做坏的蛋糕，恰好掉到他的头上。

“我想既然有电视转播，就该有特别的打扮啊，这样才能成为焦点，说不定有什么星探就因此看见了我。所以，我偷用了我老姐的卷发棒，早上出门前烫了一下头发。”

“结果呢？”小茜忍住笑问。

“结果，我等了好久，终于等到我上场时，电视转播已经结束。因为他们只取前面几组的画面。害我呆坐了那么久，白费力气，无聊死了！”

见阿霖一副失望的表情，又看见他滑稽的样子，我想笑又不敢笑，只好保持沉默。

“你们那么安静干吗？好歹替我抱下不平啊。”阿霖说。

我真不知道该说什么。忽然间，琴声响了起来——小茜拿出了她的电子琴，开始弹起来。

小茜在我们面前，已经算是相当多话了。她在家里也不太跟家人说话，经常把自己关在房间里弹琴。她的琴声里，总有她想说的话。

“听小茜弹琴，真有一泻千里的畅快感。”

“你怎么那么没水平！”阿霖指责我。

“怎么了？”我一脸纳闷儿。

“一泻千里……应该是吃坏了肚子才会……那个……”阿霖做出一个忍不住的表情。

小茜突然弹错了音。

“拜托，你才没水平。一泻千里，是指非常流畅，就像是黄河长江的大水，浩浩荡荡地奔流到千里之外。”我瞪了阿霖一眼。

阿霖现学现卖：“我希望我的口才，也能像小茜的琴艺一样，一泻千里。说不定我还能去主持节目呢！”

小茜的曲调急转直下，听起来十分哀戚。

“小茜真贴心，想用一泻千里的琴声来抚慰我，对吧？”

小茜默默地点点头。

“这是什么曲子？”

“送葬曲。”小茜面不改色地回答。

我终于哈哈大笑。

第二天，继续重复着暑假另一个无聊的午后。这天下午，我们三个人聚集在杂货店里。老爸又像往常一样去睡午觉了。

“你《节奏天国》现在打到哪一关了？”我问阿霖。

“我没有玩啊！”

“那你在干吗？你不是一直拿着游戏机在玩吗？”

阿霖把游戏机翻过来给我看，并没有开机。真怪，没有开机，那一直盯着游戏机看做什么，又不是念经。

“我买了一种屏幕保护贴，关机时，屏幕可以变成镜子。”

阿霖一边说，一边拨弄他的刘海。原来他是一直在照镜子。

“你真无聊。”我说。

“本来就很无聊。”

“说的也是。”

阿霖从椅子上站起来时，游戏机不小心掉到地上。

他紧张地把椅子移开，垫在椅子下的一张小地毯也被移动了位置。

他捡起来赶紧开机，检查有没有坏掉。就在说“好险没坏”的同时，他忽然蹲下身子来，接着，整个人趴在地上。

“大牛，这是什么？为什么椅子下面有个奇怪的东西？”他问我。

“有吗？我没注意过。”

地毯移开以后，墙角边有个圆形的，像是井盖的东西，覆盖在地板上。住在这里这么久，我从没注意过这块地毯。

我跟阿霖好奇地把那盖子掀开来，下面竟然有一道阶梯。

“我从来不知道这里有地下室。”我说。

停止弹奏的小茜也凑了过来。

“这种老旧的日式木屋，会不会有防空洞之类的？”她问。

“下去看看？”阿霖提议。

我还在犹豫的当儿，阿霖已经钻了进去。

一泻千里

【成语出处】《赠从弟宣州长史昭》

长川豁中流，千里泻吴会。

【成语释义】形容水奔流直下，顺畅且快速。后引申比喻行文或乐曲流畅，很有气势，毫无阻碍。或者比喻快速下降且持续不停。

【近 义 词】笔翰如流

【反 义 词】死水微澜

一言九鼎

鼎很重，九个鼎加起来，当然就更重了。

我和小茜跟着阿霖，顺着阶梯而下，钻进了杂货店的地下室。

一走下去，我的心就开始怦怦跳，因为眼前是伸手不见五指的漆黑。

“喂！阿霖，你确定还要往下走吗？前面完全看不到有什么东西啊！”我对着前方喊。

光线昏暗，我已经看不到阿霖的背影。

不久，前方传来阿霖的声音。

“你们快下来啊！快来看，我发现一个很奇怪的东西！”

“你还是快点回来吧。小茜……很害怕呢！”我回话。

黑暗的阶梯里，飘荡着回音。

“这位同学，我什么时候说我害怕啦？”小茜纳闷儿地问我。她的声音确实相当沉稳，一点也没有害怕的样子。

“嗯……这个嘛……不好意思……”

我尴尬地笑起来，连笑声都有点颤抖。

其实，害怕的人是我。

终于，我和小茜慢慢地摸黑走到阶梯的尽头。

说也奇怪，一到了地下室，好像有光线照明似的，竟然不觉得黑了。

我看见阿霖的前方透出了微弱的蓝光。阿霖背对着我们，不知道低头在看什么东西。忽然，他转过头来，说：“快点！这边有一台放大版的游戏机。”

“放大版的游戏机？”我纳闷儿。

我跟小茜走上前，一看，在一个圆形的石柱上，确实摆了一台放大版的游戏机。然而，我从来没见过这种机型的游戏机。仔细再看，我想那只是一台样子类似游戏机的东西。这台游戏机的屏幕发出了淡淡的蓝光。

“你们看，”小茜指着石柱旁的一个缝隙说，“这里面夹了一张像是游戏卡的东西。”

“抽出来看看嘛！”阿霖总是充满好奇。

我本来想，状况还没搞清楚，应该先等一等的，但阿霖已经把那张游戏卡从石缝里抽了出来，而且，用极快的速度将卡片插进了游戏机里。

结果，游戏机像是坏了，一动也不动，只继续发着蓝光。

“真无聊！”阿霖说。

我把游戏机拿过来，重新关机再开机，还是没有动静。虽然觉得阿霖刚才太鲁莽了，但现在游戏机没有反应时，我心底竟然也觉得有点无聊，仿佛本来也期待有什么新鲜的事情发生。

就在我们把游戏机放回石柱上时，蓝光突然闪了闪，把我们三个人吓了一跳。接着，屏幕上出现了一行小字。

“确定接受这一场‘完美任务’的挑战吗？”

题目下有“确定”跟“放弃”的选项。

完美任务？我们彼此对看了一下，好奇心使然，大家都点了点头，然后，由我按下“确定”的选项。紧接着屏幕又出现第二行字。

“可以中途弃权。但只能有两个人弃权。换句话说，最后一个被留下来的人，无论如何都必须玩完游戏。真的确定要接受任务吗？”问题下又出现“确定”

和“放弃”的选项。

“看得心里毛毛的，你们不会抛下我吧？”阿霖问。

“感觉你才是会第一个弃权的人。”小茜说。

阿霖搔搔头，像是被说中心事一样。

“放心啦，阿霖，听起来还蛮刺激的啊。反正整个暑假我们也没去什么游乐园玩，现在总算有不无聊的事情啦，不是吗？”

“可以不用去无聊的补习班了！”阿霖忽然笑起来。

“也不用去上无聊的才艺班了，不用被逼着去弹一些不想弹的曲子。”小茜难得说出自己的心声。

“嗯！而且，既然要玩，我就绝对不会抛下你们的。相信我，我说话一向是一言九鼎的哟！我相信你们也不会抛下我的。”我说。

“一言九鼎？”阿霖转头问。

“鼎是古代的一种器皿，鼎很重，九个鼎加起来，当然就更重了。‘一言九鼎’就是用来形容一个人说的话非常有分量，就像九个鼎加起来那么重。”我解释。

终于，我们按下了“确定”按钮。

屏幕上的蓝光瞬间消逝，一刹那，黑暗的空间里闪了好几道七彩的刺眼光芒，然后一阵天摇地动猛然袭来，把我们三个晃得头昏眼花。

强度非同小可，有一种世界就要毁灭的感觉。

在恐怖的摇晃中，我们抓住彼此，忍不住大叫起来，可是，叫声还没结束，地震倏地停止了。

我们被晃到了一座城堡的入口前。

一言九鼎

【成语出处】《史记·平原君虞卿列传》

毛先生一至楚，而使赵重于九鼎大吕。毛先生以三寸之舌，强于百万之师。胜不敢复相士。

【成语释义】“九鼎”为传说中夏禹的传国宝器。相传夏禹称帝后，将领土划分为九个州，并用各州进贡的金属打造了九个重鼎来象征他所统治的中国。九鼎加起来的重量很重，后“一言九鼎”用来比喻一个人说话很有分量。

【近 义 词】一字千钧

【反 义 词】人微言轻

第二章

获得

十拿九稳

成功率达到百分之九十，那不是很厉害？

城堡入口，大门紧闭，我们看见三颗飘浮在空中的骰子。那骰子像太空里的星球一样，在原地缓缓自转。更妙的是，在那三颗骰子下，还飘浮着我们三个人的名字。半透明而又闪亮的字，在风中轻轻晃动起来。

“每个人都有一颗骰子。接下来的步骤是什么呢？”小茜问。

“这是模仿‘超级马里奥派对’[①]的场景。”阿霖说。

“对！所以，我们必须各自站在骰子下掷骰子。”我说。

没想到我们走进了电玩世界。

接着，我们各自站在自己的骰子下。三个人齐声

① 超级马里奥派对：一款模拟游戏。

喊：“一、二、三！”然后举起右手，往天空用力跳跃。这是“超级马里奥派对”里的掷骰子方式。

砰的一声，我们击中了骰子。骰子在空中快速地旋转了几圈以后就慢了下来，最后停止转动。骰子停止后，忽然在一阵烟里消失了，然后从空中掉下三张扑克牌。

这是要做什么呢？当我还在想的时候，城堡的门忽然打开，走出了一个令我们瞠目结舌的怪东西——一个长了手脚的时钟怪客。不知道为什么，我总觉得这个时钟怪客还挺面熟的。

“嘀嗒，嘀嗒！嘀嘀嗒嗒，嗒嗒嘀嘀！”在时钟的表面，突然冒出一张嘴巴来，看起来是在对我们说话，但是完全不明白他在讲什么。

这时候，我看了看我手上的扑克牌，忽然有个念头闪过。

“我希望我们三个人，获得听懂万物声音的能力！”

对着扑克牌讲出了这句话以后，瞬间，我感到一阵晕眩。大约三秒以后，一切又恢复正常。

“怎么回事啊？刚才好晕……”阿霖问。

我耸耸肩说不知道。这时候，时钟怪客拖着笨重的身体向我们走来，我们害怕得往后退了好几步。

“不要害怕啊，同学们！”时钟怪客开口说道。

我们听得懂他说的话啦！不仅如此，原本安安静静的周围，突然变得嘈杂起来。仔细聆听，竟发现我们听得懂两只飞过的小鸟的聊天内容。

“要去哪里啊？”

“嗯，先飞回家睡个觉，待会儿去抓小虫，吃个下午茶吧。”

一转身，又听见城堡外的护城河，不只有潺潺流动的水声，竟还有说话声。原来是护城河正对河边的大树抱怨：“最近身体真干燥，再不下雨，我努力做的保湿就要前功尽弃啦！”

“是啊，你看看我的皮肤，皱纹越来越多。”大树指的是它的树皮。

“我倒是喜欢这种清清爽爽的感觉。下雨最讨厌了，总是搞得我必须黑着一张脸，像是印堂发黑的倒霉鬼。”天上的白云传出声音来。

太有趣了。原来扑克牌能让我们实现愿望。

“你们很聪明。没有人解说，你们就知道这扑克牌如何使用。完成任务，我想，你们绝对是十拿九稳了。”时钟怪客微笑着说。

“‘十拿九稳’什么意思？”不爱念书的阿霖发问。

“比方你有十件想要的东西，九个都能拿到，拿到东西的概率非常高。这个成语的意思就是很有把握，不会出错，成功的概率高达百分之九十。”我解释。

“我们手上有这么厉害的扑克牌，想要什么都能获得，遇到什么困难，当然都能十拿九稳地化解啦。”阿霖一边看着自己手上的牌一边说。

“但是每张牌最好只使用两次哟！”时钟怪客说。

“最好只使用两次？”小茜问，“听起来是超过两次也可以？”

“你们真的很聪明！哈哈哈！”时钟怪客说，“其实可以用三次。每个人能获得三种能力。但第三次许愿时，也将会带来意想不到的副作用。所以建议你们只使用两次。”

“什么副作用？”我问。

“我怎么知道！就像是我也不知道你们接下来会许什么愿望啊！同学们，上路吧！”时钟怪客回答。

“等一等，我们还不知道这游戏的最终目的是什么呢！”

小茜果然是女生，心思很细腻。我跟阿霖竟然都忘了这么重要的问题。

“最终目的啊……让你们不再感到生活无聊，而且，可以无忧无虑地生活。”时钟怪客说。

“无忧无虑，天底下哪有这么好的事情。”

“怎么？不相信吗？没兴趣了吗？现在放弃，算是‘中途弃权’哟！有两个人可以弃权。要弃权，就要快啊！”时钟怪客故意激我们。

“玩下去！”我看着身旁的阿霖跟小茜，他们对我点点头。

“我们要玩下去！”

“好啊！那就快进城堡吧！前方的慢慢岛正在等你们呢！”

慢慢岛？

时钟怪客转身，领着我们走进城堡。就在这时候，我终于想起这面熟的时钟怪客其实是杂货店里的老时钟，老爸说已经用了三十多年。

十拿九稳

【成语出处】《燕子笺》

此是十拿九稳，必中的计较。

【成语释义】比喻对于某件事很有把握，不会出错。

【近义词】 万无一失、胜券在握

【反义词】 百密一疏

退避三舍

三色？避开哪三种颜色？

时钟怪客领着我们走进城堡大门，眼前竟是一大片湖泊。

我们跟着他，走到了岸边的码头，看见那里停泊着一艘船。时钟怪客要我们划去对岸的小岛，他就送我们到这里了。

“但是，我们并不知道船要往哪里划啊。”阿霖说。

眼前这片大湖非常宽广，根本看不到哪里有一座岛。

“不知道就问船啊，它会告诉你们方向的。”

时钟怪客提醒了我们，我们现在可是能够跟万物对话的。

上了船以后，我们三个人拿起船桨，然后由我开口，跟船对话。

“船伯伯，请多多指教。麻烦您告诉我们，应该往哪里航行？”

船忽然用力地抖动了一下，发出了一声哼。

“我不是伯伯！”船底传出来的是个女孩的声音。

“啊，是船妹妹呢。难怪这艘船看起来这么漂亮呀！”阿霖很刻意地说。

这时船缓缓地晃动了一下，我听见一阵女孩的温柔笑声。

“嗯，哥哥姐姐，请先往前方划行，十分钟后，再往右边转弯。”

显然船妹妹高兴了。

半小时之后，终于抵达了时钟怪客要我们去的小岛。

阳光普照下的小岛，看来真是风光明媚。而且，我们一上岸就发现，这里简直像座野生动物园，草地上有不少马、牛和绵羊。

“好可爱啊！”小茜很惊喜。

“可是，”我忽然发现有点异状，“你们有没有发现，这些动物似乎对我们的出现很警觉，有点退避三舍的样子？”

“三色？避开哪三种颜色？”

我有时真怀疑阿霖脑袋瓜里到底有没有装大脑。

“退避三舍的意思是遇见了实力强大的人，或是碰到害怕的东西，拉开距离，避开来，保持安全。”我解释。

“有吗？我看不出它们在移动。它们不是一直站在原地？”阿霖问。

“不，你们仔细看看，它们用非常缓慢的速度在移动。”我说。

大家盯着那些动物看了很久，终于同意我的说法。

“慢到有点奇怪呢！每只羊、每匹马、每头牛都像乌龟一样挪移。一般来说，这些动物不会走得这么慢吧？”小茜问。

我点点头。然后忽然想起，在踏进城堡以前，时钟怪客曾说我们要去的，是一个叫作“慢慢岛”的地方。

原来，“慢慢岛”是这个意思呀。

我仔细观察着草地上的一景一物，发现似乎所有的东西都以比平常慢百分之八十还多的速度进行。随风摇摆的树枝、地上移动的阳光，都像是以慢镜头播放的影片。不久，几片乌云缓缓地飘过来，天空中落下一道闪电，竟也是以慢动作进行的。

“就连光的速度都慢了下来，太不可思议了。”我说。

“啊，你们看，雨也是‘慢动作’的。”阿霖说。

我们抬起头，看见从乌云上落下的雨，正以极缓慢的速度降到地面上。为什么这座岛上的一切，都慢了下来呢？

“前面有一条路，我们过去看看？”小茜提议。

我和阿霖点点头。

不过，就在我们抬起脚往前走的刹那，怪事发生了——我们三个人抬起的脚好像被什么拽住了，迟迟无法把脚放下。好不容易终于落下了脚，准备再跨出另外一只脚的时候，依然陷入同样的状况。

脑子里想的是下一个动作，但身体却慢半拍，这种感觉原来这么痛苦。

“这下怎么办？我们光是走到那条路的起点，就这么困难了，接下来要怎么移动到另外一个地方呢？”小茜着急了起来。

结果，我们花了一个多小时，才走到平常只要十分钟就能走到的地方。

退避三舍

【成语出处】《左传·僖公二十三年》

晋、楚治兵，遇于中原，其辟君三舍。

【成语释义】古人以三十里为一舍。“退避三舍”指作战时，将部队往后撤退九十里。后用来比喻主动让步，保持适当的距离，以求安全。

【近 义 词】退徙三舍

【反 义 词】针锋相对、锋芒毕露

立竿见影

路灯下的影子，为什么迟迟没有出现？

花了好长的一段时间，我们终于沿着那条小路，走到了一处民宅聚集的村庄。而这时，竟已经是晚上十一点了。

“这怪岛害我们花了一整天的时间走路。”我气喘吁吁地说。

“我满身大汗，头发全乱了！”在意自己外形的阿霖抱怨。

小茜什么话也没说，一个人轻轻地哼着歌。每次遇到令她烦忧的事情，她就会弹琴或唱歌。

其实一整天都用这么慢的速度行走，到最后似乎也就习惯了，不觉得自己走得特别慢。因为身边的万物都是以同样的速度在运行的。

“肚子好饿。”我说。

阿霖跟小茜听了也点头。

“哪里有吃的卖呢？”我张望了一下四周，这附近全是民宅，看不见有任何餐厅。即使有，恐怕也都已经打烊了。

“路上找不到人可以询问呢。”阿霖说。

咦，何必问人呢？我们现在可以跟万物对话啊。于是，停在一个十字路口的我，抬头对着红绿灯大声喊道：“请问您知道这附近哪里有餐厅吗？”

这次我学聪明了，避开性别的称谓。

一会儿，红绿灯发出了沉稳的声音：“问我就对了。从我面前这个路口往前走，先右转，再左转，你们就会看到一家二十四小时营业的快餐店。”

太好了！有快餐店还开着！我们赶紧照着它指示的方向前进。

“这个慢慢岛上什么都慢，所幸说话的速度并不慢。否则，问了一句话以后，等到他们回答，不知道要等到什么时候呢！”我说。

好不容易到了快餐店，我们各自点了想吃的东西。店员体贴地说：“请先到位子上稍等，待会儿我们会看桌上的号码牌，将餐点递送给你们。”

然而，这一等，就是十五分钟。

“怎么那么久？饿死了！”阿霖的耐性快被磨光了。

“糟糕了！”我冒出这样一句。

“怎么？”小茜问。

“别忘了这里做所有的事情都慢半拍。”

“可是这里是快餐店啊。快餐店就是要讲究速度的啊。”

我忍不住去柜台询问了店员。店员的答复是，稍等一下，因为餐点都是现做的，所以需要一点时间。

就这样，这所谓一点时间，居然让我们等了一小时。

快变成饿死鬼的我们，只花了三分钟，就把汉堡、薯条跟汽水全部消灭掉了。

“真是气死了。”阿霖愤愤地说。

“你应该庆幸，吃东西的速度没有跟着变慢。否则从拿起汉堡，到咬下去，再吞进肚子里，恐怕就要花上半小时。”我说。

“天哪！不敢想象。我一向是个追求立竿见影效果的人，真的没这种耐性。”

阿霖说完话以后，我跟小茜瞪大了眼睛看着他。

“怎么了？我说错什么了吗？”他不解地问。

“正是因为你没说错什么才令人惊讶。”小茜说。

“是立竿见影，没用错吧？就像是把竿子放在太阳底下，马上就会出现影子啊。”

“天啊，这世界真的不同了。你竟然还会解释成语！”我打趣地说。

阿霖拨拨他的头发，一副很得意的模样。

就在这时候，旁边忽然传来一个声音。

“立竿见影？在这岛上，没有这种事情。”

旁边什么时候坐了一个头发花白的老婆婆？之前完全没有注意到。老婆婆的样子有点恐怖，头发凌乱，盖住了一半的脸，脸上也脏兮兮的，好像很久没洗脸似的，还好身上并没有发出恶臭。

“什么意思？”我问。

“跟我到外面。”老婆婆说。

我们有点迟疑地跟着老婆婆离开快餐店，在漆黑的街道上，走到一盏路灯下。在路灯下，我们的影子迟迟没有出现。过了好一会儿，影子才以蚂蚁爬行的速度从我们的脚下往外伸展出去。原来，老婆婆是要证明，在这座慢慢岛上，立竿见影是不成立的。

“为什么在这座岛上做什么都比别处慢呢？”我问老婆婆。

老婆婆沉默地转向我。她的眼睛被头发盖住了，我看不清楚她的眼神，只听到她冷笑了两声。那笑声令我有些害怕。

“你们今天晚上有地方住吗？”老婆婆话题一转，忽然问我们。

“没有。”我们异口同声。

在回答的这一刻，突然觉得一整天下来，真的好累。

“不介意的话，到我家里住一晚吧。我的小孩去大城市里工作了，现在家里有几个房间空着。”老婆婆说。

我们三个人听到老婆婆的邀约以后，转过身子，背对着她，开始低声讨论起来：这种邀约，不都是童话故事里坏人设的陷阱吗？

“把别人的好意想得那么邪恶的人，才是最可恶的坏人！”

老婆婆忽然这么一喊，差点把我们三个人吓死。原来她都听见了。

最后，我们答应了老婆婆的邀约。因为我们也没别的地方可去，而且，我们真的累坏了。

“走路回去吗？”阿霖紧张地问。

“坐公交车。”老婆婆回答。

还好！我们松了一口气。

结果，等公交车等了半小时。上了公交车以后，我们发现公交车也是以乌龟的速度在行驶，开了一个半小时，都还没抵达。

“好久啊，”阿霖小声嘀咕着，“搭高铁的话，可以从台北到高雄了吧。”结果，这话又被听力超好的老婆婆听到了。她生气地大喊：“立竿见影，在这里将会是一场悲剧！”

这句话听来，有点像恐怖的双关语。

于是，我们不敢再多抱怨什么，乖乖闭上嘴。

立竿见影

【成语出处】《周易参同契》

立竿见影，呼谷传响，岂不灵哉！

【成语释义】竖立竹竿于阳光下，可立刻见到它的影子。比喻做事迅速收到成效。

【近 义 词】其应若响、吹糠见米

【反 义 词】旷日持久、劳而无功

借花献佛

有借有还，再借不难。但如果借来的花献给佛了呢？

立竿见影，在这里将会是一场悲剧。

直到踏进了老婆婆的家，我的心底仍盘旋着这句耐人寻味的话。

这一晚，“名模”阿霖跟小茜因为过度疲惫睡得很沉，只有我睡得不太安稳，大概始终觉得随便踏进陌生人家里过夜，实在太轻率了一点。

不知道什么时候，我终于也昏睡了过去。当我醒来时，明明觉得已经睡得很足了，可是窗外的天空却仍一片漆黑。

身旁的阿霖跟小茜坐在床沿，原来他们早就已经起床了。

“现在还是半夜吗？”我问他们。

“你忘了这里什么都是慢的了吗？所以太阳也爬得

慢啊！”小茜说。

“那现在该怎么办？等天亮吗？”阿霖问。

“除了这样，似乎也没有其他事情可以做。而且老婆婆可能还没起床，我们不能这样不吭不响地离开。”我说。

“如果她起床了，应该会来看看我们吧？”小茜问。

我跟阿霖耸耸肩，表示不知道。

“对了，我们平白无故在老婆婆家住了一晚，是不是应该回馈点什么表示心意呢？可是身边又没带什么纪念品。”我说。

“啊！”小茜的眼睛闪了闪。

“怎么了？”我问。

小茜拉开她的背包拉链，从里面拿出一盒凤梨酥。那是老爸的基隆朋友来家里做客时送的。因为有好几盒，我送了一盒给喜欢吃凤梨酥的小茜。

“如果大牛你不介意，这盒凤梨酥可以送给老婆婆。”小茜说。

“真的吗？可是这是你很爱吃的东西……那回去以后，我再送你一盒。”

但，我们什么时候会回到原来的世界呢？

小茜微笑着点点头。她因为兔唇的关系，笑起来时，嘴唇缝补过的地方会更加显眼，所以总是不太喜欢笑。可是我觉得小茜笑起来很可爱。

“真是谢谢你。”我说。

“没什么，只是借花献佛罢了。”小茜回答。

“哎呀，怎么又开始讲成语了！‘借花献佛’又是什么意思？”阿霖问。

小茜解释：“意思是借用别人的东西，来替自己做人情。就好像拜佛时，应该自己准备花束的，却借用别人送的花去拜。”

“你们懂得真多。”阿霖摇摇头。

“是你懂得太少了。”我故意糗他。

接下来，有好长一段时间，我们三个人就坐在房间的地板上不知道要做什么。虽然彼此都没开口，但我知道我们现在的心底，应该浮现出了同样的三个字，那就是——“好无聊”。

“唉，没有游戏机可以打发时间。”阿霖终于说出了大伙儿的心事。

“我们现在不就在游戏机里吗？”小茜说。

“有这么无聊的游戏吗？”阿霖摇摇头。

当我准备开口响应时，一件恐怖的事情发生了——

我开口说话，可是，脑子里想讲的东西，却无法跟我的嘴巴配合。也就是说，我的嘴巴其实已经在动了，可是声音却迟了好几秒钟才发出来。

“大牛，你怎么了？”小茜注意到我的异样。

“大牛，你的脸好怪呀，嘴巴一直动却没有声音，是配音没配好吗？”

阿霖忍不住笑起来。然而，就在阿霖取笑我的刹那，他的笑声也“迟到”了。他开始笑的时候，并没有声音，直到他闭上嘴巴时，笑声才赶上来。

我们看见小茜动了嘴巴，但也没有声音。她皱起眉头，闭上嘴的时候，刚刚说的话，才从空气中散开来。

“我们之前担心的事情发生了，说话也慢半拍了！”

因为无法控制说话声音传送的速度，心急的我们又一直想讨论该怎么办，这下子，我们想说的话，好像堵车了一样，在整个房间里堵成一团。

就在天终于亮了的时候，我们忽然发现老婆婆站在房门口。

借花献佛

【成语出处】《过去现在因果经》

今我女弱不能得前，请寄二花以献于佛。

【成语释义】借用别人的花供养佛。后比喻借用他人的东西来做人情。

【近 义 词】顺水人情、慷他人之慨

【反 义 词】诚心诚意

青面獠牙

想当模特儿，也许可以考虑走这种青面獠牙的“名模”造型路线，保证成为焦点。

当我们正想向老婆婆求救的时候，面对着我们的老婆婆撩起了她的头发。之前始终看不清楚她的脸，这一刻，我们终于看清楚了。

“还是……不要看清楚……比较好。”一向爱美的阿霖嘀咕起来。

老婆婆的皮肤充满纹路和凸状物，很像是什么呢？啊，很像鳄鱼皮。

“名模，”我苦中作乐，对阿霖说，“你想当模特儿，也许可以考虑走这种青面獠牙的‘名模’造型路线，保证成为焦点。”

看见阿霖一脸困惑的模样，我想，他一定是不懂这个成语的意思。

“青面獠牙的意思，很容易猜到啊！一个人的脸是绿的，又长了一对露在嘴巴外面又弯又尖的大牙，你说恐怖不恐怖？所以这个成语就是用来形容人长得像凶神恶煞，令人畏惧。”

老婆婆突然发出一声怒吼，我们几乎吓得跳了起来。

“大牛，你当着人家的面解释得这么清楚干吗？”阿霖用手肘推了我一下，“总而言之，是坏人就对啦！”

“请别用外貌来评断一个人的心。”对容貌敏感的小茜忽然这么说。

我们赶紧闭嘴。不过，奇怪的是，当我们准备“闭嘴”时，才赫然发现，我们根本没有开过口。也就是说，刚刚那一串对话，我们并没有开口说，彼此就听见了对方内心的声音。难怪刚才我们的对话能够顺利进行，没有在空中大堵车。

“太神奇了。你们听得见我现在没有开口说出来的话吗？”

其实严格而言，并不是“说”，而是“想”。

“听得见。信号很清楚。”阿霖打趣。

“所以老婆婆也听得见我们内心的对话？”小茜问。

“你们一定觉得莫名其妙吧？”老婆婆没有开口，

仍传来她的声音，“其实没什么好奇怪的。这不就是你们想要的吗？觉得生活太无聊，现在，就给你们一点不无聊的，反而着急了吗？哈哈哈！”

“我不想要这种慢吞吞的生活。”阿霖抱怨。

“快，有什么好的？”老婆婆狂吼，“我绝对不会让这座岛屿恢复原来的速度的！不但如此，我的目标是让全世界都慢下来！走进这里的人，都该放弃‘快速’的邪恶念头。”

这时，老婆婆大手缓缓一挥，一阵狂风慢慢从天边吹过来，居然把我们三个人卷起来，然后使我们飘浮在半空中。

空中显现出许多阿拉伯数字。

“题目是什么？”我已经很进入状态了。

“鳄鱼的平均寿命是几年？”老婆婆出题，然后她把手指向阿霖，“你，你先回答！”

“啊？”阿霖脸色一片惨白。他怎么会知道呢？“三十年！”话音刚落，天空中排出了“三十”的字样。

突然，阿霖降到比我们低的位置。然后，阿霖下方的草地开了一个大洞。恐怖的是，洞穴里面居然全是张着大嘴的鳄鱼。

“好好体验慢慢到来的趣味吧！大约三小时后，你就会降到洞穴里。”

老婆婆说完，洞里的一群鳄鱼把嘴巴张得更大了。

“该你了，小女生！”老婆婆指向小茜。

小茜无助地望向我。啊，我可以在心底偷偷告诉小茜正确答案啊。正当我这么想的时候，老婆婆大声吼叫：“不准作弊！”原来，心底传话，也让我们失去了说悄悄话的权利。

“嗯……七十……”小茜的面前，缓缓地排出了“七十”的字样，结果，她整个人也往下掉了好几尺。同样地，在她的脚下也开了一个大洞，一群鳄鱼好像刚吃完什么似的，张开的大嘴上甚至还沾着血迹。

“剩下你了。”老婆婆看着我。

“大牛，你一定知道正确答案的。快点回答，逃脱以后才能想办法救我们啊！”阿霖看着我。

这时，我忽然瞥见老婆婆的眼神，总觉得她的眼神充满玄机。

我看着老婆婆，慢慢从心底传递出我的答案。

“鳄鱼的平均寿命，是……”

大家都听得到我内心的声音，等待我的正确答案。

“一年。”

阿霖跟小茜瞪大眼睛。

我的身体从天空降了下去。然后，脚下的草地也开了一个鳄鱼洞穴。

“你胡说！你明明知道正确答案，为什么说谎？”老婆婆发狂一般大叫，满头白发都卷了起来。

是的，我说谎。鳄鱼的平均寿命是一百五十年才对。

“大牛，你为什么故意答错？”小茜问。

“我要是‘太快’答对，我现在不可能还能跟你们说话，而是已经在鳄鱼的肚子里了。这个老太婆这么痛恨‘快速’，我如果这么快把正确答案给说出来，并不会获得解脱，只会遭到惩罚。”

“早晚都要死！本来想让你早点死，折磨比较少。既然你自己愿意慢慢等死，那也符合我的初衷。”老婆婆冷笑。

“这下子该怎么办？”阿霖有点着急。

小茜从她的口袋里掏出一张扑克牌。

“别忘记我们还有这个。”

于是，小茜许下了她的第一个愿望。

青面獠牙

【成语出处】《牡丹亭》

似这般狰狞汉，叫喳喳。在阎浮殿见了些青面獠牙，也不似今番怕。

【成语释义】长相不像人类，脸色青绿，长牙外露，如同猛兽一样恐怖，令人畏惧。用来形容人的面貌非常凶恶可怕。

【近 义 词】青脸獠牙

【反 义 词】明眸皓齿

沉鱼落雁

鱼也沉了，雁也掉落下来……感觉好像灾难片？

我还没来得及听清楚小茜对着扑克牌许下了什么愿望，霎时间，就感到一阵晕眩。

“啊，你们抬头看那里！”我指着前方。

在天空中，竟然有另外一组“我们”仍飘浮在那里，下方仍是恐怖的鳄鱼池草地。只不过，眼前的画面像是褪色了，呈半透明状。然而，随着时间的流逝，画面却变得越来越清晰。

突然，我们又看见了另外一组半透明的“我们”。

咦？好熟悉的画面。这不是前一晚，我们准备走进老婆婆家的场景吗？

“怎么回事？”阿霖问。

“太神奇了。”小茜拿着方才许愿的那张扑克牌，对我们说，“你们看！这张牌原本空白的表面，多出一个时钟的图像来。”

“小茜，你究竟许了什么愿望？”我问。

“时间修正液。”

“时间修正液？所以我们时光倒转，回到过去了？”阿霖睁大了眼睛。

“其实我也不太确定。刚刚一阵慌乱，我许愿的时候只是在想，希望可以像用修正液修改写错的字那样，修改过去做过的事情。然后，就变成这个样子了。”小茜耸耸肩。

“我知道了，”我大胆推论，“小茜许的愿望是‘修正’时间，所以，我们并没有回到过去，我们只是有机会可以修正想要修改的部分。”

“就像是拿修正液改错字，并不是回到写错字的时间之前，而只是可以修正错字而已。”小茜点点头。

阿霖挠挠头说：“还真复杂。”

“这修正的时间，应该是有限制的。也许，现在的半透明画面，恢复成原来的样子时，就无法修改了。”我推测。

真实的我们，变成了电玩游戏的操作者。看着屏幕上出现的两组自己，我们开始修正操作。

“快！我们现在不能跟老婆婆走进她家！”

机灵的小茜拉住我们两个人，拐进另外一条街道，躲开老婆婆。

修正了过去，没有踏进鳄鱼老婆婆家，因此接下来的一切也都跟着改变了。

两组半透明的画面顿时消失。

我们终于顺利逃离了鳄鱼池草地。而在踏进老婆婆家之后所发生的一切事情，也都像是被修正液涂成一片空白那样，什么也没发生过。

我们说话不再慢半拍了，可是，动作仍是迟缓的。

就这样，三个人朝着鳄鱼老婆婆家的反方向，缓缓走过好几条街道。

可是，不久之后，我们又看见几个老婆婆迎面走来。

“又是老婆婆？”阿霖紧张起来。

“不过她们看起来正常多了。”我说。

原本老人家就行动缓慢，而在这个慢慢岛上，慢得更严重。

她们拄着拐杖，吃力地行走着，看着令人很心酸。

“我现在知道了，在这座岛上，大家的动作会变成这样，一定都是那个想置我们于死地的鳄鱼老婆婆搞的鬼。”我说。

当我们靠近她们时，其中一个老婆婆忽然停下脚步，看着小茜，微笑着说：“这小女孩，真是美得沉鱼落雁啊！”

“是啊，年轻就是好。我们曾经也那么美丽过！”另外一个老婆婆说。

“唉，要是晚生一点就好了。因为现在的人不太容易老呢。”

原来，在慢慢岛上，连老化也迟缓了。

“婆婆，请问沉鱼落雁是什么意思？”小茜发出疑问。

老婆婆微笑着说：“沉鱼落雁啊，就是形容一个女孩子很美丽的意思，鱼看见她，就会沉到水里，雁看见她，就会从天上落下来……”

“好像灾难片！”阿霖发表感想，却没人搭理他。

“我一点也不美啊……”总是对自己容貌没有自信的小茜，抿了抿嘴唇。

几个老婆婆拖着蹒跚的脚步，慢慢远离我们。其中一个人因为脚有点跛，动作又被迫变得更缓慢，一不小心，差点摔倒。

“让老人家变成这样，真是太不道德了。”小茜不忍地说。

“嗯。我们在这种慢动作之下，都觉得痛苦了，何况是老人家呢？对她们来说，更是一种折磨……”

我的话还没说完，就看见小茜拿出那张许过愿的扑克牌，不假思索地对着扑克牌默念起来。

沉鱼落雁

【成语出处】《庄子·齐物论》

毛嫱、丽姬，人之所美也；鱼见之深入，鸟见之高飞，麋鹿见之决骤，四者孰知天下之正色哉？

【成语释义】原指鱼跟鸟无法辨认美丑，即使看到美女也仍然一如往常地潜水跟高飞。原意指人间没有绝对的美丑标准，但后来转变成形容女子的美貌，令鱼跟鸟都为之倾倒。

【近义词】闭月羞花、花容月貌、如花似玉、国色天香、倾国倾城

【反义词】其貌不扬、无盐之貌

气宇轩昂

欺负别人的人，没有资格用上这句成语。

小茜修正了慢慢岛上被迫开始慢半拍的那个刹那。

慢慢岛不再慢了。

不一会儿，我们看见那群已经走远的老婆婆，步伐不再那么迟缓而沉重。同时我们也发现，自己行走的脚步也轻盈了起来。

“恢复正常的速度了！”我惊喜地叫出声音来。

“小茜你成功了！”阿霖拍起手来。

方才被称赞是沉鱼落雁的小茜，这一刻的笑容显得特别灿烂。很显然，小茜认为自己为那些老婆婆、为我们，也为这整座岛屿，做出了贡献。

我抬头看见天空中飞过的鸟、随风飘动的白云，都以一种熟悉的速度移动着，忽然觉得很感动。

然而，这感动并没有持续太久。

晚上，看电视新闻时，我们看到一个下午就发生了三起以上的事故，几乎全是超车导致的车祸。

紧接着，又报道了一则抢劫事件，所幸嫌犯在三小时后就落网了。

新闻主播说："这是岛上的速度变慢以来，第一起犯罪事件。嫌犯供称，他抢劫是因为这是最快得到钱的方式。"

第二天早上，我们经过一个广场时，巧遇了昨天在街上碰到的称赞小茜的那几个老婆婆。她们在一辆车子前，和三个年轻人起了争执。那几个年轻人不断对着老人家大声呵斥。

"年轻人讲话，不该这么没大没小。况且明明是你们酒后驾车，犯了错怎么还可以对别人这么没礼貌呢？"其中一个老婆婆摇摇头说道。

"没大没小？哈！这可不是没大没小，我这叫什么，你们知道吗？"其中一个染了金发的男生，两只手拍了拍身旁的另外两个男生，态度傲慢，大摇大摆地走向老婆婆，自以为威风地说，"我这叫作气宇轩昂啊！"

说完以后，显然是喝醉酒的他，甚至还用力推了一下老婆婆，害老婆婆差点摔倒。还好老婆婆的朋友们赶紧扶住她。

"'气宇轩昂'根本不是这个意思！他们太过分了！"

目睹一切的我们，觉得很不可思议。其中，小茜最为愤愤不平。

小茜忽然冲上前，站在那三个酒醉驾车的男生面前。

"喂！什么叫气宇轩昂，你们懂吗？"

"你谁啊？咦，她们谁的孙女？"一个男生说完之后，另外两个男生凑上前搭话："不是不是，是老婆婆整形了，变成毛头小女生了！"

他们一阵狂笑。我们赶紧跑到小茜身旁，怕那几个男生会对小茜动粗。"气宇轩昂是形容一个人神采飞扬，很有大将之风、很有气度的样子。你们几个人这样欺负老人家，根本没有资格用上这个成语。"小茜说。

"谁叫这几个老太婆动作慢吞吞的！我们可是在绿灯时通行的哟。是她们不赶紧过马路，还在斑马线上，差点害我撞死她们。"

"老人家走路本来就不快，来不及在信号灯变换以前过完马路，我们不是应该体谅她们吗？"我也开口助阵了。

"谁管那么多！我们可是很赶时间的！拜托，我们已经憋得够久了。现在这岛上的速度恢复正常，我们终于可以不必跟这些老人家一样慢吞吞的了！你竟然还要我们等她们？莫名其妙！”

年轻人讲完这些话以后，我们三个人顿时沉默了。

“唉，还是以前的时代好。”其中一个老婆婆叹气道。

“是啊，每个人都一样慢，很公平。”

“谢谢你们为我们说话啊。算了！算了！别跟这几个喝醉酒的不良青年计较了。是我们这些老人家，得适应这处处要求速度的新环境了。”

几个老婆婆彼此搀扶，挥挥手离开了。那几个年轻人则毫无悔意，上了车扬长而去。

小茜垂下肩膀，很丧气的样子。

“我终于明白了。”她说。

“嗯？明白什么？”我问。

“明白那个鳄鱼老婆婆说过的话……”

立竿见影在这里不是件好事。

我们都不再说话了，只听见疾速的风里，混杂着街道里嘈杂的声音，整座岛屿仿佛多了一股躁动不安的情绪。

气宇轩昂

【成语出处】《铁围山丛谈》

林中书彦振摅，气宇轩昂，有王陵之少戆。

【成语释义】气宇，指人的气度；轩昂，形容意态不凡。形容神采飞扬，气度不凡。

【近 义 词】气宇不凡、神采飞扬、英姿焕发、玉树临风

【反 义 词】萎靡不振

万人空巷

万人空巷并不是指街上空无一人哟！

一整天，我们不断目睹慢慢岛恢复正常速度以后发生的事情。

人心浮躁，大家都失去了耐性，浮现出不耐烦的表情。街上行人也好，车辆也好，互不相让。争吵增加了，冲突一触即发，那些没办法跟上速度的人，都遭到排挤。

于是，我们忽然有了一个共同的感想：我们自以为帮了别人忙，却可能给某些人造成困扰。也许这个地方有更多人，潜意识里是希望慢慢来的呢！

我们只是一厢情愿地按照自己的方法去做事情，却没有考虑当事人的感受。

让慢慢岛恢复正常速度的小茜，一整天都闷闷不乐。

我跟阿霖不知道该怎么安慰她。我们确实也在想，或许这里就是适合慢慢来的。

终于，我们回到了当初上岸的那座码头。

“船妹妹还在那里！”我指着前方。

“船妹妹？”阿霖一脸困惑。

“你忘记啦？载着我们来到慢慢岛的那艘船啊！”我说。

我们兴奋地跳上船，立刻跟船妹妹问好，希望她可以载我们离开这里。可是，船却一点动静也没有。

“搞什么！”阿霖忽然有点不耐烦，“这下子糟糕了。如果船不会自己开动，船上也没有船桨，哪儿也去不了。”说完之后，他用力跺了一下船板。

“可以有礼貌一点吗？”

一个尖细的男声忽然从船身传来。

“不是船妹妹！真不好意思！”小茜赶紧道歉。

“我是弟弟，不是妹妹。难道只是因为船形狭长，就觉得我是女生吗？秀气一点就不可以是男生吗？我不想载你们离开这里了。哼！”他赌气地说。

老实说，船弟弟讲话的感觉，若不仔细分辨，真会误认为是女生呢。

“对不起，船弟弟，”我尽量安抚他，“当然可以是男生啦！你看我的朋友阿霖，比女生还爱漂亮，但是他也是男生。”

我用手肘推了一下阿霖，示意要他接话，讨好船弟弟。

“对啊对啊，我没有恶意。我还想要跟你请教男生食量大，很容易胖，该怎么维持好身材呢？”阿霖迅速进入状态。

船身忽然摇动了一下，然后缓缓离开码头。

“这可不是那么简单的呢！”船弟弟受到了夸奖，似乎很开心。

在船渐渐远离码头时，小茜忽然从口袋中拿出那张许过愿的扑克牌。

就是这张牌，变出了时间修正液，让慢慢岛恢复了正常速度。

“想让慢慢岛回到缓慢的速度吗？”我问她。

“嗯。我想，就算是要改变，也应该是住在这座岛屿上的人来决定。我们只是路过的人罢了，没有资格帮他们做决定。”她说。

接着，她按着扑克牌，闭起眼睛默念。

不久，我们看见沙滩上，有一只鳄鱼从水里爬上岸。

我忽然想到，那也许就是我们遇见的鳄鱼老婆婆。

时间修正到这座岛屿开始缓慢下来的那个刹那了。

这时，天空中传来一个声音：“刚刚那个愿望不是为你们自己许的，所以不算三次中的一次。你还有一次许愿机会。”

我们面面相觑，虽然都没有说话，但心里明白这个声音显然说的是小茜。

“你们要去哪里呢？”船弟弟的话打破了三个人的沉默。

“是啊，该去哪里呢？”这可难倒我了。

阿霖忽然掏出背包里的扑克牌，说：“既然不知道，就来许个愿吧！嗯……我想……我想去一个有很多偶像明星的地方！”

“喂！等一等！这是什么烂愿望啊？”我赶紧阻止他。

“对啊，阿霖，扑克牌应该是用来帮我们解决困难的，你这样就用掉一个愿望，太浪费了！”小茜也感到意外。

然而，一切都来不及了。

船弟弟转瞬间像变成了一枚火箭似的，奋力往前冲。速度实在太快，我们三个人原本是坐着的，现在必须整个人趴在船板上，紧紧抓着把手，才不至于被甩出船外。一阵天旋地转，头顶上一会儿是白天，一会儿是黑夜；一下子艳阳高照，一下子又下起了倾盆大雨。

不知道过了多久，当一切都平静下来时，我们发现我们正站在一个三岔路口。怪的是，街上空无一人。

“好冷清啊！真是万人空巷！”小茜说。

“万人空巷并不是指街上空无一人哟！”我说。

“真的吗？”

正当我准备解释时，忽然冒出来个女孩子开口接话道：“没错，万人空巷指的是所有人都从巷子里出来，欢迎或庆祝什么事情，所以它应该是很热闹的意思。”

是谁接了我的话？

我们好奇地回头看，看见从巷子里冒出一个穿着公主装的外国女生。

外国人也懂成语？我仔细观察她，觉得她好面熟。

“请问您是哪位？”我好奇地问。

“各位好，我是……白雪公主。”

“啊？不……不会吧？”我们三个人异口同声。

“可是，”小茜悄悄地跟我们说，“她不是真的白雪公主。白雪公主的头发是黑色的。还有，白雪公主的裙子是黄色的，上衣是蓝色的，但她的裙子是黑色的，上衣是绿色的。”

“白雪公主原来是北一女中毕业的啊？”阿霖打趣地说。

我们忍不住笑出声来。

“快点跟我走吧！你们不要在背后说别人闲话了。美女是不喜欢别人在她背后指指点点的。”“白雪公主”说。就姑且叫她白雪公主吧。

她说的美女，当然就是她自己。

阿霖转过头，压低声音向我抱怨：“我不是许愿要去一个有很多偶像明星的地方吗？怎么会来到这里？”

“白雪公主确实曾经是很多小女孩的偶像。”我说。

“那是上一代的事啦。”

我们跟着这个自称白雪公主的女生往前走，一边走，一边不断听到她喃喃自语：“你们许愿的时候，有没有指定要本尊出现呢？我这个分身也是很忙的好吗？现在的小孩，真会把过错推到别人身上。气死了！啊，不能气，会出现皱纹的。放轻松、放轻松！”

要走到哪里去呢？这个“简直是白雪公主”的女孩显然正在气头上，我们不敢问。但是，可以确定的是，我们即将进入电玩世界新的一关了。

万人空巷

【成语出处】《八月十七日复登望海楼》

赖有明朝看潮在，万人空巷斗新妆。

【成语释义】家家户户的人都从自家的巷弄里走出来，聚集到了某个地方。形容欢迎某人或举行庆典时拥挤、热闹的盛况。

【近 义 词】人山人海、水泄不通、万头攒动

【反 义 词】门可罗雀、寥寥无几、只影全无

第三章

团结

门可罗雀

家里再也无人造访，干脆把大门封起来，架起网子来捕雀吧。

很多东西差了一点，就算再像，也只是冒牌货。

我跟着阿霖称呼那个自称是白雪公主的女孩为“冒牌货”，小茜有些意见，她觉得“冒牌货”听起来很伤人，而且这种说法其实还是以貌取人。我们想了很久，决定私下给那个女孩一个新的名字：“简直是白雪公主”。

简直是，但很遗憾，她真的不是。

“简直是白雪公主”领着我们往前走，沿途经过的地方，依然一个人影也没有。

“为什么街上都没有人呢？甚至连正在营业的商店，也完全没有人，生意很差吗？”阿霖忍不住问。

“因为今天是我们的大扫除日。”“简直是白雪公主”

回答。

“咦，要过年了吗？”我问。

“等到过年才大扫除，那就来不及了。”她语带玄机地说，“很多东西都是在你不知不觉间增长的。”

“原来如此，因为大家都在家里忙，所以街上跟商店里才……”阿霖话说到一半，忽然停了下来。

“怎么了？”我狐疑地问。

“万人空巷是人多热闹的意思，那么相反意思的成语，该怎么说呢？万人满巷吗？因为所有人都赶着回家，不想待在外面，所以车站里满是要返乡的人？”阿霖说。

我跟小茜听了，沉默下来，不知道该对阿霖的自作聪明说些什么。

“亏你想得出来！”“简直是白雪公主”忍不住嘲笑阿霖道，“你很有创意，不过，你以后什么工作都可以做，但就是不要去当语文老师。”

大家笑成一团。我跟阿霖解释道：“应该用‘门可罗雀’这个成语。以前在汉朝有个翟公，在朝廷当官时，天天有访客，宾客多到都塞不进大门。可是，丢官以后，却受到了冷落，大门前，竟然空到可以架起网子来捕雀。后来，这句话就用来形容访客稀少的窘态。”

“这样啊……”阿霖有点不好意思地说。

我们转了一个弯以后，眼前出现一道通行闸口。

这闸口非常特别，周围种满了各种美艳的鲜花，很多不同季节才会开的花，竟然在这里一起绽放。

小茜走到花前，闻了闻花，结果却满脸困惑。

“这花应该很香的，怎么完全没有味道？”

“忘了换电池吧。”“简直是白雪公主”走到花圃前，蹲下来，用手拨了拨草丛，接着从身上的包包里拿出两个电池，塞进草丛里。不到三秒钟，浓郁的花香便扑鼻而来。

“要装电池？”小茜很惊讶。

“当然啊，这些不是真花啊！看不出来吧！”

“假花？”

我们三个人吓了一跳，走上前摸了摸那些花，摸起来跟真花一样呀。“简直是白雪公主”要我用力撕撕花瓣，我照做了，结果，那些花瓣就像塑料一样，怎么撕也撕不破。

“简直是真花。”阿霖赞叹。

“简直是白雪公主”露出很满意的笑容。

“很不好意思，因为我还有些事情，所以，走过这个闸口以后，我会派我的手下来接应你们。”她说。

我们点头向她道谢与道别。她挥了挥手，突然出现一辆美丽的马车，她上了马车，扬长而去。

“虽然不是真的白雪公主，但漂亮的马车还是有的。”我说。

“不，那只能说‘简直是马车’而已。你们注意看，那匹马的脚虽然会动，但其实马脚下面有半透明的轮胎在跑。那是汽车。”

“啊！真的！”我跟阿霖惊呼。

我们三个人过了闸口，接应的人出现了。

那个“人”出现的刹那，我们又震惊了。

不只是因为他不是人，还因为，他简直是卡通人物哆啦A梦。

门可罗雀

【成语出处】《史记·汲郑列传》

始翟公为廷尉，宾客阗门；及废，门外可设雀罗。

【成语释义】门前冷清，可张网捕雀。形容人失势后受人冷落、宾客稀少的景况。后亦泛指访客稀少、门庭冷清的窘态。

【近义词】门庭冷落、门可张罗

【反义词】门庭若市、宾客如云、宾客盈门、往来如织

众志成城

我们的心，绝对不是一盘散沙！

真没想到“简直是白雪公主”离开以后，却出现了这个“简直是哆啦A梦”的卡通人物。

“接下来就由我哆啦A梦带领各位。请大家跟着我往前走吧！”他说。

“为什么是哆啦A梦啊？”阿霖问。

原本背对着我们的“简直是哆啦A梦”忽然转过身来，吃惊地看着我们。

“我是多少孩子的偶像，你不知道吗？”

阿霖听了以后，低下头，偷偷地对我们说：

“他少说了‘曾经’两个字。”

“嘘！小声点，他会听到的。”小茜用手肘推了一下阿霖。

“不必了！我已经听见啦！”“简直是哆啦A梦”

愤愤地丢出这句话。

他听起来很不高兴，我们三个人立刻闭嘴，不敢再说任何话。

本来以为他会继续发脾气，想不到过了几秒钟，他忽然长长地叹了口气，接着，眼眶泛红了，只差一点点，泪水就会夺眶而出。

“人家也努力了啊！为什么要这样瞧不起人呢？难道我的努力都没有人看见吗？为什么不能肯定我呢？”他哽咽地说。

他颤抖的声音，像座快要溃堤的水坝，若是不小心触动了，就会引发一场大水灾。

不知所措的我们，只好乖乖地跟着他往前走。

“总不能一直这样漫无目的地走下去吧？”阿霖问我。

“我也知道啊。可是，他现在这个样子，你敢问他吗？”我回答。

“我看还是先不要问比较好。他看起来好像很脆弱，万一他情绪崩溃了，会发生什么事情，谁也不能预料。”小茜说。

我们点头同意。

没多久，“简直是哆啦A梦”忽然开口：“我们去的地方，要麻烦你们帮忙大扫除。”

“大扫除？我想起来了，白雪公主也曾经跟我们提过，今天是大扫除日。还说等到过年才大扫除，就会来不及。”我说。

“你还真把她当作白雪公主？她只是‘简直是白雪公主’罢了。哎呀，真是的，念起来好拗口。”阿霖抱怨。

“是你自己发明的。”我说。

“唉，不过，我看是很难了……你们这些小毛头。”“简直是哆啦A梦”打量了我们一番，然后摇摇头，再次哀愁地叹起气来。

“你别光看我们的外表就这么说，”我像是被误解了什么似的辩解，“我们三个人虽然看起来像一盘散沙，可是，我们众志成城，一定会做好的！”

“众志成城？”“简直是哆啦A梦”一脸狐疑。

“众志成城，指大家很团结。所有人同心协力，像是坚不可破的城墙那样。”我解释。

“光在嘴巴上说说，是靠不住的。”“简直是哆啦A梦”话中有话似的，又摇摇头。

“不过就是大扫除嘛！需要多团结？”阿霖又碎碎念。

我们继续往前走。

走在“简直是哆啦A梦”的后面，我们不断观察他，在他的身上发现越来越多的破绽。

比如，哆啦A梦肚子上的万能口袋应该是半圆形的，但眼前这个“简直是哆啦A梦”的万能口袋却是三角形。还有，哆啦A梦的双手是两粒球，没有手指的，可是他却有大拇指。更重要的是，哆啦A梦是猫，然而，走在我们前面的这位仁兄，他的尾巴根本不是猫尾巴。他露出了狐狸尾巴——一条真正的狐狸尾巴。

一路上，阿霖因为这些发现乐不可支。

除此之外，阿霖的眼力仿佛变得特别好似的，不停发现沿路上许多山寨版的东西。例如，外形非常帅气的黄金猎犬，被阿霖拆穿其实是腊肠狗假扮的；气质出众、皮肤细嫩的美女，被阿霖抓到她只是披上了一层外衣。

我提醒阿霖别再说了，“简直是哆啦A梦”一路上都不说话，我怀疑他全听见了。不都说狐狸很狡猾的吗？我真担心他会采取报复行动。

同时，我心中也不停想，明明是只狐狸的他，为什么要扮成哆啦A梦呢？而“简直是白雪公主”明明不是白雪公主，又为何模仿别人，隐藏自己的面貌呢？

这地方，人事物都那么美，却也那么假。

“好了，各位，终于到达现场了。”“简直是哆啦A梦”指着前方。

一抬头，我们看见大门外架着一块牌子。

牌子上面写着：为维护环境整洁，请定期清除偶像。

众志成城

【成语出处】《国语·周语下》

众心成城，众口铄金。

【成语释义】众人同心，力量坚固如城。比喻团结一致，同心协力。

【近 义 词】众心如城、万众一心、众擎易举

【反 义 词】一盘散沙、四分五裂

掩耳盗铃

你身上的铃铛，我可没有偷哟！

难道这地方，只要想变成偶像，就能办到吗？是不是因为这样，才会导致偶像过剩，像掉落在地上的落叶，必须定期清除，否则就会越积越多？

“那就麻烦你们负责这个场地的扫除活动吧！”“简直是哆啦 A 梦”说。

“这场地里的人，都是等待被清除的？”我边张望着里头边问他。

“更准确地说，是等待被清除的‘偶像’。”他回答。

“他们为什么要被清除？”我追问。

“你真傻！这么简单的道理都不懂吗？如果所有的人都可以变成大明星，也就没有所谓的大明星存在了。大红大紫的明星，都是被不红的小牌给衬托出来的。在我们这里，每个人都想成为大家的偶像，可是，这当然是行不通的。因此就必须定期清除不合标准的偶像，让他们恢复成普通人。”

“清除的标准是什么？”我困惑地问。

“简直是哆啦A梦”忽然沉默了下来，不再多说。

“那么，该怎么清除呢？”阿霖问。

“很简单。”

“简直是哆啦A梦”从他的万能口袋（虽然是仿造的，但确实也能使用）里掏出三根擀面杖给我们。

“用这个清除偶像？怎么用？”阿霖不解地问。

“一起进去，我示范一次吧！”“简直是哆啦A梦”说。

我们跟着他走进大门以后，惊讶地发现：在一片大广场上，放了一整排笼子，有十多个，每个笼子里都关着一个“等待被清除的偶像”。

但是，令人意外的是，笼子里的那些“偶像”，完全看不出他们任何模仿的破绽。换句话说，笼子里被关着的哆啦A梦、白雪公主、孙悟空、米老鼠、Kitty猫，甚至是流行乐偶像歌手……简直都比笼子外的这些“偶像”更像偶像。噢，不，应该说，他们不是“简直是”，而是“真的是”偶像。

“来，让我示范如何清除偶像吧！”

“简直是哆啦 A 梦”走到“真的是哆啦 A 梦”的笼子面前，将两手紧握的擀面杖，在对方面前的空气中，用力地上下滚动，笼子里的哆啦 A 梦的双脚忽然变扁，变成一张纸片的厚度。“简直是哆啦 A 梦”接着再用力滚动几回，“真的是哆啦 A 梦”连身体跟头都变扁了。

笼子里的哆啦 A 梦（他其实也不是真的哆啦 A 梦，只是模仿得惟妙惟肖的哆啦 A 梦）这下子变成了纸片哆啦 A 梦了。

“不要以为把我们给清除了，你们就能成为真的偶像！”纸片哆啦 A 梦说。

“没错。但是，只要你们存在，我们就注定一辈子当平凡人。世界上本来就该定期清除像你们这样的过分完美的人。否则，我们这种从小被取笑笨、长得丑，又没有人缘的家伙，永远不得翻身。”

“你们这么做，只是自欺欺人、掩耳盗铃罢了！”

“什么盗铃？我可没有偷你铃铛！”

“不是啦，”我忍不住帮忙解释，“掩耳盗铃是这么来的：有一个人想要偷走一口大钟，却因为太重了，搬不动，于是决定击碎它，但这样的话，钟势必会发出巨大声响。这个人就想了个办法——把自己的耳朵

捂起来，以为自己听不见了，别人也就听不见了。掩耳盗铃是用来比喻偷偷摸摸做某件事情时，以为骗了自己，就不会有人发现。事实上，这个人的所作所为显而易见是很愚蠢的。”我很有成就感地解说完毕以后，发现“简直是哆啦 A 梦”气到脸都歪了。

可不是开玩笑的，他是真的生气，气得妆都垮了。

瞬间，他的脸龟裂开来，像被地震震裂的地皮，成了两半，露出了他的真面目。他张着长长的狐狸嘴巴，愤愤地大喊：“愚蠢？你们敢说我愚蠢！”

真没想到最后激怒他的人竟然是我。

他忽然把擀面杖往天上一挥，擀面杖落下来的瞬间，突然变成一个大铁笼，快速朝我头顶坠落。

完蛋了，这下完了！我闭上眼睛，听见砰的一声，地面微微摇晃了一下。

我睁开眼，看见被套进笼子里的人竟然是——阿霖。

掩耳盗铃

【成语出处】《吕氏春秋·自知》

百姓有得钟者，欲负而走，则钟大不可

负。以椎毁之，钟况然有音。恐人闻之而夺己也，遽掩其耳。

【成语释义】 原为“掩耳盗钟”。盗钟时，怕钟所发出的声音会引他人前来抢夺，因而急忙掩住自己的耳朵。后用以比喻妄想瞒骗他人，结果却只是欺骗自己而已。

【近义词】 掩耳盗钟、自欺欺人、掩目捕雀、掩鼻偷香

【反义词】 开诚布公

赴汤蹈火

什么汤啊？这时候你还想着吃的？太不够意思了！

为什么是阿霖被关进笼子，而不是我呢？

在笼子里的阿霖显然受到了很大的惊吓，整个人呆若木鸡，完全不知所措，沉默并且无助地趴在铁栏杆上望着我们。

“为什么要把阿霖关起来？”我转向露出真面目的狐狸说。

这只狐狸已经完全豁出去了。原本套在他身上的哆啦A梦皮囊，现在松松垮垮地在他的脚踝堆成一团。

狐狸突然用力地往地上跺了一脚，我感觉到天地顿时摇动了一下。“他自以为是偶像，不是吗？我受够了他！一路上不断在我背后说我坏话，不断嘲笑我们这里的一切。我不作声，不代表我不生气。然而，我不生气，就会不断被他这样的人欺负。我真的受够了！”

果然他都听见了，我的预感没有错。

“他不是有意的，请放了他吧！”小茜替阿霖求情。

“我只是想给个警告，不会真的要对他怎么样。这样吧，你们两个代替他，完成你们本来就该完成的扫除活动。工作做完后，我就会放他出来的。”狐狸扬了扬嘴角，不怀好意地说。

狐狸的话怎么能相信呢？可是，我们别无选择。

当我跟小茜拿起擀面杖的刹那，笼子里那些被关起来的其他“偶像”纷纷叫喊起来：“不要清除我们！不要听他的话！”

真的好为难啊。这时，笼子里的阿霖又露出一副楚楚可怜的表情。

小茜站在原地不动，我只好硬着头皮走到笼子面前，高高举起擀面杖，告诉自己什么也别多想。最后，就在其中一个偶像铁笼的前面，滚起擀面杖来。

不知道为什么，我没有办法像狐狸一样，将对方擀成纸片。

“哎呀，你这个笨蛋！专心一点！不要怀着愧疚感，这样会分心，是不会成功的！”狐狸气愤地说，“真是的，我可是没什么耐性等你了！还是我自己来吧！”

他飞快地冲向铁笼，用闪电似的速度，不到三秒就把笼子里的那些偶像全擀成了纸片。

“啊！不好了！”小茜指着铁笼大叫。

“真是不好意思，速度太快，失手啦！”狐狸奸诈地笑起来。

原来，阿霖也一起被擀成纸片了。

“大牛，快点想想办法啊！”

变成纸片的阿霖，整“张”人趴在地上，像是一块人形广告牌。不过，他仍然可以说话。

不只能说话，还能哭出声音来。

是的，表情凝结成静止照片的阿霖哭了。

看见这突如其来的变化，我也慌了手脚。我认识阿霖以来，他都是个很有自信的家伙，从来不觉得“哭”这个字眼会跟他发生关系。

“你不要哭！我赴汤蹈火都会想办法救你！”

“什么汤？这时候你还想着吃的？太不够意思了！”

“哎呀，这都什么时候了，还要我给你解释成语！赴汤蹈火就是说不管过程和结果有多么危险，为了完成目标，都会努力坚持下去。”

“那你就快点火，快附汤啊！”

显然阿霖还是没搞懂这个成语的意思。

“要汤是吧？要火是吧？好啊，那就给你们来一点吧！”

狐狸在一旁煽风点火，只见他用力甩起他的狐狸尾巴，转瞬间，大风呼啸，接着下了一阵大雨，雨停了，又从天空掉下几个火球来。火球落到不远处的地面上，哗啦一声，火球周围冒起熊熊的烈火。

“地上都是水，怎么还能起火？”小茜狐疑地问。

我弯下腰，用手指蘸了蘸地面上的水，闻了一下。

“这不是水，是油。”

“好好体验一下啊！这火可是我精心研发的，只会燃烧纸片，不会烧死活人。所以，你们两个活人，记得待会儿好好把纸灰清扫干净啊！这将是一场最热情的大扫除。哈哈哈！再见了，各位。”

狐狸转身一跃，消失在空中。

火苗像是长了脚一样，迅速往我们和铁笼的方向飞奔而来。

赴汤蹈火

【成语出处】《与山巨源绝交书》

长而见羁，则狂顾顿缨，赴蹈汤火。

【成语释义】甘愿奔投至烈火、沸水中。比喻为了达到目标，不惧怕任何艰难和危险，奋不顾身向前行。

【近义词】奋不顾身、出生入死、粉身碎骨、肝脑涂地

【反义词】畏缩不前、贪生怕死

乌合之众

我们绝对不是乌合之众！这是第一次，我感觉到自己充满闯关的干劲。

每一个火苗都像是在赛跑似的，不过几秒钟的时间，就扑到我和小茜面前。我们完全来不及逃跑，只感觉到空气的温度刹那间向上狂飙，接着，就在小茜尖叫起来的瞬间，火舌吞噬了我们。

然而，就像狐狸所说的那样，火焰穿过我们的身体，但我们完全没事。

“啊！好痛！”这会儿，换我叫了起来。

“你被烧到了吗？可是我没感觉！”

“不是，是你把我抱得太紧了，好痛！”

这时候小茜才发现，自己在惊慌之中紧紧地抱住了我。

小茜害羞地涨红了脸，赶紧从我身上跳开。

“啊，快点！火要烧向铁笼了！”我说。

“怎么办？”

“用救命的扑克牌吧！”

我从背包掏出了扑克牌，许了个愿，突然间看见那几乎要烧向铁笼的火焰，从铁笼边散开来，冲向天空，散成一朵朵绚烂的烟花。

不久，铁笼打了开来，包括阿霖在内，所有的纸片人都解脱了。

“解脱个鬼啦！”阿霖听到我说“大家都解脱了”时，忍不住抱怨起来，“你许愿，只是让我们没着火罢了，不会顺便让我恢复人形吗？这样有什么差别呢？”

我确实在混乱之中忘了许这样的愿。

“阿霖，大牛为了你，用掉了他那张扑克牌的许愿机会呢。”小茜说。

“啊，你提醒了我，每个人手上的扑克牌，都只有两次许愿机会。我已经用光了。不对，记得吗？应该还有一次。只不过，第三次的许愿机会，同时也会带来意想不到的副作用。我记得是这么说的。”我说。

“对。如果算第三次，我还有一次机会。”小茜说。

“小茜，你快救我吧！我整个人，包括背包都被压成纸片了，也没办法拿到我的扑克牌。”阿霖说。

小茜点头说好。可她怎么找，就是找不到她的扑克牌。

“我想起来了！上次我把扑克牌放到你那里，你还没还我呢。”

“糟糕了！那你的牌也在我的背包里，拿不出来了。”

我听见阿霖又哭了起来。

“总而言之，赶紧先离开这里吧！”我说。

“那我怎么走啊？纸片人是没法走路的。”阿霖难过地说。

我跟小茜四目交会，彼此点了点头。

我把变成纸片人的阿霖卷了起来，插进我的背包里。小茜则把其他的偶像纸片人卷在一起，放进她的背包中。

“我们这群乌合之众，势单力薄的，真有办法摆脱这个困境吗？”卷在小茜背包里的其中一个偶像忧伤地说。

“要真的是乌合之众，那还算好呢！可是，我们哪能称得上是‘众’呢？能称为人的根本只有这两个小毛头啊！”

“乌合之众，是什么意思？”另一个纸片人问。

“我们就是乌合之众啊，没有组织，没有纪律，成不了气候。”另外一个纸片人悲伤地接过了话。

“哎呀，该不会一辈子都是人形广告牌吧？”

“你别自抬身价了！人形广告牌至少纸质比较好，是厚纸板做的。我们只是一张薄薄的纸，放在地上立不起来，只能被卷在背包里，比春卷还不如。”

“春卷！我最爱春卷了！现在我们这样怎么吃东西啊？吃不了东西还有什么意思！刚刚为啥没把我们给烧掉！”

卷在小茜背包里的纸片人七嘴八舌的，很是嘈杂；倒是阿霖此刻变得很沉默。我想，他听到他们的抱怨变得更忧郁了吧。

“阿霖，你不要担心，我们绝对不是乌合之众。我跟小茜无论如何都会想办法救你的。”我安慰起可怜的阿霖来。

“嗯。谢谢，麻烦你们了……”

阿霖简直变了一个人似的。看见他这样，我心里比他还难过。

我们离开那里，继续往前走。这是第一次，我感觉到自己充满闯关的干劲。因为我知道，唯有迎向挑战，才能成功解救阿霖。

乌合之众

【成语出处】《后汉书·耿弇传》

归发突骑以辚乌合之众，如摧枯折腐耳。

【成语释义】像乌鸦般聚在一起的一群人。比喻暂时凑合，无组织、无纪律、无计划的一群人。

【近 义 词】瓦合之卒、一盘散沙

【反 义 词】众志成城

以卵击石

拿着一敲就会破掉的鸡蛋，去砸硬得不得了的石头。

一直想在未来成为名模偶像的阿霖，怎么也没料到，有一天，他会被所谓偶像给恶整吧。

“这下子我再也不用节食了。”阿霖说。

“是啊，你现在真的是纸片人了，还有可能更瘦吗？”

我转过头，看了看卷在我背包里的阿霖。

我们凭着直觉走，虽然完全不认识路，但仍希望远离这个满是偶像的地方。

过了不久，正当小茜说她肚子饿时，我们就幸运地看见了一家面包店。

“在这个奇怪的地方，忽然出现一家面包店，感觉就是陷阱。”我说。

“可是没有其他选择了。我肚子真的很饿呢。”小茜说。

“好吧。不管怎么样，去看一看吧。”

这是一家很普通的面包店，店员看起来也很正常。我们买完面包（后来回想起来才纳闷儿，我们的钱在这里竟然能够流通），离开了店家，继续往前走了一会儿，看见眼前有个小公园。

小茜想进去坐下来吃点东西，休息一下再上路。草地有些潮湿，找不到干净的地方。

“找个什么东西垫在草地上吧，我想坐一下。”小茜说。

我环顾四周，实在没什么东西可以垫在草地上。最后，只好把背包里的阿霖给抽了出来。

“不好意思啊，阿霖，借用一下。”

我把变成纸片人的阿霖摊开来，然后请小茜一起坐在上面。

“就知道你们一定对我很不满。”阿霖抗议。我跟小茜忍不住笑了起来。

我还不饿，所以小茜一个人吃了面包。吃完之后，因为实在太疲惫，两个人不知不觉就睡着了。当我醒来时，小茜还在睡，阿霖也不作声，仿佛也睡着了。

纸片人不需要吃东西，但还是需要睡眠？真想不通。

终于，小茜醒来了。然而，当她睁开眼睛看见我的刹那，整张脸变得刷白，两只眼睛瞪得大大的，什么话也说不出来。

“怎么回事啊，小茜？”

“奶奶？”

“奶奶？”

“奶奶，您为什么会出现在这里？”

“什么奶奶？我是大牛啊！”

“您是奶奶啊，大牛去哪里了？”

小茜从背包里拿出镜子来给我，结果，镜子里反射出来的是一个老太太。大牛去哪里了？我没见过小茜的奶奶，但我想，我现在可能真的就是小茜的奶奶了。这时候我才发现，我连声音也变了。

“小茜，相信我，我不是你的奶奶，我是大牛。你千万不要被骗了。一定是因为你刚刚吃了那个面包。你看，我没有吃，所以我没事。”

我指着放在阿霖上面的另外一块面包。

说也神奇，就在我指向面包的瞬间，那块面包忽然间动了起来。就像是一块黏土似的，自动揉啊揉啊，渐渐膨胀起来。不一会儿，面包膨胀了几百倍大，竟然在我们面前变成一个巨大的人站了起来。

“以为没吃就没事吗？你太天真了！”那巨人说话了。

咦？好熟悉的声音，那不是阿霖的声音吗？

巨人缓缓转过身子来，他真的是阿霖！是放大了几百倍的阿霖。

“啊？怎么会有另外一个我，变得那么巨大？”被我垫在草地上的阿霖醒来，看见眼前的巨人，感到不可思议。但是，当他注意到我时，更是大吃一惊。“大牛，你变性又整容了？”

“你们少啰唆！”巨人一把抓起我跟小茜，把我们高高举到半空中。

“怎么办啊？快想想办法！”小茜紧张起来。

“我们现在可说是以卵击石啊！就像拿着一敲就会破掉的鸡蛋，去碰硬得不得了的石头一样，一点胜算都没。我们俩太渺小了，真正的阿霖又只能躺在草地上无法动弹，我们一定会失败吧……”我说。

“奶奶，您的身体承受得了吗？现在该怎么办？”小茜关心地问我。

我沮丧地看着小茜，想说的话卡在喉头里没说出口。我……我真的不是你的奶奶啦。

以卵击石

【成语出处】《墨子·闲诂》

以其言非吾言者，是犹以卵投石也，尽天下之卵，其石犹是也，不可毁也。

【成语释义】拿鸡蛋去碰石头。比喻自不量力或以弱攻强，结果必然失败。

【近 义 词】蚍蜉撼树、螳臂当车

【反 义 词】以碫投卵、泰山压卵

望梅止渴

可惜我的想象力很差，想象不出一株梅子树。

虽然是以卵击石，但无论如何还是得拼了命一试呀！

我忽然注意到这个由面包变成阿霖的巨人，露出了没藏好的狐狸尾巴。原来，还是那只狐狸。

以为他会立刻解决掉我们，没想到，他跟之前那个鳄鱼老婆婆一样，想用消耗体力的方式来折磨我们。

他把我们举在半空中，动也不动。烈日之下，不到十分钟，我们就已经满身大汗，口渴得不得了。

“能给我们一点水喝吗？”小茜问。她一向怕口渴的。

“水？你们就望梅止渴吧！”

巨人话才说完，另外一只手一挥，我们的脚下就长出一株梅子树来。

“这下子还真是望梅止渴了。”我说。

“什么望梅止渴？”小茜问。

“从前曹操在率领军队出征时，士兵因为口渴，找不到水喝，影响了士气，曹操只好骗他们说，不远处就有一大片梅林，梅子又酸又甜的，很快就能解渴了。士兵们一想到又酸又甜的梅子，就流出口水来，感觉不那么渴了。”我解释。

“可惜我的想象力很差。”小茜的肩膀垮了下来。

被巨人握在手里，若是硬用蛮力对抗他，绝对不会成功，更何况人们都说狐狸很狡猾。所以，我决定展开心理战术。

“帅气的阿霖，你说吧，你到底需要什么？”我笑着问巨人。

“喂，老奶奶，我才是阿霖啊！”躺在地上的纸片阿霖不平地喊道。

忽然，巨人的脸上闪过一抹得意的笑容。看来，他真以为我相信他就是阿霖了。偶像不都是需要被肯定的吗？受到肯定了，谁都容易自满。

转瞬间，巨人开始缩小，原本被举在高空中的我们也被放到了地上。几分钟后，巨人恢复了正常人的身高；更准确地说，变成了阿霖的身高。这下子，除了那条狐狸尾巴，他真的跟阿霖一模一样了。

“什么都愿意给？”狐狸问，脸上挂着暗藏玄机的笑容。

我点点头，补充说：“但是你必须让所有的人恢复正常。不管是我，还是纸片人。”

我避免说出“阿霖”这两个字，目的是让他认为，我觉得他才是阿霖的本尊。“很好。你若能实现我的愿望，那么我就让你的愿望也实现，而且让你们安全离开这里，到下一关去。”

“你想要什么？”

“我要你杀了我。”

“啊？”我对狐狸的要求很惊讶，“杀了你？为什么？”

“我就站在这里，不会逃走，”狐狸把一把闪亮的利刃丢到地上，说，“你过来杀死我吧。”

我完全没料到是这个结果。这愿望太诡异了，我不禁想，狡猾的狐狸真正的用意到底是什么呢？

在他的催促之下，我缓缓捡起地上的刀子，向他走去。当我把刀子举到他面前时，他真的伫立在原地，一动不动。

虽然我知道他不是真的阿霖，但要我杀死一只活生生的狐狸，我也办不到啊！还有，当我这么近距离地站在他面前时，我发现，他长得实在太像阿霖了，因此我没办法做出任何伤害他的事情。

“我知道你下不了手的，因为我是你的偶像，不是吗？你不可能对你崇拜的人下手的。”

“老奶奶，你不要听他乱说，我怎么可能是你的偶像？你快杀了这个冒牌阿霖吧！”纸片阿霖喊道。

狐狸确实说中了我内心的感觉。我一直认为阿霖什么都比我好，长得帅，人缘好，有自信，对未来也充满信心。除了学习成绩差以外（反正人不可能一辈子在学校里的，因此无所谓），他确实算是我的偶像吧。

正当我犹疑不定时，那狐狸阿霖身手敏捷地抓住了我。我手上的刀倏地掉在地上。这时候，我看见刀刃上映照出的我，竟恢复成原来的我了。反倒是狐狸突然间变成了小茜奶奶的样子。

“大牛？”小茜跟地上的纸片阿霖异口同声地喊着。

他们到现在才搞清楚怎么回事。

“捡起来，小茜。”变成老奶奶的狐狸对小茜说。

小茜惶恐地把刀子捡起来，一脸茫然。

“你来杀死我吧。”

“我怎么能杀死你呢，奶奶？”

两手握着刀子的小茜不停发抖。

变成老奶奶的狐狸奸笑着说:“我知道你也不可能杀死我。奶奶不也是你的偶像吗，我亲爱的小茜？但是，为了你的同伴，快来杀死奶奶吧！”

小茜的刀子落到地上，她望着狐狸，抽搐着哭起来。

糟糕了！小茜真的被狐狸说服，认为眼前的人就是她的奶奶。

就在狐狸得意地狂笑起来时，小茜突然冲向狐狸。小茜整个人抱住了狐狸:“奶奶，我好想你！但是……”小茜话说到一半，竟往狐狸的手臂上用力咬下去，“但是你不是我的奶奶，你只是只狐狸！噢，不，应该说，你只是个狐狸寄居的面包罢了！”

小茜嘴里吐出一块咬下的东西，当然不是奶奶的肉，而是块面包。一阵烟从狐狸身上冒了出来，最后，烟消散开来，只剩下地上一块缺了一角的面包。

我和小茜终于松了一口气，一转身，发现身后多了一群人。原来那些纸片人都恢复原形了，当然，也包括阿霖。

阿霖对我笑了笑，说:“到今天才知道，原来你的偶像……”

“闭嘴。”

我的脸瞬间红了。

望梅止渴

【成语出处】《世说新语·假谲》

魏武行役，失汲道，军皆渴。乃令曰：“前有大梅林，饶子，甘酸可以解渴。”士卒闻之，口皆出水，乘此得及前源。

【成语释义】望着梅子，以达到解渴的目的。比喻得不到东西，只好以空想来安慰自己。

【近 义 词】画饼充饥

【反 义 词】脚踏实地

第四章

失去

鹬蚌相争

一网打尽，得来全不费工夫。

情绪是会感染的。这几天，我们轮流陷入一种低落情绪。起初是小茜闷闷不乐，后来变成阿霖，最后是我。硬要问是什么原因，却又说不出来，我想大概是我们都感到疲惫了。

“说是一项特殊任务，可是，到底任务的目的是什么，到现在也不知道。只是不断有麻烦事出现。”我说。

“我有点想回家了。”阿霖说。

“回家以后，我们还会嫌生活无聊吗？”

小茜的话，突然点醒了我们。

是啊，当初是因为我们嫌生活太无聊，才闯入了这奇怪的时空中。这些日子以来发生的事情，若是在以前的现实生活中看来，肯定是觉得刺激有趣。可是为什么真正身处其中时，反而不觉得是享受了呢？

离开满是偶像的地方之后，我们沿着眼前唯一的道路向前行，当天就进入一个新的城镇。踏进这座城镇以后，我发现低落情绪的接力棒又传到了小茜的手上，只不过，这一次，她不只是情绪低落了，已经有点自暴自弃。

“阿霖想回家，我却帮不上忙，真是太糟糕了。”

“是不是因为我是女生，你们觉得我太麻烦，所以才开始厌恶这场冒险呢？我对不起大家。”

不管我们怎么跟她说，不是她的关系，她仍坚持是她的错。

“会不会是我的脸给大家招来了厄运呢？”

当小茜照着镜子说出这句话时，我们终于明白，小茜的自暴自弃来自她的兔唇。她始终还是那么在意，那么没有自信！

“如果想回家，能不能使用扑克牌呢？”阿霖忽然想到。

“可以试试看！”我说。

“用我的这张吧。”小茜把扑克牌拿出来。

“不不不！既然是我提议的，就用我这张吧！”阿霖把他的牌拿出来。

“不包括第三次的话，我还有一次许愿机会。让我来！”小茜坚持。

“我也还有一次机会啊，还是让我来吧！”阿霖说。

“我为大家带来那么多麻烦，说什么都该是我才对。”

“小茜，你真的没有错！我是男生，我应该多做一点事的。”

结果，两个人各自拿出自己的牌，互不相让。

就在我想请他们别再争吵时，突然间，天上闪出一只乌鸦。

这乌鸦身形巨大，却非常轻盈敏捷，直直地往他俩的方向冲下来。乌鸦的嘴看起来相当尖锐，要是戳到头的话，可不是开玩笑的。

“小心！快跑开！”我大喊。

可是，他们两个人根本没注意到我的喊声。那乌鸦在几番振翅之后，倏地撞向他们，两人发现时已经来不及了，双双被乌鸦击倒在地。

“天啊！有没有受伤啊？”我冲到他们身旁。

“没事……没事……”他们说。

所幸，乌鸦并没有刺伤他们。

“啊！我的牌！”

抬头一看，原来乌鸦叼走了小茜的扑克牌。

“这下子可真是鹬蚌相争了。”

“什么意思？”阿霖揉着脑袋，一脸茫然地问。

我苦笑着给他解释：“鹬蚌相争，渔人得利。鹬鸟跟蚌互相争斗，恰好被渔夫看到，于是一网打尽，得来全不费工夫。就像是你们两个互不相让，吵起来，最后谁也没得到好处，反而让其他人捡到便宜。”

这下子，小茜更自责了。

鹬蚌相争

【成语出处】《战国策·燕策二》

蚌方出曝，而鹬啄其肉，蚌合而钳其喙。鹬曰：“今日不雨，明日不雨，即有死蚌。”蚌亦谓鹬曰：“今日不出，明日不出，即有死鹬。”两者不肯相舍，渔者得而并禽之。

【成语释义】比喻双方相持不下，两败俱伤，结果让第三人获得利益。

【近 义 词】鹬蚌相危、蚌鹬争衡

【反 义 词】相安无事、和平共处

忠言逆耳

实话往往听起来刺耳，不容易被接受。

小茜白白失去了她的扑克牌，救急时备用的第三次许愿机会没有了。

这个意外事件，让最近自暴自弃的小茜，更加沮丧。

“小茜，没关系啦，你不要这么自责。就用我的牌来许愿，希望我们能回到原来的世界吧。”阿霖安慰小茜。

“可是，阿霖，你觉得会成功吗？要这么冒险吗？”我提出了自己的疑问。

“不试试看怎么知道呢？”

“这副许愿牌可能只是针对任务而存在的。我的意思是，冒险任务里遇到的事件或许可以用它来化解，但并不能用它回到原来的世界。就好比我们应该也不可能对着扑克牌说‘请立刻让我们完成最终任务’吧？”

“我相信是可以的！”阿霖拍拍胸脯。

“我担心不成功，反而白白浪费了一个许愿机会。因为现在只剩下你还有一次机会，接下来若要再许愿，就要用我的第三个愿望了。”我说。

“不会。这许愿扑克牌那么神奇，我认为许什么愿都会实现。只要把愿望说清楚一点，就不会发生之前的乌龙状况。”

“阿霖，虽然忠言逆耳，可是我还是想要告诉你，你有时候太相信自己了。”

“忠言逆耳是什么意思？”

“就是实话都是比较直接，没经过修饰的。所以对方听起来，往往会觉得刺耳，不容易接受。”

“我是这种人吗？我怎么会因为别人对我说了实话就生气呢？不可能！”

“你现在不就生气了吗？”

阿霖尴尬得涨红了脸。

“真是对不起，一切都是我的错。”小茜说。她丧气地垂下头来。

我们继续往前走。可能是越来越接近闹市区的关系，路上的行人也越来越多。

当我正在思索这又是什么地方的时候，突然觉得每个行人的表情都怪怪的。怎么个怪法，我一时也说不上来。

思考了很久以后，我终于得出了结论：每个人的表情，都跟小茜的表情很相似——不是以前那个我熟悉的小茜，而是最近突然变得自暴自弃的小茜。他们的表情几乎是同一个模子打造出来的——每个人看起来都好没自信！

我们走进一家外观看起来还不错的民宿，打算今晚住在这里。

民宿老板听到我们希望在这里住宿的时候，脸上露出相当惶恐的模样。

“真的要住在这里吗？”老板用一种劝诫的口吻说，“我觉得你们一定能够找到更好的地方的！”

“嗯？您的意思是……”我有点困惑地问，“不太欢迎小孩子住宿吗？我们不会吵闹的！”

“不不不！你们看起来比同年龄的孩子成熟懂事。绝对不是你们的问题，问题在我们。我们民宿真的非常不好，真的很糟糕！像你们这样看起来前途无量的孩子，绝对是未来的国家栋梁。只是我们没有自信能够好好接待你们。我很担心我们这种质量太差的民宿，会带给各位不愉快的回忆。若是影响到各位日后的心灵成长的话，将会是不可估量的损失。”

民宿老板说完以后，我们呆呆地看着他。

“有……这么严重吗？”阿霖在我耳边悄悄地说。

这时，一旁的小茜竟突然哭了出来。

“不！老板！请不要对自己那么没有信心。您看看我的长相就知道了，这世界上最没有自信的人，应该是我才对。”

我还来不及去思索为何小茜变得那么激动时，旁边出现了几个准备退房的旅客。他们将房门钥匙放到柜台上，对民宿老板说：“老板，对不起，我们还是决定不住了。”

“是不是我们的房间出了什么问题？”老板问。

“不！您的房间很好。正是因为太好了，我们觉得没有资格住进这么美好的房间。我们实在不配住在这里。”

天啊，这是什么世界？满是偶像的地方的每个人抢着当偶像，而这里的人却个个毫无自信，简直自暴自弃到了极点。

但小茜明明不是这里的人，为何也变得跟他们一样？

我的目光落在民宿老板身后的一扇窗户上。

窗子的玻璃擦得十分明亮，窗外的景致因此也特别清晰。我看着窗外湛蓝的天空，抽丝似的卷云，以及高挂在天空中的……太阳？

我揉了揉眼睛，闭起来，再睁开。没有错，我没有看错，那是一个正方形的太阳。

忠言逆耳

【成语出处】《韩非子·外储说左上》

夫良药苦于口，而智者劝而饮之，知其入而已己疾也；忠言拂于耳，而明主听之，知其可以致功也。

【成语释义】实话或劝诫因为不经过辞藻的包装和修饰，听起来总是刺耳，不容易被接受。

【近 义 词】逆耳之言、良药苦口

【反 义 词】花言巧语、甜言蜜语

肝胆相照

是什么样的照相技术，能把肝和胆都照出来？

一个正方形的太阳，让我发现了这是一个没有圆形的世界。

在这里，所有的圆形全变成了正方形。

远至天上的太阳和月亮，近到日常生活中见到的各种物品，印象中应该是圆形的东西，全都变成了正方形。

这家民宿终于肯让我们投宿。我们住下之后，开始静下心来思考正方形现象，对此我们深感不可思议，于是开始研究，究竟房间里有多少东西从圆形变成了正方形。

房间里的花、电线、螺丝、矿泉水瓶、瓶盖、杯子、灯泡、时钟……没有一样东西是圆形的。

“连摆在书桌上的地球仪，也变成了方形。”阿霖说。

“就像是日本研发出来的方形西瓜一样。”我说。

“你们看！还有墙上挂着的达·芬奇的名画《蒙娜丽莎》也变了样，蒙娜丽莎原本圆润的脸庞，竟然也变成了正方形。”

“真不敢相信！这是个没有圆形的世界，连圆脸都消失了。”

第二天，我们准备退房时，忍不住询问了民宿老板为什么这里所有的圆形都消失了。诡异的是，民宿老板一听到这个问题，整张脸立刻沉下来。

沉默了一会儿，他才终于以非常哀戚的口吻说：“真的非常抱歉，让你们看到这样不愉快的事情。”

“不愉快的事情？您是说没有圆形这件事吗？”我问。

“噢！”老板紧张得连忙摆手摇头说道，“我请求您别再说圆形的事情了。老实说，要是圆形真的还存在的话……”

老板说到一半，突然停住了。我们屏息等待了好一会儿，他才终于继续说下去。

“唉，要是圆形还存在的话，我们真的没有自信能够照顾好它们，也许消失对圆形来说是一件好事吧。”

没有自信能照顾好圆形？这说法真令人傻眼。

“你们这样肝胆相照是很了不起的，要继续保持下去啊！”老板突然说。

“肝胆相照？是什么样的照相技术连肝和胆都能照出来？”阿霖问。

“肝胆相照是说好朋友诚心诚意地对待彼此，就像是人体里的肝脏和胆囊两者紧紧相靠一般。”民宿老板解释。

我问老板：“您的意思是，肝胆相照跟圆形的消失有关联，是吗？”

老板的表情突然又严肃起来，仿佛有什么难言之隐。

“其实，我一点用都没有，根本没办法与你们肝胆相照。”老板尚未开口，站在一旁的小茜却打破沉默。

“你怎么这么说？”阿霖满脸疑惑，还没想清楚圆形的问题，小茜又说了让他摸不着头脑的话。

“我没有自信存在于这个世界上。也许我消失了，对大家都有益处。”

“小茜，别说这种奇怪的话。”我紧张地说，然后试着转移话题，“走吧！走吧！我们赶紧出发，看看前面还有些什么东西吧！”

当我和阿霖踏出民宿，小茜也准备走出来时，民宿老板突然挡住小茜的路，将大门关了起来。

“怎么回事？为什么把小茜关起来！开门！”我和阿霖用力敲门。

只听见从门后传来民宿老板的一阵奸笑。

“这么没有自信的人，正是我梦寐以求的对象，我们是天生一对。”

“天生一对？你别胡说八道了！我们还是小孩子啊！”

“从小就这么没有自信，将来一定更没有自信。这就是我要的！”

“小茜才不会喜欢你这种人！”阿霖生气地说。

“我们肯定是天作之合。这么没有自信的女孩，最适合跟没有自信的我一起生活！这恐怕是我这辈子唯一有自信的事情了。哈哈哈！”

我和阿霖想踹开大门，可是完全没有办法。最后，阿霖只好从背包里拿出扑克牌，许下他的第二个愿望。

肝胆相照

【成语出处】《昼帘绪论·僚寀篇》

今始至之日，必延见僚寀，历述弊端，悃愊无华，肝胆相照。

【成语释义】以肝胆互相照见。比喻诚心诚意对待彼此，十分讲求义气，是真心好友。

【近 义 词】披肝沥胆、推心置腹、坦诚相待、推诚相与

【反 义 词】钩心斗角、各怀鬼胎、尔虞我诈、虚情假意

攀龙附凤

见到它们，跟着它们，就会有好事发生。

一时烟雾四起，原本牢不可破的大门，忽然变成一张纸片一般薄，轻轻一戳，就整个破掉。

我和阿霖立刻钻进门里，然而，踏进来的这个空间却和几分钟前的完全不同了。刚才明明还是民宿的楼房，如今却变成巨型迷宫（当然不可能是圆形的迷宫）。正方形的太阳，在迷宫的上头发散着炽热的光。

“我真的不相信你们能走出这个迷宫，救回你们的好朋友，噢，不，是救回我未来的妻子。小茜，跟着我，我会让你每天吃香的喝辣的，过上流社会的生活。”

从迷宫的远处，传来民宿老板幽幽的声音。他根本不是民宿老板，不知道这次又是什么东西化身的怪物。

“真令人作呕。小茜绝对不是那种攀龙附凤的女生。”我说。

“攀龙附凤是什么意思？”阿霖问。

“龙和凤在古代都是极为富贵和幸运的象征，仿佛见到它们，跟着它们，就会有好事发生。后人用‘攀龙附凤’来形容刻意依附和讨好有权势或有财富的人，借此使自己地位也跟着提升的行为。”

“对，小茜不是这种人，况且那个民宿老板太恶心了，根本配不上小茜。”阿霖愤愤地说。

那谁配得上小茜呢？我忽然胡思乱想起来，我想问阿霖，是他，还是我。

我不知道自己为什么会有这些想法，但这些念头确实浮现了。

“你刚刚许了什么愿？”我真正问出口的却变成了这句话。

“穿墙的能力。”阿霖回答。

“那现在这个迷宫我们也可以自由穿梭啰？”

“理论上是这样的。”

我和阿霖踏进迷宫，发现真的能任意穿梭。我们完全不受墙壁的限制，前后左右都能自由移动。

“像我们现在这样，迷宫根本不存在了啊！”阿霖得意地说。

“不过我却更加迷茫了。原本按照迷宫穿梭，还可以选择想走哪条路，现在反而像被丢进大海里，完全失去了方向感。”我说。

不只如此，这迷宫中的地板还不断闪出奇异的光芒，特别刺眼。

低头细看，才发现那刺眼的光芒之中闪动着模糊的画面。

那画面里出现的不是别人，正是我自己。

阿霖看见的是他，我看见的是我，人像虽然不同，主题却是一样的。

我们不断在地板上看见过去的自己，看见自己在日常生活里犯的错。甚至一些不太愿意想起的往事，也被放映了出来，让我觉得好害臊。

“大牛，看见自己那么幼稚，我没有信心继续闯关了。”阿霖沮丧地说。

“不要被这地板的光影给影响了！如果我们因此失去了自信，就中计了，也无法拯救小茜。本来每个人都会犯错嘛，何况我们还是小孩子，还不太懂事呀！重要的是下次别再犯同样的错，这样不就好了？”

阿霖呆呆地看着我，过了好一会儿才终于吐出一句话来：“你好老成啊！一点都不像是小孩。”

真是气死了，鼓励他，反而被他嘲笑。

好不容易，我们终于走出了迷宫，踏进一个阴凉的地窖。

“终于走出迷宫了。”阿霖说。

“你确定吗？”我怀疑。

这地窖是用一块块小砖砌成的建筑。我们走近那些砖块一看，发现每个砖块上都刻有名字。

“大牛，你看！是小茜的名字！”

接着，我们在刻着小茜名字的砖块旁，又发现两块刻着模糊字样的砖块。努力辨识以后，发现那正是我和阿霖的名字。

“为什么我们的名字那么模糊？”阿霖问。

“不知道。我不知道这些砖块究竟是什么。”我摇头。

就在这时，地窖里传出鬼魅般的笑声。回音很大，令人全身起鸡皮疙瘩。

“你们两个只要再努力一点，砖块上的名字就会越来越清楚了。到时候就能跟小茜做伴啦！”

“这些东西是什么？”我大声对空气喊叫着。

“自信。每一块砖块都封着一个人的自信。”

“自信？我懂了。这个地方所有人的自信，都被你扣留在这个地窖里了，所以每个人都活得垂头丧气，好像永远做不成什么事情，好像永远对不起别人。”

“扣留？啧啧啧。年纪轻轻，不要学大人讲那么刻薄的话。我可不认为我是扣留他们的自信，我这叫作保管。这些人啊，本来就没什么自信。既然如此，干脆彻底一点，变成完全没有自信的人反而更好。”

“我们应该帮助没有自信的人，建立他的自信才对啊。”

“你真是太啰唆了。没自信的人，比起你来，好控制多了！”

“原来你想控制大家！”

我的话才刚说完，整个地窖的砖块就像魔方一般，开始移动起来。

攀龙附凤

【成语出处】《法言·渊骞》

攀龙鳞，附凤翼，巽以扬之，勃勃乎其不可及也。

【成语释义】攀附着龙和凤。比喻倚仗有声望的人。

后用以比喻巴结权贵，以求晋升。

【近义词】 附骥攀鸿、攀龙附骥、夤缘攀附、趋炎附势、攀高接贵

【反义词】 乐道安贫

以白诋青

老师没教你们，要包容不同的意见和想法吗?

地窖像是魔方一般扭转起来，我和阿霖完全无法站立，两个人东倒西歪，简直变成万花筒里的碎片，被上下左右丢来甩去。

“怎么办？再这样转下去，我快吐了。”阿霖说。

我头昏脑涨地回答他：“不必等到吐，我就会先昏倒。”

“要不要试试看刚刚许的穿墙术愿望，现在是不是还有效呢？”

“你要做什么都可以！不要问我，我没办法思考了。”我真的快昏厥了。

阿霖拿出扑克牌来，努力默念着心愿，试图逃脱这地窖的砖墙。可是，我们已经无法像刚才在迷宫里那样，可以自由来去了。

“我知道你们想做什么！怎么可能有这么好的事情？”地窖里又传来鬼魅般的笑声，“你们这些小毛头的雕虫小技，最好别在我面前献丑。”

“你没有权利扣留这些人！”

“我说过我只是保管他们的自信，不是扣留；至于他们的身体，还是自由的。你们在街上不也看到了吗？大家都变得那么谦虚有礼，这样不是很好吗？”

“总之……快把小茜……还来！”

连我说出来的话都被甩得断断续续的。

突然间，地窖不再旋转了。我跟阿霖站在地窖的中央，看着不远处有一道光从天井打了下来。光源中伫立着一个人，正是小茜。

小茜低着头，还是一副垂头丧气的模样。

我和阿霖朝她站的地方跑去，在快靠近她的时候，地面突然轰隆隆地移动，裂出一条宽大深长、根本跳不过去的沟渠。

“小茜！”我们大声叫着。

终于，小茜抬起头了。我们看见小茜的脸庞时，着实吓了一跳。因为她的兔唇竟然消失了，就连手术的痕迹也不见了。

这不是小茜心底最深的渴望吗？一向对自己的相

貌毫无自信的小茜，看见自己现在的模样了吗？可是，她仍然显得闷闷不乐。

“别以白诋青，我可不是坏人！”鬼魅般的笑声再次响起，一听就是笑里藏刀，“我被你们的牢固友谊给感动了，决定不保管小茜的自信了。不但如此，我还送给她这份好礼呢！”

鬼魅般的笑声继续说：“看我是真的爱小茜吧！小茜，怎么还是那么没有自信的样子呢？快转身看四周的墙壁，看看你现在的容貌。”

四周的砖墙忽然变成闪亮亮的镜子，映照出小茜和我们。

变得更美丽的小茜，看着镜子中的自己，头却垂得更低了。

“我不要这样的自己。”小茜说。

“怎么回事？我不但把自信还给你，还让你变得更美了呀！”

“虽然我总是因为兔唇的手术痕迹觉得自己不够美，可是，过了这么多年，它已经是我身体的一部分了。因为兔唇，我看见这世界更多不完美的东西，也懂得体会跟包容它们。兔唇让我变成一个……”

小茜停了一会儿，转过身来看着我跟阿霖。

“变成一个真正没有偏见的人。”

以白诋青

【成语出处】《随园诗话》

宁藏拙而不为则可，若护其所短，而反讥人之所长，则不可。所谓以宫笑角、以白诋青者，谓之陋儒。

【成语释义】以白色诋毁青色。比喻用自以为是的偏见去否定别人。

【近义词】门户之见、一孔之见

【反义词】持平而论、公论公议

弹丸之地

蛋丸之地？是有很多鸡蛋滚来滚去的地方吗？

小茜话一说完，她的五官居然模糊起来，几秒钟之后，又渐渐清晰了，她的嘴唇又恢复成原先的模样。小茜看见墙壁镜子映照出的自己，终于露出了笑容。

“我回来了。”小茜打趣地说。

“你一直都没有离开。”我说。

“两位同学，现在没时间演偶像剧。请回到现实来，告诉我，现在该怎么办？”阿霖对我们呼喊。

“这也是我想问的问题啊，我们现在还是被困在这个地窖里。”我无奈地看着四周。

“而且跟小茜还是被一道深深的沟隔开来。”阿霖说。

“如果你们能逃脱，就先别管我！”小茜朝着我们大喊。

“那怎么可以呢！我们是一起的，不能分离。”我说。

地窖里再度传来鬼魅般的笑声。

“哈哈哈哈！该怎么办，就让我来告诉你们吧！”

转瞬间，地窖又开始像是魔方一样，毫无规则地扭转起来。我们三个人当然又被甩得东倒西歪，感觉天地旋转，仿佛一切都要崩裂了。

最后，在一阵反胃中，地面裂开的那道深沟渐渐合拢了。

我、阿霖和小茜赶紧趁机跑向对方。就在即将接触到彼此的时候，地面像是装了弹簧一样，突然用力一弹，把我们三个人弹进裂缝里。两片地面飞快地合拢，将我们紧紧夹住。

“现在只要地面一分开，我们就会掉进深渊里了。”阿霖冒着冷汗说。

“真没想到这小小的地窖，可以变出这么多把戏来整我们。”我说。

鬼魅般的笑声这回更夸张了：“哈哈哈哈！是啊，别看我这弹丸之地，到目前为止，你们感受到的厉害，不过一半而已！”

阿霖悄悄转过头来问我：“鸡蛋的蛋丸之地？”

“不是，是子弹的弹。弹丸之地意思就是很小的地方。”我解释。

“是啊，”小茜忽然对着空气大喊，“确实是想不到这弹丸之地，也能容得下这么大的大坏蛋！”

地窖里的妖怪大概是被激怒了，瞬间，我们眼前出现三块飘浮的砖块，开始对着我们闪起光芒来。每当光芒一闪，我们的身体就颤抖一下，然后变得疲惫一点。不久，那三块砖缓缓出现我们三个人的名字。

我们的自信，开始一点一滴被吸到砖块里去。

不可以！我不能失去自信！我在心中不断告诉自己，以抵抗自信被地窖里的妖怪剥夺走。

“失去自信也无所谓吧……”渐渐失去自信的阿霖，开始讲丧气话了。

“嗯，就算是有了自信，我也没有把握能够好好运用。”小茜也开始被影响了。

砖块上他们两个人的名字都越来越清楚，只有我的还停留在最初模糊的样子。该怎么结束这一切？这地窖里的妖怪最怕什么东西？那么酷爱搜集别人的自信，恐怕是因为自己很没有自信。那没有自信的根源是什么？他一定有什么害怕的东西，只要我能想到那个令他害怕的东西，他就会吓得落荒而逃吧！可是，那会是什么呢？

我环顾地窖，觉得这里真是阴暗极了。地窖是一定不会有阳光的吧！阳光？我突然想到这个地方的太阳是正方形的。不仅如此，所有的圆形，在这里都消失了。

被禁止的圆形，对了，这妖怪一定怕圆形！否则，不会想把这地方所有的圆形都变成方形。就连地窖里的砖块与格局，也见不到一个圆形。

“怎么办，那条裂缝……越来越大了。”阿霖说。

裂缝不再夹住我们。我们得用双脚跟双手撑着，才不至于掉下去。

“大牛，我快没有力气了……”小茜痛苦地说。

“好！让我来试试看吧！”我点点头。

我用力一扯衣服，然后往空中一抛，鬼魅立刻不再笑了，他尖叫起来，大喊：“不要过来！快走！”接着就是一阵又一阵的惨叫。

地窖摇动起来，那些锁着许多人自信的砖块顿时发出亮光。每块砖块都嗞嗞冒出水汽，丝丝缕缕，蹿向外头。最后，砖块上的名字全消失了。

原本想要吸取我们自信的那三块砖块，同样也冒出三道烟，分别钻进了我们的身体里。

“每个人的自信，都回到自己的主人那里了。”小茜说。

天空忽然掉下一个东西，我上前捡了起来。

“是一个圆规，而且是坏掉的，整个都歪掉了。”小茜看了看说。

“这东西，该不会就是整我们的怪物吧？”阿霖说。

“可能啊。也许是因为自己画不出圆形来，所以变得很没有自信。于是，想要吸收跟他一样没自信的人，好让他觉得不孤单。”小茜说。

“而且因为画不出圆形来，所以就对圆形产生了恨意，不准这地方出现任何圆形。”阿霖附和着。

“问题是，有圆规精这种东西存在吗？”我纳闷儿。

“在一个不无聊的世界里，就会存在。”小茜露出一抹意味深长的微笑。

不知道什么时候，地窖忽然也不是地窖了。我们所站的地方，恢复成当初我们来投宿的那家民宿。

我们走到街上，看见路人不再垂头丧气地走路；天空中的太阳，也恢复成圆形。当然，这里所有被禁用的圆形也总算解禁了。

“对了，大牛，你刚刚用什么对付圆规精的？”阿霖问。

“你并没有用扑克牌备用的第三个愿望，不是吗？”

小茜也很好奇。

我指了指我身上的衬衫。

“咦，少了一粒扣子！”小茜问。

“没错。我只是用扣子丢他罢了。因为我想到他可能是害怕圆形，所以就试着用圆形的扣子去吓他，没想到真的成功了。”

“大牛真聪明！”小茜和阿霖异口同声地称赞我。

我的脸红了起来，仿佛今天的天气特别炎热。

弹丸之地

【成语出处】《史记·平原君虞卿列传》

此弹丸之地弗予，令秦来年复攻王，王得无割其内而媾乎？

【成语释义】像弹丸一样大小的地方。比喻面积非常狭小的地方。

【近 义 词】立锥之地、方寸之地、一隅之地

【反 义 词】地大物博

第五章

选择

道听途说

说得好像是真的一样。其实，事情根本没有经过证实。

离家的时间越久，我们的身心也就越疲惫。

我猜我们三人都有那么一点思乡的心情，不过，没有一个人把这念头说出口。一来是怕一说出来，会更加影响彼此的情绪；二来是因为这趟旅程是我们自己选择的——我们因为觉得现实生活太无聊而自愿接受的挑战。

带着复杂的情绪，我们继续往前走。走着走着，不久，我们在半路上看见一群人，他们聚集在电视墙前面，不知道在讨论什么。

我们三个人好奇地凑上前。

“发生了什么事？”阿霖问。

聚集在屏幕前的那群人当中，有个长得十分俊秀的少年回过头来说：“又有人要爆炸了。”

与其说觉得这句话很恐怖，不如说我们被少年的表情跟声调给震撼到了。

俊秀少年的脸庞覆盖着一股好沉重的哀戚感，说话的声音非常冷静，但却透出一种冷到令人心寒的绝望。

“什么样的爆炸？在人的身上？”我一字一句地发出疑问。

少年沉默不语，他的表情仿佛更沉重了。

我的脑海里忽然想起看过的电影情节，那种人浑身绑满炸弹，倒数到零，就会爆炸的画面充斥我的脑海。

“既然说又有人要爆炸了，那应该知道什么时候会爆炸吧？”我拐了个弯，继续追问这问题。

“确切的时间不知道。你知道会发生，但永远是在发生以后才惊觉，真的就是这样‘爆炸’了。”少年解释。

小茜转过身来，看了我一眼。她的脸上闪过一丝又恶心又惶恐的神情。

“你们从哪里得到这样的消息？”

那群聚集的人，包括少年，面面相觑，支支吾吾，不知道该说什么。最后，他们终于指派少年代表他们发言。

“我们也是刚才在路上听到人说的。应该是非常可靠的消息。”少年回答。

“这岂不是道听途说吗？”我说。

“什么意思？”少年问。

“在半路上听到没有什么根据的事，却当作是自己亲眼看见的，甚至还说给别人听。其实，事情根本没有经过证实。”我解释道。

“所以，你是不相信我说的咯？”少年依然语气冷酷。

“也不是不信，只是不知道该怎么相信。”我说。

“是啊。怎么人好端端地会爆炸呢？是什么原因，你又不解释。”阿霖说。

少年突然走到阿霖的面前，两人距离非常近。

“就是会爆炸。”

少年指着阿霖的嘴巴：“就从这里，爆炸。”

道听途说

【成语出处】《论语·阳货》

道听而途说，德之弃也。

【成语释义】在路上听到一些没有根据的话，不加求证就又在路途中说给其他的人听。泛指没有经过证实、缺乏根据的话。

【近 义 词】以讹传讹、街谈巷语、齐东野语、无稽之谈

【反 义 词】言之凿凿

弃暗投明

不喜欢黑暗，就表示不喜欢黑色，那他一定也讨厌黑面琵鹭[①]。

道听途说的这群人，原来从没真的见过从嘴巴开始爆炸的人。

“虽然我们没亲眼看见身边的朋友爆炸过，但总是能在新闻里看到那些不幸爆炸的人。”少年说。

一切全是听来的。为何爆炸、怎么爆炸、后果又是如何，这群人众说纷纭，说了半天，我们也勾勒不出个所以然来。

不过从嘴巴开始爆炸，无论怎么想，确实都令人毛骨悚然啊。

少年警告我们，如果现在能够掉头，那么最好尽

---

① 琵鹭：候鸟，全球仅存6种。

快离开。总之，尽量远离这里是最好的。因为只要踏进了，就可能成为下一个“爆炸”的人。

“我们是这个地方的人，所以想逃也逃不了。但是一旦踏进了我们的领土，无论是不是本地人，都会被视为一分子。”

小茜害怕地说：“我看，我们还是赶紧走吧。”

我和阿霖点头。可惜，当我们正准备转身离开时，发现已经来不及了。

一堵透明坚固的墙，挡住了我们的去路。天空中浮现出一个巨大而闪亮的箭头，指着前方。所谓前方，指的就是会令人爆炸的地方。

我们知道，这已经是无可避免的任务之一了。

当我们跟着少年走进城门，经过一栋高楼时，楼面上的电视墙正播放着新闻。同时，街角地铁入口的书报摊也放了成堆的报纸特刊。

“最新爆炸的人，今早出炉！”所有的新闻都写着类似的斗大标题。

我们买了份报纸，同时仔细看了看电视墙上播放的新闻。新闻正现场联机那位最新的爆炸人士。可是，这个人的外表看起来并无异样。所谓的爆炸，并没有在他身上出现啊。我们三个人相当纳闷儿。

“怎么会没有呢？你们没发现他一直讲个不停吗？情绪就像是炸弹爆炸般，一发不可收拾。而且，只要稍微了解一下这些人的讲话内容，就会明白他们讲的话也像是爆炸以后的碎片一样。”少年说。

“意思是说的话毫无章法，想法非常破碎吗？”我问。

“没错。最恐怖的是，他们会莫名其妙地情绪爆炸。”

电视墙上的爆炸人士真的滔滔不绝地讲个不停。

“我们绝对不容许这位歌手弃暗投明！”电视上的人亢奋地举起右手大喊。

老实说，他的模样很像我老爸爱看的政论节目里那些政治名嘴。

“弃暗投明？”阿霖问。

“就是放弃黑暗邪恶的信念，投向光明正义的世界。”我解释后，问少年，“可是我不懂，他说他不容许歌手弃暗投明，歌手本来在黑道吗？”

“其实只是因为那个歌手出了一张专辑，专辑名叫作《我讨厌黑》而已。原本，歌词说的是歌手讨厌黑暗的感觉，结果这个人不知道吃错了什么药，开始串联一群同盟，到处攻击他。最后，找上了最喜欢夸张新闻的电视记者，他们说这名歌手不喜欢黑暗，就表示不喜欢黑色，在潜意识里就是看不起黑人，有种族歧视；还说他一定也讨厌黑面琵鹭，是不爱动物、破坏环境的恶人；又说他身为公众人物却公开宣称讨厌黑，会让所有使用黑色颜料的厂商、服装公司、印刷公司倒闭，是十恶不赦的罪人。”

少年说，最后歌手被迫出面道歉，并说，其实他唱他讨厌黑，指的是讨厌黑金与黑道。没想到爆炸人士却率领拥护者反驳，指歌手将自己的行为自行联结到黑道与黑金，必有内情。他们告到法院，指称歌手跟黑道与黑金必有挂钩，才故意撇清关系。

“天啊，真的是情绪从嘴巴里爆炸了。”阿霖皱起眉头。

“根本是误用了‘弃暗投明’这成语吧？”小茜问。

“‘弃暗投明’虽然是说放弃黑暗，迎向光明，但绝对不是这种用法啊！这是不是太夸张啦。他不去了解真正的意思，完全扭曲了原意。”我摇摇头。

就在我看着电视摇头的刹那，电视里那个爆炸人士的眼睛忽然对上了我的双眼。不知道为什么，就在一瞬间，我感觉身体一阵不适。

弃暗投明

【成语出处】《三国演义》

公既与曹公有旧，何不弃暗投明？

【成语释义】抛弃黑暗，投向光明。比喻在人生道路的抉择上认清是非，选择正道，放弃邪念。

【近 义 词】改邪归正

【反 义 词】自甘堕落

别有洞天

这里明明是草地，不是洞穴啊！

原来，人从嘴巴开始爆炸是这个意思。我们终于明白了。

晚上通过少年的介绍，我们在他家附近找了家旅馆住下。在房间里看新闻时，看见之前几个爆炸人士的访问片段，他们正在谈论最新爆炸人士。

好笑的是，这些爆炸人士只有第一句话是跟这个抗议歌手“弃暗投明”的事件有关，接下来讲的内容便偏离主题，完全不知道在生什么气。

这些人就像是什么专家似的，在画面的字幕上，名字前都挂着“爆炸人士”的头衔。这些爆炸人士不只会乱用成语，就连一般的词语在他们爆炸之后，也会被乱用。比如，之前有个作家写了篇文章提到“踏青”这两个字，竟然也被批评为作家不环保，鼓动读者去践踏草坪。

可是踏青指的是春天去户外郊游，完全不是践踏草坪的意思啊。

或许是被这些爆炸人士的荒诞言论给吓到了吧，这一晚，我睡得不太安稳。耳中一直隆隆作响，身体被什么东西充斥着，很想呕吐，心里很烦躁。

第二天，我们和少年碰面时，他忽然盯着我的脸，仔细观察了好一会儿。

“喂，你还好吗？看起来脸色不太好。”

“嗯，确实有点不太舒服，昨晚也没睡好。”我说。

“有人谣传，这两天又会有新的人要爆炸了。”

“是吗？会不会有一天，这里所有的人讲起话来，全都像是爆炸了一样，每个人都停不了呢？”

“照这样下去，应该是会的。”

“那会怎么样？”

少年耸耸肩，摇头表示无法想象。

“要不就是被彼此吵死，要不就是情绪亢奋到发疯吧。”阿霖笑了笑说。

我和小茜也跟着笑起来，唯有少年仍挂着冷漠的表情。

“我带你们去一个地方。”

跟着少年走，我们钻进一条小巷。走出这条狭窄的巷子时，以为会是更狭小的地方，没料到，眼前是一片辽阔的草地。

“真是别有洞天啊！没想到会是这样美丽的地方。”我说。

“这里明明是草地，不是洞穴啊！”阿霖纳闷儿。

“‘别有洞天’的意思原本确实是指走进洞里，发现一片意想不到的新天地。后来，只要是走进某个地方以后，看见了远远超出预期的美丽景色，都可以用这个成语来形容。”我有点不耐烦，觉得阿霖的语文真是太差了。

“原来如此。”阿霖话题一转，指着前方，“他们在干什么？”

草原上有一堆人，彼此不断地对骂着。

“这些人也是爆炸人士，不幸的是，他们的爆炸，并没有引起媒体关注，无法成为媒体宠儿。所以不知道从什么时候起，这些人就会聚集在这里，对彼此咆哮。反正，每个人都需要说话，每个人也需要听众。”少年说。

“被冷落的爆炸人士，真惨！一心想引起别人注意，却总是失败。”

“你说这样的话是什么意思？引人注意有什么了不起！”我心中的反感突然增加，觉得阿霖太自以为是了。

“有些人就是条件不够好啊，那也没办法，对吧？”阿霖还在开玩笑。

“不够好？你觉得我哪里不够？我智商不够吗？”

我冒出这样一句话来，别说阿霖和小茜被吓了一跳，连我自己都以为是别人说的。然而，它确实是从我嘴里冒出来的。

“大牛，你还好吧？你这么聪明，怎么会智商不够。只是身高有点不够啦，这你自己也知道的。”阿霖继续开玩笑。

结果，我竟然又像呕吐似的，一连串控制不住的话从嘴里争先恐后地跑出来：“身高不够？你歧视所有的矮子吗？你看不起长得矮的人吗？你侮辱了所有不够高的人！”

我为什么会说出这种荒谬的话？我好紧张。可是，我完全无法克制了。小茜跟阿霖已经知道事情不对劲儿，不敢再多说什么刺激我的话，然而，一切都来不及了。我开始对着大家激动地咆哮起来。凡是跟“不够”扯得上关系的，我都有办法指责他们。

少年的嘴角终于在这一刻微微上扬了。

天啊！

轮到我了。

我——爆炸了。

别有洞天

【成语出处】《对月》

别有洞天三十六，水晶台殿冷层层。

【成语释义】“洞天”，本指神仙所居住的名山胜境。后以“别有洞天”形容风景极为秀丽，引人入胜。

【近 义 词】别有天地、世外桃源

【反 义 词】平淡无奇

森罗万象

森林、骡子和大象？这些动物园就有啊！

我完全没想到少年口中这两天即将爆炸的人，竟然就是我。

当我看见少年脸上表情的刹那，我很清楚，这一切必然跟他有关。

然而，我已经无法通过嘴巴，正确地表达脑子所想的事情了，因此，根本不能跟阿霖与小茜传达我的推论。这个时候，少年借故说家里有事，走开了。

我觉得我好像一台关不掉的收音机，一直不断地讲话，而且是以非常亢奋的高分贝在讲话，这令我相当疲惫。

我就这样讲了一整天，心里觉得很对不起阿霖跟小茜，可是他们并不了解我，他们只是觉得我也爆炸了，一副凶神恶煞的样子，又毫无理智地给他们冠上各种“罪名”，不停地批评，很讨人厌。我知道，他们快要忍受不了了。

到了晚上该睡觉的时候，我依然停不住嘴。起初阿霖跟小茜还试着让自己睡，但最终不敌我的言语轰炸，只好放弃睡觉。

阿霖跟小茜以为（事实上我也这么以为）只要把我留在房间里，他们去外面散心，或者另外租一间房间就好了，但是，爆炸人士的威力不容小觑，我竟然死命跟着他们。要是把我隔离起来，或者用抹布把嘴巴塞住，我就会用更大的音量讲话，讲到我的喉咙都快裂开了，我还是讲个不停。

第二天，情况还是没有好转。

终于，到了下午，阿霖站在喋喋不休的我的面前，说:“大牛，对不起。我们想了很久，决定不听你的抱怨只有两种方法，第一种就是抛弃你。这趟闯关之旅，我和小茜要先退出游戏，只留下你一个人在这个非现实的世界。”

别这样啊！别抛弃我。去找那个少年啊，肯定是他搞的鬼。

“第二种就是动用许愿扑克牌的第三个备用愿望。不过，我们都知道，第三次许愿时，也会带来副作用，虽然我们不知道那个副作用是什么。”

真是两难。虽然我的嘴巴仍继续讲着话，但我的内心却异常沉默。

“还有第三种选择。”忽然从我们的背后传来这样一句话。

我们转过头看，是那少年。

“第三种选择是什么？”小茜问。

“成为我的伙伴。”

此时，少年的脸庞开始冒出烟来。他原本俊秀的脸，竟青筋暴出，渐渐扭曲，像是一块黏土似的变化着。最后，他的脸上竟然轮番浮现出这一路以来，我们遇见过的、所有找过我们麻烦的恶人。

“你到底是谁？”阿霖问。

“不必管我是谁！”少年愤愤地回应。

“为什么要成为你的伙伴？”小茜问。

“成为我的伙伴，不但能让你们的好朋友大牛恢复正常，还可以带你们几个人看见这世界更多、更美好、森罗万象的一切。”

“森林、骡子和大象吗？这些东西何必跟着你才能看到，动物园就有啊！况且我比较喜欢熊猫。”阿霖说。

少年听了以后，哈哈大笑起来。阿霖真是够了，真丢脸。

小茜急忙向他解释："不是啦！森罗万象不是那几个字。森罗万象指的是天地之间充满了各种事物、各种现象，虽然五花八门，但井然有序。"

"成为我的伙伴，留在这里，陪伴我。让我们一起研发更多有趣的任务，吸引那些在现实生活中，跟你们一样常抱怨无聊、漫无目标的小朋友踏进这个世界。"

这个世界的一切挑战，都是眼前这少年设计的吗？不，他不是个少年，这只是他的外在形态而已。

"那怎么可以？我们还要回到现实世界的。这不就是我们一路闯关，希望完美完成任务的目的吗？"阿霖紧张地说。

"何必回到现实世界？留在这里，我不无聊，你们也不会再无聊。我们会一起见证各种奇妙的事，见到更多比你们三个更有趣的人！"

"说得我们好像是杂耍团的似的，真是！"小茜嘟起嘴。

"你们留在这里，不会再有困扰你们的任务了。如果选择回去，就会有更多令你们烦恼、痛苦的任务在等着，绝对比这里艰辛！"

少年大手一挥，忽然，眼前出现三块屏幕。屏幕上分别出现我们三个人此刻的样子，我们三个人迅速地长成我们自己都认不出来的模样。

“好好欣赏你们的人生预告片吧！”少年冷冷地说。

森罗万象

【成语出处】《茅山长沙馆碑》

夫万象森罗，不离两仪所育。

【成语释义】宇宙间的各种现象繁多而整齐地排列在眼前。形容内容丰富，应有尽有。

【近 义 词】包罗万象、应有尽有

【反 义 词】一无所有、空空如也

叶落归根

不管流浪到了哪里，终有一天，还是想回家。

所谓人生预告片，就像是电影预告片一样，剪辑出电影里的精华，告诉观众这部片子大概在说些什么故事。

我们在短短的三分钟内，看尽了自己的一生。除了出生以外，这一辈子的喜怒哀乐、聚散离合、老病伤残，甚至死亡，都见到了。

“为什么要给我看这些？我不想预知我的人生。”

小茜闭起眼。其实，预告片已经演完了。

“你们若是回到现实的世界，就得经历这些。到时候要面临的任务与挑战，可不比这里的游戏简单啊。在现实世界里发生的很多状况，你们以为能够克服，其实，最终都会失败的。”

不要再听这个少年讲话了。他掌握了人性的弱点，再听下去，我们会被洗脑的。到时候我们真的会放弃回到现实世界，跟他留在这里啊！

况且，他让我们看的人生预告片，又不一定是真的。别相信他！

“这是一个很棒的选择。可以避免痛苦的人生，可以过有趣的生活，同时又能够拯救你们爆炸了的好朋友！”

沉默的阿霖和小茜，彼此对看一眼，点点头，仿佛已经被他影响了。

“好，我们答应你。”阿霖说。

噢，不！我在内心呐喊，但嘴里仍亢奋地抱怨着“不够”的老话题。

“很好的选择。”少年冷笑起来。

“那么请让大牛恢复正常吧。”阿霖说。

“我会让他恢复正常的，但不是现在，谁知道你们会不会后悔呢？我必须等到你们放弃回到原来的世界，确定留在这里，并且吸引到新的一批小孩进来时，我才能让大牛恢复正常。”

“我们也担心你会后悔。”小茜说。

“是啊，谁知道到时候，你会不会说谎。”阿霖也说。

就在这时候，阿霖忽然掏出他的许愿扑克牌来。

“我们其实已经回到了现实世界。”阿霖说。

阿霖用了备用愿望?

“不可能。许愿扑克牌不能用来许回到现实世界的愿望。”少年说。

“但是我们确实已经回到现实世界了。”小茜说，“不信的话，请你仔细瞧瞧四周。我们现在所在的位置，是大牛家杂货店的后门。”

“绝对不可能！”

其实，就连我自己也觉得不可能。然而，奇妙的是，当少年转身环顾四周时，我们真的回到了现实世界的场景，也就是我家杂货店的后门。

我们真的回到现实世界了?!

“不！怎么可能！许愿扑克牌怎么可以许回到现实世界的愿望呢？我不要回到现实世界！为什么你们要把我带回来！我恨你们！”

少年的脸色变得非常惨白。他凄厉地大喊着，双手抱住头，好像非常痛苦的样子，整个人开始在地上打起滚来。

几秒钟后，他的身体化成黑烟。不一会儿，地上只剩下少年的衣服，他的身体消失得无影无踪。

黑烟散去之后，我发现自己终于安静下来，不再滔滔不绝地说话了。

终于，我恢复正常了。

“为什么我们可以回到现实世界？”我好奇地问。

“我们并没有真的回到现实世界。”阿霖说。

“那一切只是幻象。阿霖用了备用愿望，许下营造出你家的幻象的愿望，成功骗过了那个少年，让他以为是真的。”小茜说。

“我们猜想那个少年痛恨现实世界，没想到他真的这么害怕，吓得落荒而逃，也解除了对你的诅咒。”阿霖说。

“他当年也像我们这样，误闯了另外一个世界吗？”我问。

“也许吧。他还选择了永远待在这里，不愿意回去呢。”小茜说。

“不知道他现在去了哪里？”阿霖问。

“不知道。总之，解开了大牛的诅咒就好。”小茜说。

“我忽然在想，如果他真的是这一切的设计者，现在受到惊吓，还没发现自己受骗，那么有没有可能，不只是我的诅咒被解开，我们还可以从闯关任务中脱身了呢？”我大胆推测。

“当然有可能。”我们的眼睛都亮起来了。

这时候，我忽然听到屋子里传来熟悉的声音。

“大牛！你跑哪里去了？快点回来看店，我要去睡个午觉！”

是老爸的声音！

我们三个人赶紧从后门进了屋子，真的看见了老爸。

“不是扑克牌营造的幻象吧？”我问。

他们两个耸耸肩，也无法解释这一切。

“果然，不管去了多远的地方，总要叶落归根的。”我笑起来。

“树高千丈，叶落归根。无论长得多高的树，最后叶子仍会落下来，落到树根旁。后来叶落归根就用来形容不管去到了哪里，终有一天，还是要回到自己生长的地方。”不等阿霖提问，看他疑惑的样子，我先解释起来。

“这个成语我喜欢，我一定会牢牢记住的。”阿霖笑起来。

“不止这个吧！这一路上，你可学到不少成语，都得好好记住才行！”小茜说。

阿霖露出帅气的笑容，认真地点点头。

就这样，我们回到了现实世界。

到底怎么回来的呢？没有人知道。就像也没有人知道，我们是怎么误闯进那个电玩似的闯关虚幻世界一样。

我们三个人重新再去检查客厅里那个地下室的入口，可是，翻开椅子下的地毯，却什么也没有。

后来问我老爸这栋老房子的地下室该怎么下去。“你有毛病啊！住了这么多年，你不知道这里没有地下室吗？”老爸这么回答我。

算了，很多事情都是无法解释的。

那些无法解释的事情，永远只有我们这些小孩懂得。噢，倒也不是所有的小孩，而是像我们三个这样早熟的小孩。

一年以后，我老爸一直坚持的杂货店，终于也宣告停业了。

因为老爸终于认识到房子实在过于老旧，不堪使用，决定接受建筑商的提议，改建成大楼。除了给我们高楼层的一户住宅以外，建筑商也允诺未来大楼盖好后，一楼便利商店的加盟经营权会交给我老爸。也就是说，老爸的杂货店并不会消失，而会摇身一变，变成干净明亮的大超市。

不用花什么钱，就可以有一间新店，又有新房子可住，何乐而不为！老房子拆得精光的那天下午，我跟阿霖、小茜来到工地（所谓工地，其实就是以前生活的地方）。

“真难想象，以前我们在这里打发过不少无聊的时光呢！”阿霖说。

“是啊，房子拆了，才觉得这块地真小。”我说。

“不小，不小，它可以通往一个很大的世界呢！”

小茜露出一丝意味深长的笑容。

我和阿霖点点头，当然知道她指的是什么。

在离开之前，我们忽然发现工地的一角闪烁着青色的光芒。我们好奇地走到前面，一看，吓了一跳。

“不会吧？”阿霖冒出话来。

我们下意识地往后退了一步，看着那束光芒。

“这就是使用备用愿望的副作用吧。通往那个世界的入口，或许永远不会从现实生活里消失，并且，一直引诱我们再进去？”我猜测。

“不会消失……一直引诱着我们吗？”阿霖问。

“嗯。如果有一天又觉得现实生活很无聊时，会想再进去吗？”我问。

“不会。”阿霖跟小茜不假思索、异口同声地回答。

是不会再踏入，还是生活不会再无聊了呢？

小茜跟阿霖没有说，我也没有追问。

神秘入口的青色光芒，就这样逐渐隐没在黄昏的余晖里。

我们离开工地，三个人并排往前走。夕阳的光芒柔和地打在我们身上，明明已经是初冬了，我却感觉今天的傍晚特别温暖。

叶落归根

【成语出处】《坛经·付嘱品》

叶落归根，来时无口。

【成语释义】树叶凋落后，落回根处。比喻事物终会返回本源。后亦用以比喻久居异地的人返回家乡。

【近 义 词】饮水思源

【反 义 词】离乡背井

成语录

【决定】

对牛弹琴： 为牛弹琴，但牛依然低头吃草，听而不闻。比喻讲话、做事不看对象。后来也用来比喻对不懂道理的人讲道理。

如鱼得水： 比喻得到和自己意气相投的人或很适合的环境，能够发挥所长，就像是鱼在水中一般自在。

一泻千里： 形容水奔流直下，顺畅且快速。后来引申比喻诗文、言谈等流畅奔放，很有气势，毫无阻碍。或比喻快速下降且持续不断。

一言九鼎： 比喻一个人说话很有分量。

【获得】

十拿九稳： 比喻对于某件事很有把握，绝对不会出错。

退避三舍： 比喻遇到实力很强的对手而主动让步，保持相当的距离，以求安全。

立竿见影： 把竹竿竖立在阳光下，马上见到它的影子。比喻做事迅速收到成效。

借花献佛： 借用别人的花来供养佛。比喻借用他人的东西来做人情。

青面獠牙： 脸色青绿，长牙外露。形容面貌非常凶恶可怕的人。

沉鱼落雁： 形容女子的美貌，连鱼和鸟都为之倾倒。

气宇轩昂： 形容一个人神采飞扬，气度不凡。

万人空巷： 形容欢迎某人或举行庆典时拥挤、热闹的盛况。

【团结】

门可罗雀： 门前冷清，可张网捕雀。形容人失势后受人冷落、宾客稀少的景况。后亦泛指访客稀少、门庭冷清的窘态。

众志成城： 众人同心，力量坚固如城。比喻团结一致，同心协力。

掩耳盗铃： 比喻想要瞒骗他人，结果却只是欺骗自己而已。

赴汤蹈火： 比喻为了达到目标而奋不顾身，不怕任何艰难和危险。

乌合之众： 比喻暂时凑合，无组织、无纪律、无计划的一群人。

以卵击石： 拿鸡蛋去碰石头。比喻自不量力或以弱攻强，结果必然失败。

望梅止渴： 望着梅子，以达到解渴的目的。比喻得不到东西，只好以空想来安慰自己。

【失去】

鹬蚌相争： 比喻双方争执不相让，必会造成两败俱伤，反让第三人获得利益。

忠言逆耳： 实话或劝诫因为不经过辞藻的包装和修饰，听起来总是特别刺耳，不容易被接受。

肝胆相照： 比喻诚心诚意对待，彼此讲求义气，是真正的好朋友。

攀龙附凤：比喻巴结权贵、倚仗有声望的人，以提升自己的地位、权势。

以白诋青：以白色诋毁青色。比喻用自以为是的偏见去否定别人。

弹丸之地：像弹丸一样大小的地方。比喻面积非常狭小。

【选择】

道听途说：在路上听到一些没有根据的话，不加求证就在路途中说给其他人听。泛指没有经过证实、缺乏根据的话。

弃暗投明：抛弃黑暗，投向光明。比喻在人生的道路上认清是非，选择正道，放弃邪途。

别有洞天：形容风景极为秀丽，引人入胜。

森罗万象：形容内容丰富，应有尽有。

叶落归根：树叶凋落后，落回根处。比喻事物终会返回本源，也用来比喻久居异地的人返回家乡。

星星坏掉了

张曼娟 主编　孙梓评 著

张曼娟
成语学堂2

中信出版集团 | 北京

图书在版编目（CIP）数据

星星坏掉了 / 孙梓评著 . -- 北京 : 中信出版社，2020.1

（张曼娟成语学堂 / 张曼娟主编 . 2）

ISBN 978-7-5217-1254-4

Ⅰ . ①星… Ⅱ . ①孙… Ⅲ . ①汉语—成语—故事—青少年读物 Ⅳ . ① H136.31-49

中国版本图书馆 CIP 数据核字 (2019) 第 269709 号

本书通过四川一览文化传播广告有限公司代理，经张曼娟紫石作坊有限公司授权出版中文简体字版本

星星坏掉了

（张曼娟成语学堂 2）

主　　编：张曼娟
著　　者：孙梓评
出版发行：中信出版集团股份有限公司
（北京市朝阳区惠新东街甲4号富盛大厦2座　邮编　100029）
承 印 者：北京盛通印刷股份有限公司

开　　本：880mm × 1230mm　1/32　　印　　张：6　　字　　数：93千字
版　　次：2020年1月第1版　　印　　次：2020年1月第1次印刷
广告经营许可证：京朝工商广字第8087号
书　　号：ISBN 978-7-5217-1254-4
定　　价：152.00元（全四册）

目录

第三章 **星星之屋的回忆**

让“语文力”陪伴孩子一生

張曼娟

● 在“张曼娟小学堂”快乐学国学

2005 年我在台湾做了一件事，利用暑假期间开办私塾“张曼娟小学堂”。我们招收了大概 120 个孩子，刚开始是将他们分成四个年级，从小学三年级到六年级，给孩子们上传统文化和写作课程。家长们常常抱怨，孩子的创作力缺乏，表达力欠佳，我认为这些都与素养和内涵有关，而中国传统文化提供了无穷无尽的养分。

台湾的孩子一直都在读经，但是他们读经的方式比较呆板，比如背整本的《三字经》和《弟子规》，孩子不懂，但是大人说先背着，长大就懂了。这是对

孩子说的善意谎言。

在“张曼娟小学堂”里，我们会尝试另一种方法。比如今天谈“勇敢”，我会问小朋友：“你们觉得什么是勇敢？如果班上有一个同学常常被人欺负，你们觉得该怎么办？如果觉得这样不对，会怎么样处理？你会袖手旁观还是挺身而出？”因为这跟他们的生活有关系，孩子们都很热烈地参与讨论，他们会谈自己怎么样处理这个问题。接下来，让他们读一段《弟子规》，看里面怎么说。在他们觉得《弟子规》说得有道理时，就会不自觉地背起《弟子规》来。接着是一段故事，让大家讨论。然后，我们转向孔子，看看孔子关于“勇敢”又说了些什么，孩子们充分理解了、认可了，然后就会背起来。就这样不知不觉地背诵，而且背得很开心。

● 从“张曼娟小学堂”到“张曼娟学堂”系列

“老师什么时候要为我们这些小孩子写书呢？”到现在，我依然记得最初提出这个请求的那个女孩说这句话的声音，她是 2005 年“张曼娟小学堂”第一届的学生。

而我确实是呼应了她的愿望，开始策划并创作一个又一个“学堂”系列。我和几位优秀的创作者——张维中、孙梓评、高培耘与黄羿瓅反复地开会讨论着，编写全部内容。

我们察觉到孩子对成语的无感，只是机械式地运用，于是创作了“成语学堂”；感受到孩子无边无际的想象力在成长中不断减少，于是创作了“奇幻学堂”；意识到孩子对于美感和情感的领受变得浮夸而浅薄，于是创作了“唐诗学堂”。

这样的初心和作品，获得了许多家长、老师的认同，更令我们感到欣喜的是，孩子们的真心喜爱。

这让我们知道，“张曼娟学堂”系列不只是古典新释，更是探讨孩子成长中各种情境的系列作品，有着这样深刻的意义。

“语文力”是什么？

也是在演讲活动的时候，常有家长询问：“我的孩子考数学，计算题全对，但是一到应用题就完蛋了，他根本看不懂题目呀。到底该怎么办？”这是发生在许多成绩优秀的孩子身上的悲剧。

我想，这都与“语文力”相关。“语文力”不仅能提升语文水平，还是提升一切学科的基础，这样的认知放在当下飞速发展的社会环境中，已经有些狭窄。“语文力”，不仅是阅读力，还有理解力与表达力。能不能看懂考题、在考试时拿高分，固然重要；然而，更大的隐忧却是，应付考试，得到高分的岁月，只占了短短几年。孩子们未来长长的人生，假若没有足够的理解与表达能力，他们将如何面对社会激烈的竞争？如何与他人建立良好的人际关系？这样的担忧与期望，才是我们十年来投入许多心血与时间，为孩子创作的初衷。

十年（2005—2015 年），仿佛只在一瞬之间，许多孩子长大了，他们都是很好的成年人了。也许不是念中文相关专业的，可是，他们一直保持着对于文字的敏感度，对于人情世故的理解。

感谢中信出版集团将“张曼娟学堂”系列的简体版以全新的面貌呈现，也相信更多正在成长路上的孩子会因此受益。而我们，仍在创作的路上，以珍爱的心情，成为孩子最知心的陪伴。

遥指梦里村

張曼娟

《美女与野兽》的故事，我并不是听来的，也不是读来的，而是一张图一张图拼起来的。七八岁的时候，常常有这样的场景，我从午觉中醒来，在还没获得起床许可的时光里，和弟弟躺在父母的大床上，翻阅着母亲从教会领回来的书籍杂志打发时间。

有一本图文书，上面的文字既不是中文，也不是英文（可能是德文或法文），里面鲜亮饱满的彩图完全吸引住我。一个父亲与三个女儿住在一幢简陋的房子里，父亲背着包袱要出门了，和三个女儿话别，最小的女儿亲吻了他。接着便是回程，父亲遭遇了疾风骤雨，一座阴森而华丽的古堡，满桌丰盛的食物，花园里开满各种颜色的玫瑰花。父亲伸手采下一朵鲜艳的

玫瑰，霎时，天黑了，电闪雷鸣，一个可怕的怪兽出现，玫瑰惊恐地坠落到地上。啊！我和弟弟一齐叫出声，钻进被子里，又笑又闹。

故事是自己拼出来的，那种乐趣是无可取代的。我们有了自己版本的“美女与野兽”故事，那是野兽大变身的故事，或偷取玫瑰的爱情故事。在半梦半醒之间，没有电玩也没有电视的岁月里，一本无法阅读的故事书，给了我们一个如梦似幻的村庄，成为我们最疯狂的游乐场。

如果真的有一个叫作“梦里村”的地方，那会让我们的梦想实现吗？会牵引着不可能的相逢吗？会看见通往未来的阶梯吗？梦里村的居民，应该就是一个又一个既年轻又古老的故事吧。

继“张曼娟成语学堂 1”系列、“张曼娟论语学堂”系列、“张曼娟奇幻学堂”系列和“张曼娟唐诗学堂”系列之后，我们再度敲开了“梦里村”的大门。这次和我们相伴的仍然是很会讲故事的四位创作好手，他们将成语典故与崭新的故事结合，推出了“张曼娟成语学堂 2”。

高培耘在“张曼娟成语学堂 1”系列中写的是《寻兽记》，这次，她可真的要带我们去寻兽了呢。一个叫

小光的小男孩，失去了他最好的朋友——一只叫作嘟嘟的白色小狗。他想尽办法要把狗狗找回来，却一再落空。在这个世界上，很多东西失去了，是不是就永远找不回来了？像是嘟嘟，像是外婆的记忆力，仿佛都找不回来了。但总有一些什么，是永远不会失去的吧。在培耘的《胖嘟嘟》里，这是小光的功课，也是我们的追寻。

张维中在“张曼娟成语学堂 1”系列中写的是《野蛮游戏》，情节十分惊险刺激，新书《完美任务》，又是怎样的一场特别任务呢？三个性格不同的好朋友，成天抱怨着“无聊啊，真无聊”，在现实生活中做着自己不想做的事，不是补习，就是学才艺。如果可以生活在电玩的世界里，应该再也不会无聊了吧。他们的梦想成真了，但严苛的考验接踵而来。原来，电玩的世界比真实世界更加冷酷无情，三个人必须要同心协力，才能闯关成功。而他们的最终目的只有一个——重返再也不无聊的真实世界。

黄羿瓅在“张曼娟成语学堂 1”系列中写的是《我是光芒》，描述校园中的各种人际关系。她这一次则为大家带来一个跨海寻亲的故事：生长在美国、叫作山米的少年，带着他的身世之谜，来到台湾，与一群并

无血缘关系的人生活在一起，而他们似乎是他寻亲的唯一线索。连那只叫作浪花的小狗，也成了山米的好哥们儿。不长不短的夏天，河与海交界的淡水小镇，聆听着潮汐的声音，山米能找到他的生身父母吗？或者他还能得到更多？

孙梓评在“张曼娟成语学堂1”系列中写的是《爷爷泡的茶》，一篇温馨又感伤的离别赋。告别，也是这本新书《星星坏掉了》的重要主题。初中生小杰有温暖的家庭，有和谐的校园生活，还有过人的绘画天赋，只是没人发觉他内心的那个伤口：多年前的某个夜晚，满天星星都坏掉了，一片灰暗。那场大地震中，年幼的小杰无法与爸爸告别。当妈妈准备再婚时，那如琉璃般易碎，又如海洋般深邃的少年的心灵坍塌了，他必须启程，开始一场命中注定的告别之旅。

依然是读着故事学成语，而我们还想跟孩子分享更多，怎么与宠物建立情感，又怎么与它们分离？如何体贴老人家的心情，当他们的记忆一点一点失去？所谓完美，其实并不存在，不管在真实世界，还是在虚拟的世界，如果不能互助合作，怎么能够挑战未来？成长不一定得失去对人的热情与付出，当你主动伸出臂膀，你就有机会拥抱世界。每个人的心中都有伤口，

有的人选择流泪，有的人选择微笑，你会怎么选择？

四位创作者都真诚地写出了他们珍爱的故事，我想要温暖的安慰，想要成长的启示，想要落泪的感动，想要欢笑的趣味——借问故事何处有？牧童遥指梦里村。

星星坏掉了

张曼娟
成语学堂2

第一章

人生的转折点

不胫而走

当整个地球都停电……

停电了。

电脑屏幕突然一片黑。

音乐播放器里唱得很大声的五月天瞬间切歌。

空调停止运转，窗外的路灯全部暗掉。

几声狗吠从巷子里窜出来。

身处黑暗中的小杰，一开始有些紧张。隐隐约约，不愉快的记忆悄悄袭来，像陌生人的手掐住他的脖子。他试着摸着书桌，凭直觉将椅子稍微往后推一些，慢慢起身、移动，等脚踢到床板，便整个人趴到了床上，打算摸出枕头下那只小手电筒。

正要将手电筒取出来时，有人打开了身后的门。

“小杰，你还好吗？”是妈妈的声音。

比声音还早一步，一道光射向他所处的黑暗。

“还好……”他听起来有些害怕，但努力维持平静的口气，随即又问，“你也还没睡呀？”

在小学担任老师的小杰妈妈，总是早睡早起，也总是要求小杰别太晚睡。她走进房间，拉了椅子坐下，说道：“今天有点失眠，正在看书，没想到就停电了。”

“妈……你觉得是不是又要大地震了？”小杰也打开了小手电筒，两道光线在房间内交错，窗子外头又窜出了两声狗吠。

妈妈笑着摸了摸他的头，说：“只不过是一般的停电罢了。大概是附近在挖路，把管线挖坏了。”

“我们班有很多人谣传，今年会再发生一次大地震，跟‘九二一’一样惨。”

“九二一”，仿佛是一个充满禁忌的数字，在这个父亲缺席的家庭里。

小杰没有忘记，是“九二一”让他失去了父亲。爸爸原本是个前途看好的艺术家，擅长混合媒材，甚至还曾到东京和德国参展过，却在那场地震里丧生了。

妈妈的手似乎僵了一下，随即她又淡淡地说：“谣言总是不胫而走。”

“不敬而走？”小杰不懂。

“春秋时代，有个船夫对感慨找不到人才的晋平公说，海里的珍珠、山里的美玉，它们都没有脚，您还是有办法拥有它们，就是因为您喜爱它们啊。这就是‘无足而至’。”

“说的也是，我的电脑、iPod、游戏机，全都没有脚，我却都拥有了它们。”

“后来的人，就从‘无足而至’衍生，把没有腿也能移动的状况，叫作‘不胫而走’。胫，是小腿的意思。用来比喻很多事物不用推广，也能迅速传播开来。”

“就像那些谣言和坏消息？”

“对，”妈妈说，“因为人心藏着各式各样的恐惧，只要有人煽风点火，说了耸动的事，就会点燃我们对恐惧事物的好奇。但是一直藏在心里又太沉重了，于是忍不住要转述给别人听，换取别人的惊讶或同样恐惧的反应。这些事情就这样一传十、十传百了。”

“难怪谣言不长腿也可以跑很远。”小杰似懂非懂地下结论。

黑暗中，小杰分辨不出远远近近的房子里的人是睡了，还是像他们一样，醒着，却被记忆困着。想起了什么似的，小杰问：“你觉得爸爸现在在做什么？”

好像确认了爸爸的现状，就觉得安心些。

“爸爸啊……”妈妈望着对面墙上爸爸生前为小杰

画的素描，那是从地震中抢救出来的，沾着一些土石的污渍，但妈妈坚持保留原状，像是保留一份珍贵的记忆，“他那边大概也停电了。可能正搁下画笔，一边生闷气，一边在院子里抽烟吧。”

小杰的脑海中不禁浮现了许多烟，那些烟也都没有腿，却围住了爸爸越来越模糊的脸。小杰有时忍不住担心，自己是不是快要忘记爸爸的模样了。

妈妈关掉手电筒，坐在床沿，陪伴着他。

小杰一只耳朵戴着耳机，听着歌，屈着身子，渐渐在黑暗中睡着了。

一整夜，电力都没有恢复。

不胫而走

【成语出处】《韩诗外传·卷六》

晋平公游于河而乐，曰：“安得贤士，与之乐此也！”船人盍胥跪而对曰：“主君亦不好士耳！夫珠出于江海，玉出于昆山，无足而至者，犹主君之好也。士有足而不至者，盖主君无好士之意耳，无患乎无士也。”

【成语释义】 比喻事物不用推广，也能迅速传播。

【近义词】 无胫而至、无胫而行、不胫而驰、无胫而走

【反义词】 秘而不宣

饮鸩止渴

绝不会有人只因为口渴，就喝下毒酒解渴……

也许是前一夜没睡好，小杰一整天都有点昏沉。

早上第四堂课，英语老师吉米在黑板上写板书，小杰一边玩着自动铅笔，一边观察班上的同学。

坐在他右前方、两点钟方向的是“圣人”。其实他本名叫何冀圣，长得干干净净、瘦瘦高高的，功课也好得不得了。最厉害的是，他总是喜欢鼓励别人往好处想，爱好和平，因此被大家称为“圣人”。

“圣人”经常创造“抱怨不会帮你完成工作”或是“浪费只不过是透支未来”之类的名言，天晓得他的脑袋里怎么会跑出这些看透人生的想法，最重要的是，从他的嘴巴说出来，就超有说服力。

坐在小杰左前方、十点钟方向的是赵其军。阿军是班上的调皮大王，一直跟小杰很要好，小杰常觉得他跟“圣人”同样有着安抚人心的“魔力”，只不过阿军是用搞笑来呈现。在他身上似乎没什么大不了的事，天塌下来，也会有别人顶着。话虽如此，阿军可超有未雨绸缪的观念——他每天都带雨伞上学。他小学六年级时，曾经看过一部电影，电影里有个神秘女郎，总是穿着一件可以做雨衣的风衣，还说：“你永远都不会知道，什么时候会下雨……”

每当阿军拿出雨伞时，就会模仿一次她的语气。大家听完之后，都会很想揍他。

小杰、阿军、“圣人”，是班上奇妙的“铁三角”。

小杰的视线又飘到了正前方。坐在他前面的是柯于灵。她留着长长的头发，不管多热的天，身上永远香香的。大家喜欢找她玩，她笑起来眼睛眯成一条线，可爱极了。有一次生物课分组，小杰分到跟她同一组，心里紧张得不得了，柯于灵却落落大方，跟他一起把作业完成。也是那一次，他跟柯于灵交换了MSN 账号。

小杰望着吉米卖力写板书的背影，觉得好无聊。忍不住想象那些巴黎的、跟他一样年纪的学生正在做什么。东京的学生呢？马达加斯加的学生呢？布宜诺斯艾利斯的学生呢？他脑海中逐渐浮现出一个地球，地球的表面摆满了课桌椅，每把椅子上都坐着一个学生，每一个学生都在抄写单词，然后他的眼皮就越来越重，越来越重……

吉米终于结束板书，眼看也要下课了。

“昨天的作业，从最后一个往前传过来。”

同学们开始机械地动作着。

在传递作业本的波浪之中，却有一行停了下来。

吉米忍不住把视线投到使动线中断的包志成身上。

“包志成，你怎么停住不动？”

“我……没写。”

“为什么没写？”吉米面容冷酷的样子，还真像阎罗王。

“我本来打算先玩一会儿游戏再写，但一想到作业那么多，就很泄气，忍不住告诉自己，再玩一会儿好了。结果，当我终于想要写的时候，已经三更半夜了。我忍不住就……睡着了。”

“想要借玩游戏来逃避英语作业所带来的压力，”吉米的眼神中闪过一抹杀气，“这就是传说中的饮鸩止渴吧！”

“什么是饮震止渴？”包子（包志成的外号）看起来很茫然，“我都喝可乐止渴……”

“鸩是一种鸟，这种鸟的羽毛有剧毒。古时候的人用鸩鸟的羽毛浸制成毒酒。东汉时有个人叫宋光，被诬陷擅自更改皇帝的诏书。他的外甥上书为他申辩，表示宋光即使对皇帝的诏书有疑问，也一定会用比较稳妥的方式来解决，就好比绝不会有人只因为口渴，就喝下毒酒解渴……”吉米紧盯着包子说，“万万没想到，我眼前就有一个饮鸩止渴的人。”

包子的背影看起来有些颤抖。

“昨天的作业，加上今天的作业，写十遍，明天交。”下课铃响，吉米丢下了这样的指令。

饮鸩止渴

【成语出处】《后汉书·霍谞传》

霍谞字叔智，魏郡邺人也。少为诸生明经。有人诬谞舅宋光于大将军梁商者，以为妄刊章文，坐系洛阳诏狱，掠考困极。谞时年十五，奏记于商曰：“……光衣冠子孙，径路平易，位极州郡，日望征辟，亦无瑕秽纤介之累，无故刊定诏书，欲以何名？就有所疑，当求其便安，岂有触冒死祸，以解细微？譬犹疗饥于附子，止渴于鸩毒，未入肠胃，已绝咽喉，岂可为哉！”

【成语释义】 比喻只求解决眼前困难，而不顾将来更大的祸患。

【近 义 词】 挖肉补疮、酣鸩止渴

【反 义 词】 从长计议

心猿意马

我只是又想吃鸡腿，又想吃布丁而已。

还没到放学时间，阿军就神秘兮兮地丢字条给小杰，要他跟“圣人”也说一声“老地方见”。

通常约“老地方”见，不是有好事，就是有坏事，总之一定有事要宣布，但又不方便在同学众多的时候说，怕引起耳语，或是有闲杂人等闲言碎语。

“老地方”是他们精心挑选的一家快餐店，距离三人的家都算近，离学校又有一小段距离，不太会遇见同学。最重要的是，东西美味又超值。

好不容易等到放学，他们各自骑着自行车，拐了个弯，来到“老地方”。

三个人挤在点餐柜台前，满脑子想着要点的餐。

“我要二号餐……不，我要三号餐，”话已说出口，阿军的眼睛却还来回看着广告牌上的套餐，“呃，我还是点五号餐好了。”

柜台帮忙点餐的小姐，本来脸上带着招牌式的微笑，不觉间，那笑意已悄悄透出一些怒气。

“不好意思，”阿军竟然又改变了主意，“我突然想改七号餐……”

站在他身后的小杰忍不住敲了他的头：“你连点个餐都心猿意马！”

“什么意思？”阿军摸了摸头，显然没听懂刚刚那句话。

连“圣人”也受不了，在一旁帮腔：“就是说你连点个餐都反反复复，思维好像猿猴在跳，意识好像快马四处奔驰，我看你大概是孙悟空投胎来的吧。”

“想不到连你也加入战局！”阿军委屈地摸了摸头。

“那当然，”“圣人”和小杰火速点好餐之后，“圣人”淡淡地说，“心猿意马的人，要么贪心有余，要么自信不足。”

“扯那么远……”阿军一脸冤枉，“我只是又想吃鸡腿，又想吃布丁而已。”

食物上齐了，摆满了整张桌子。

小杰拆开一包番茄酱，挤在一个倒扣的杯盖里面：“好了，你可以说说到底要干吗了。”

“那个……炸鸡腿真好吃。”阿军忙不迭地吃了起来，还不忘把鸡腿凑到小杰面前，“你自己尝尝，真的太好吃了！”

小杰露出无奈的表情：“谢了，我点的也是七号餐。”

“圣人”看着阿军的表情，忍不住笑了出来：“简直像是猴子吃到了香蕉一样。”

“你们一直笑我，我都不好意思说啦。”阿军很快便解决了鸡腿，开始吃牛肉汉堡。

“到底要说什么？”小杰拿薯条蘸玉米浓汤吃。

“八成是要我们帮你写作文吧？”“圣人”看着阿军。

“不是啦，是……”阿军吞吞吐吐，眼球转啊转的，“是……你们可以帮我要到柯于灵的 MSN 吗？”

“圣人”和小杰同时“噗”了一声，前者爆笑，后者惊讶。

“为什么？”“圣人”脸上露出了好奇的表情，“你喜欢她？”

“对啊，你喜欢她吗？”小杰有点紧张，他还没有告诉他们，他已经跟柯于灵交换过 MSN 账号了。

“只是对她有一点点好奇而已啦。”阿军开始咬着吸管喝可乐，“况且我的 MSN 上面除了我姐，没有任何一个女生！我一定要打破‘姜’局！除了姜，也要加点葱花啊，加点蒜头啊……”

有时候小杰和“圣人”真的弄不清楚阿军到底在说冷笑话，还是语文学得太差。

“你的目标真的很远大。”“圣人”笑着说，“不如我把我妈的 MSN 账号也给你，你就可以超额完成任务了。”

小杰也笑了出来。其实，他的 MSN 上，也只有柯于灵一个女生。

“要不要帮我？”阿军拉着“圣人”的袖子，“你的形象良好，你去帮我要，胜算很大！”

“我帮你要，结果她最后发现其实是你要的，我岂不是变成说谎的人？”“圣人”立刻拒绝了，“谎言往往是灾难的开始。”

“小杰，你坐在她后面，比较有机会跟她说话，你帮我要一下好不好？”阿军转移目标。

“没有女生的 MSN 也不会怎样吧？”小杰说。

“你们是不是觉得柯于灵的太难要到，要不要试试吴美琪？”阿军眼睛突然一亮。

“你还敢说你没有心猿意马！”这一次，换“圣人”忍不住敲了他的头。

心猿意马

【成语出处】《参同契》

久而调习，无有间断，方是端的工夫。否则心猿不定，意马四驰，神气散乱于外，欲望结丹，不亦难乎！

【成语释义】心思如猿猴跳跃、快马奔驰般难以控制。比喻心思不专注集中。后亦用于比喻心意反复不定。

【近 义 词】三心二意、见异思迁

【反 义 词】之死靡他、全心全意、全神贯注、专心致志、聚精会神

口蜜腹剑

嘴巴说得甜蜜蜜，心中却藏着一把伤人的剑。

自从知道阿军想要柯于灵的MSN，小杰突然有点左右为难。

毕竟是自己的好朋友，其实他大可以大方地跟阿军说："算你赚到，我刚好有！"然后把柯于灵的账号给他。或者他也可以很潇洒地说："我来帮你问她吧。"然后找一天，趁柯于灵上线，就帮忙转达阿军的心意。

不过，也许是因为之前就瞒着他们，没有公开他和她交换过MSN的事，现在突然说出口，心里总觉得有些别扭，就像有道隐形的墙，堵住了，过不去。另一个没有说出口的原因，连小杰自己都不太清楚——似乎，他也不是那么希望和别人分享这个秘密……

总有一些事，是谁也不想分享的吧。

抱着有些烦躁的心情，吃完了妈妈准备的水果，小杰回到房间，望着电脑屏幕，发现柯于灵上线了。她的昵称是“鱼零”。

小杰由离线改为上线，还跟她打了个招呼：“嗨，你还没睡呀？”

想不到柯于灵很快就响应：“刚在帮我妹写作业。”附上一个苦笑。

“我在听五月天。”小杰也马上报告近况。

“你都很晚睡吗？”柯于灵边问，边丢了个表情，是只昏昏欲睡的熊。

“不会，偶尔才很晚。你呢？”

“我尽量不要太晚睡。”这一次的表情，是一只在沙发上呼呼大睡的兔子。小杰看着，笑了出来。

其实，加了柯于灵的 MSN 后，两人并没有长聊过，似乎也没有合适的机会，又或者就纯粹只因为自己害羞吧。望着聊天窗口上那只兔子，小杰还想多聊一些，生怕话题就此中断了。

“你也爱听五月天吗？”

“我比较少听流行音乐。”柯于灵说，“可能是因为从小学钢琴，我妈买了一大堆巴赫、莫扎特……”

“好厉害呀！”小杰由衷地说，柯于灵简直像另一个世界的人。

“别太称赞我哟。”柯于灵竟丢出一只小熊在叹气的表情，“我最怕口蜜腹剑的人了……当然，不是指你啦！”

小杰一时意会不过来，只好回丢一个害羞的表情，并问：“那是什么意思？”

“哈哈哈，这是我看成语故事看到的。听说以前唐朝有个人叫李林甫，他很有才华，但是做人不太正派，喜欢巴结皇帝身边的人。表面上他对谁都很好，说许多动听的话，私底下却一直陷害别人。于是，大家就说他‘口有蜜，腹有剑’，嘴巴说得甜蜜蜜，心中却藏着一把伤人的剑……”

“我懂了。”小杰说，“这种人真的很可怕！”

“对啊，我以前就遇过这样的人。我有个朋友，平常跟我很好，请我吃饼干，找我去逛街，还让我去她家玩。我一直都把她当好朋友。后来有一次我在书店遇到她，她神情有点慌张，我开心地跟她打招呼，结果她手上有一沓纸掉出来，上面居然全写着我的坏话，说我是小偷，会偷别人抽屉里的书……”

“你一定很傻眼吧！”就连小杰这么喜欢说“还好”的人，也在电脑屏幕前，瞪大了眼，连丢五个感叹号。

“所以，口蜜腹剑的人是最可怕的。”柯于灵下了个结论。

“后来呢，你们还继续当朋友吗？”

“后来，我反省了一下自己，是不是做过什么事让她不高兴了。”柯于灵打字速度挺快的，“我才发现，原来她一直很介意我考试分数比她高，她觉得她那么努力，我看起来很散漫的，成绩怎么会比她好？”

“真的是太小气了……”小杰忍不住说。

柯于灵传来了一个表情，是奇异果龇牙微笑，大概表示她看开了吧。“我没想到好朋友之间也会那么介意彼此的名次，可能是她妈妈很在乎，她也就计较那些分数的差距了……最后，她尴尬地离开了书店，再没理我了。即使我向她打招呼，她也装作没看见，从我旁边走过去。”

“……”不知该回应什么，小杰只好打了一串省略号，然后又丢出一个吐血身亡的表情。

“时间不早了，我也该睡啦。”柯于灵传来一个打哈欠的表情。

“好，祝你有个好梦。”小杰考虑了一下，决定丢出一个小小的爱心符号。

“明天别忘了带运动服哟。”柯于灵留下这一句叮咛，随即是一个樱桃小丸子的笑脸，“拜拜！”“晚安！”小杰也马上响应一个阿童木从原地飞走的“拜拜”。

然后，看着电脑屏幕上“鱼零”从小绿人变成了小灰人，小杰才忽然想起——啊，竟然完全把阿军的请求抛在脑后了！

口蜜腹剑

【成语出处】《资治通鉴·唐纪三十一·玄宗天宝元年》李林甫为相……尤忌文学之士，或阳与之善，啖以甘言而阴陷之。世谓李林甫“口有蜜，腹有剑”。

【成语释义】形容一个人嘴巴说得好听，内心却险恶，处处想陷害人。

【近 义 词】佛口蛇心、表里不一、笑里藏刀

【反 义 词】表里如一、心口如一

掷地有声

把你整个人都丢到地上，或许多少会有点声音。

下课时最常见到的景象，不是大家都坐在座位上发呆，一眼望去像是快枯萎的花园；就是整间教室闹哄哄的，跟喧闹的市集没什么两样。

今天显然属于后者。小杰拿着一瓶矿泉水走回座位时，看见阿军正在跟班上作文最好的神童抢东西，神童一直不让他，两个人争来争去，仔细一看，似乎是在抢作文本。

“借我看一下又不会死。”阿军终于还是抢到手了。

“你真的很野蛮！”神童抢得满身大汗。

“因为刚刚作文课上，老师说我需要拜你为师啊。”阿军嬉皮笑脸地说，“总要先让我看一下武功秘籍长什么样子吧。”

教室里的噪声分贝几乎爆表，不仔细听，还不太听得见他们的对话。

神童坐回座位，不再搭理他。只见阿军翻开作文本说："哇，你的字也太漂亮了！"然后望见小杰跳过几把椅子走过来，就对他说："小杰你看，神童果然不同凡响！"

映入视线里的每一个字，不只整整齐齐，更带着一点秀逸之气，像是书法家写出来的。阿军迫不及待翻到老师在后头写评语的地方："立意清楚，比喻巧妙，是掷地有声的好文章。"

"掷地有声……是什么意思啊？"阿军问。

"我也不懂。"小杰说，"你去问神童。"

"不要啦，我还没有正式拜他为师。"阿军不改他一贯的风格，"不是说古时候的人拜师，要准备束脩吗？"

"束脩？"

"嘿嘿，这你不懂了吧。"阿军很得意，"古人将十条肉脯扎成一束，称为束脩，把它作为拜见老师的礼物。"

"原来老师爱吃这种东西？"小杰有点怀疑。

"不过说到底还是不知道什么叫掷地有声……"阿军突然充满好学精神，凑在小杰耳边小声说，"要不然，我们去问柯于灵？"

小杰吓了一跳，赶紧说："你自己去问！"

“要问什么？”一个熟悉的声音从身后传来。是吴凤，她是这个班的班主任。她总是笑嘻嘻的，但突然现身，还是让阿军和小杰吓了一跳。

“老师，您不是走了吗？”阿军睁大了眼。

“我感应到你有困惑，就立刻回来为你服务了。”本名吴文凤的吴凤老师笑着说。

“这样啊……”阿军说，“那不请教您也不好意思了。什么是‘掷地有声’？”

“要问问题可以，不过，你的束脩准备好了吗？”吴凤老师笑着问。

“连这个您也听见了？”阿军的脸上立刻出现一个“囧”字。

“不逗你了，我赶着去下一堂课。”吴凤老师便开始解释，“晋朝时有个人叫孙绰，他在当官时，写了篇叫《游天台山赋》的文章。文章完成后，他拿给朋友看，并开玩笑说：‘你把这篇文章扔到地上，应当会发出金石之声。’”

“看来他跟我一样俏皮！”阿军忍不住插话。

“只可惜你的作文不像他的一样，可以扔到地上，发出金石之声。”吴凤老师接着说，“当时的人，都以能获得孙绰的文章为荣，后来就把写得很好的作品，称为‘掷地有声’。”

小杰听了忍不住对阿军说：“我想，你的文章是不可能了，把你整个人都丢到地上，或许多少会有点声音。要试试看吗？”

吴凤老师一听也笑了，突然，又想起了什么似的对小杰说：“我差点忘了，其实我是回来找你的。下午抽空到办公室来找我一下，好吗？”

小杰有些意外，但点了点头，上课铃声随即响起。

喧闹的市集像被谁用魔术变走了，教室又恢复为悄无声息。

掷地有声

【成语出处】	《世说新语·文学》 孙兴公作《天台赋》成，以示范荣期云：“卿试掷地，要作金石声！”
【成语释义】	比喻文章文辞优美，后用来形容语言铿锵有力。
【近 义 词】	掷地金声
【反 义 词】	无声无息

夜郎自大

住在那边的人都很自大吗？

午后的阳光洒在长长的走廊上。学校靠山，空气里闻得到新鲜的绿意。要去教师办公室，得先穿过几栋大楼。

“报告！我找吴文凤老师。”小杰站在门口，怯怯地喊。虽然声音比猫叫声还细，吴凤老师还是从她的公仔堆后面探出头来。

“快来，快来。”她开心地招着手示意，“这给你喝。”

老师递给他一瓶冰红茶，又帮忙拉了把椅子。

小杰有点不好意思地坐下，老师桌上摆着一盆仙人掌，书、杂志堆了好几摞，还有数不清的公仔，简直像个小型的乐园。其中一只是伪装成茄子的Sonny

Angel[1]，小杰一直望着它。

“你也喜欢Sonny Angel吗？”老师说话很快，笑起来眼睛弯弯的。

“我也有一只这个。”小杰说，“不过我的是老虎。”

“动物系列我也买了好几只。”老师连忙从阿童木和波堤狮的后面，拎出几只动物版的Sonny Angel，“超可爱的，对吧！”

小杰本来想说他的招牌金句“还好”，又怕老师伤心，就淡淡地笑着点了点头。看老师似乎没有接下去说的打算，只好旋开冰红茶喝了一口。

吴凤老师把公仔放回原处后，如梦初醒般接着说：“我差点又忘记找你来是有重要的事跟你说。”

“什么事啊？”小杰有些紧张，仔细想想，自己周记都有按时交，最近也没迟到，考试成绩也不是太差，更没有跟同学打架……

“别紧张！”老师拍了拍他的肩膀，转身从架上拿出一份精美的表格，“是这样的，每年学校都会推荐几个特别优秀的学生去参加Creative Art, CA大赛，它是针对十七岁以下的青少年举办的绘画比赛。我看过你

① Sonny Angel：日本人气娃娃。

几幅绘画作品，觉得你很适合。”

“我真的，还好……”这回，小杰毫不客气地使用了“还好”。

“什么还好？”老师一时没听懂。

“就是我不太适合啦。我的画太弱了。”小杰尴尬地笑了一下，试着说服老师。

“什么话！”老师压低了声音，问道，“该不会是在跟我客气吧？”

“老师……我……”小杰心里想打退堂鼓，早知道不应该打开冰红茶的，“我真的‘还好’啦，我又没有受过什么训练，出去比赛会被人家笑……”

“你错了！”老师非常严肃地望着他，“小杰，你听我说，绝不是夜郎自大，我敢打包票，你一定会得奖！”

“怎么可能！”小杰一脸不可思议，“还有，你怎么会变成那个……夜狼自大？”说完还学狼“啊呜”叫了一声。

“不是那个‘狼’！”老师急忙更正，拿了张纸，写出正确的文字，“夜郎，是一个国家的名称。”

“住在那边的人都很自大吗？”小杰忍不住接着问。

“倒也不是这样，”老师说着也旋开了一瓶冰红茶，

“汉朝的时候，在汉王朝西南边有一些很小的国家，由于交通不便，和外界隔离，因此消息很闭塞。有一次，汉武帝派使者去西南，夜郎国的国君很热情地招待了那位使者，还问他：‘不知道汉朝的疆土和夜郎相比，谁比较大？’”

“那位使者如果正在喝茶，可能连茶都喷出来了吧？”小杰说。

“就是呀，夜郎的疆土只有汉朝一个州那么大而已，后来的人就用‘夜郎自大’来形容那些过度夸大自己的人。”老师接着说，“不过，虽然我们不应该夜郎自大，但是也不该妄自菲薄。”

“忘字匪伯？”小杰又困惑了。

吴凤老师耐心十足地把“妄自菲薄”四个字写在纸上：“像你刚刚这样一直说‘还好’‘还好’的，就是妄自菲薄。我从来没有见过一个像你这个年纪的孩子，画笔可以这么粗犷又原始，好像你的心里藏有一片草原似的。”

心里藏有一片草原？小杰想起，确实有一段时间，在他还很小很小的时候，他最开心的事，就是跟着爸爸去草原上画画。妈妈总是备上好吃的野餐，爸爸很专注地画着，他跟妈妈就在旁边玩，不吵爸爸。

那一片草原，是他见过的最美丽的草原。

他从来没有跟任何人提过，为什么吴凤老师会看出来呢？

老师将报名表交到他的手上：“先不要拒绝我，回去读一下里面的细节，有什么想法再找我讨论，好吗？”

夜郎自大

【成语出处】《史记·西南夷列传》

滇王与汉使者言曰：“汉孰与我大？”及夜郎侯亦然。以道不通故，各自以为一州主，不知汉广大。

【成语释义】比喻骄傲无知的肤浅自负或自大行为。

【近 义 词】妄自尊大、自高自大、崖岸自高

【反 义 词】妄自菲薄、自轻自贱、虚怀若谷

第二章

心中的那片草原

心有鸿鹄

吃饭其实也很需要专心的。

假日夜晚，不想开火的时候，妈妈会带着小杰到家附近的一家牛肉面馆用餐。年纪小一点的时候，小杰还肯跟妈妈手牵手散步；变成少年之后，小杰只肯站在妈妈旁边。小杰本来还坚持戴着耳机听 iPod，经过妈妈强烈抗议后，才稍稍让步——不听音乐，但是既然要出门，头发还是得弄帅点。

过去总是妈妈一说“出门吃面”，三秒钟之内，小杰就会放下手边的一切杂务，在门边等待出发；如今妈妈仍然喊“出门吃面”，小杰则会东摸摸，西摸摸，漫长的等待绝对是因为头发搞不定。

虽说是牛肉面馆，和一般的传统店家却有些不同。店里面看不见那些大锅、面团或汤勺，小小的店面布置得蛮雅致的，桌椅很沉，墙上各处悬挂着一些看不出年代的古董摆饰。

脸上总带着笑意的老板娘是看着小杰长大的。从小，小杰就爱吃他们家的古早味牛肉面。新鲜的牛肉片、细黄油面、空心菜和洋葱，在老板的巧手烹烩之下，味道真的就跟埔里老家阿嬷煮的汤面一样。

也许，就是因为这一份特殊的亲切感，这么多年来，母子俩频频光顾。不过，今天小杰似乎有点反常。妈妈喊“出门吃面”，先从房间里传来一声微弱的“噢”，不到三分钟，小杰竟然就出现在门口。头发也没有抓，直接戴了顶鸭舌帽，再穿上他最爱的运动鞋，就准备出门了。

妈妈有些惊讶，于是问：“你今天怎么这么快？”

“还好。”小杰淡淡地说。

“是不想吃面吗？要不要去吃火锅？”妈妈又问。

“都……还好。”小杰不置可否。

于是母子俩就这样“还好”但“也不怎么好”地踏出家门。

十多分钟的脚程，穿越人家与人群，假日的气氛伴随着夕阳的光芒充满整条街道。小杰不说话，偶尔走得快些，妈妈从后头望着他的背影，发现他又高了一些，不变的或许只有眼神吧。他的目光总是好奇地望着世界：阳台上晾着的衣服，窄巷里一只过马路的泰迪，攀过围墙探出头来的三角梅……

进了店里，小杰径直走向惯坐的位子。妈妈也跟着坐下。老板娘亲切地端来了热茶："今天还是一样吗？"

小杰点了点头，代表他今天还是想吃古早味牛肉面。

妈妈也点了点头，代表她今天依然想吃番茄牛肉拌面。

老板娘对这样的默契似乎很满意，利落地收起了菜单："小菜我帮你们准备一个醋熘土豆丝，一个凉拌苦瓜哟。"

店里总是播放着广播节目。老板娘的小女儿看店时，播的是流行音乐电台；若只有老板娘自己看店，通常听的就是古典音乐，声音很轻，不打扰客人用餐。

食物很快端上桌来，母子俩一前一后吃了起来。

好一会儿，妈妈终于忍不住问："你怎么看起来心有鸿鹄的样子？"

"什么红湖？"小杰摘下鸭舌帽，用手拨了拨头发。

"就是感觉你不怎么专心。"妈妈补充说明，"从前有个下棋高手叫弈秋，他同时指导两个人下棋。其中一个很认真学习；另一个虽然也听从指导，心里却老

觉得外头有一只大鸟快要飞来了，想要拉开弓箭去射它。因此，虽然他们都向弈秋学棋，效果却不相同。”

妈妈怎么会不知道呢？小杰心里有事的时候，就会把面卷成一团，先搁在汤匙上放凉，美其名曰放凉，事实上根本是在发呆。

于是她又接着说：“心有鸿鹄大多是指工作或学习不专心，不过吃饭其实也很需要专心的。我看你一定有心事。”

“噢……还好。”小杰还不知道该不该跟妈妈讨论这件事。他慢吞吞地把整碗面吃到剩三分之一，才终于说：“那个，老师想要我去参加一个绘画比赛……”

“这样啊。”妈妈装作不经意的样子，“那你想试试看吗？”

“我也不知道。”小杰放下了筷子，拿起小汤匙搅拌附赠的甜点——一小碗八宝粥，“好像也可以试试看，不过，要是试了没得奖，不是很糗吗？”

妈妈忍不住扑哧一笑：“所以，你其实是担心丢脸啊？”

“也不是啦。”唉，要怎么解释那种心情？小杰默默地吃起八宝粥。

妈妈也搁下了筷子：“虽然，我们工作或念书，不应该心有鸿鹄，不过面对未来，我们却应该抱有鸿鹄之志。换句话说，根本不用在乎那么多画画之外的事情，你只要努力过，交出最满意的作品，就已经完成你所该做的事。至于谁该得奖，那就留给评审去烦恼吧。”

“嗯。”小杰轻轻点了点头。

“况且，”妈妈也拿起小汤匙舀了一口八宝粥，“爸爸如果知道你喜欢画画，还能够跟那么多优秀的人一起竞赛，一定会很开心。”

“真的吗？”小杰问。

“当然。”妈妈忍不住笑着说，“就算没有得奖也一样。”

心有鸿鹄

【成语出处】《孟子·告子上》

弈秋，通国之善弈者也。使弈秋诲二人弈，其一人专心致志，惟弈秋之为听。一人虽听之，一心以为有鸿鹄将至，思援弓缴而射之。虽与之俱学，弗若之矣。

为是其智弗若与？曰：非然也。

【成语释义】 形容工作或学习不专心。

【近 义 词】 一心二用、三心二意

【反 义 词】 心无旁骛、专心致志

国士无双

没有人比他更厉害。

又是吴凤老师的课。

可能因为是第一节课，大家还有点昏昏欲睡。除了阿军依旧活力充沛地朝“圣人”丢纸飞机，班上其他同学多半都以慢动作行动着：慢慢拿出铅笔盒，慢慢拿出课本，慢慢把书包合上……

然而，吴凤老师出现之后，教室里迅速响起细细碎碎的耳语。

原来，个头娇小的老师身后，居然还跟着一张陌生的脸孔。他看起来瘦瘦的，五官很深邃，甚至有点忧郁，一头浓发，穿着稍显小的学校制服，尴尬地站在门边。

班长喊完“起立、敬礼”，大家向老师鞠躬问好之后，吴凤老师便开始介绍那个男孩：“各位同学，从今天开始，我们又有了一个新朋友——林国士同学。”说着，还在黑板上写下他的名字。

“我想，国士的父母，一定对他有很深的期许，所以帮他取了一个这么酷的名字。大家听过成语‘国士无双’吗？”

“我只听过‘国事如麻’……”阿军在台下小声地说。坐他旁边的阿胖忍不住笑了出来。

“国士无双是说一个人的才智极为高超，放眼全国，没有人比他更厉害。”老师耐心解释着，“《史记》里面记载了汉朝大将军韩信的许多故事，他可以忍受胯下之辱，不意气用事，最后被萧何赏识，力荐给刘邦，萧何甚至对刘邦说：‘千军易得，一将难求！陛下若想图谋天下，和西楚霸王项羽对抗，就必须仰仗人才。韩信就是这样一位国士无双的军事奇才，若不重用他，汉军就别想称霸天下！’”

大家正听得一愣一愣的，没想到站在门口的林国士，突然做了一个鬼脸，还像小狗一样“汪”了一声。同学们先是一阵错愕，随即哄堂大笑。

是因为观众反应太热烈吗？小杰望着林国士，他居然没有罢休，吐着舌头，看起来心不在焉的样子，发出咕噜咕噜的怪声音。

吴凤老师却完全不意外。她微笑着等待台下的躁动稍歇，才温柔地说："谢谢大家这么热烈地欢迎我们的新朋友！"

小杰觉得吴凤老师太强了，连这种场面也可以一派轻松地应对，一点没被吓倒。

老师接着又说："其实，国士从七岁开始，就被发现得了一种罕见的疾病——抽动秽语综合征。"

小杰望向新同学，他的鬼脸消失了，脸庞笼罩着忧郁，似乎还增添了一分懊恼的表情。

"患有抽动秽语综合征的人，会不自觉做出一些动作，或是发出怪叫声，但不是故意的。所以，希望班上的同学不要被国士不经意的举动吓到，大家要好好相处，好吗？"

吴凤老师说完，林国士腼腆地向大家点头打了个招呼。

由于还来不及帮他准备桌椅，老师要他先跟最末排的阿明一起坐。

前几分钟，都还相安无事，但不一会儿，国士开始怪笑起来，笑声像小动物发出的声音，在一片安静、只有老师讲课声的课堂上，显得很突兀。过了一会儿，他恢复正常，立即小声地跟阿明说："对不起。"

只是，才刚道完歉，他又像失了神一样，不断用手摇晃着阿明的椅子。阿明被摇得头昏脑涨，终于忍不住站起来大吼："你干吗一直摇我！"

所有人的目光都投向林国士。他又吐了吐舌头，伸手抓了抓自己的脸，看起来有点无辜。

好不容易熬到下课，吴凤老师立刻请"圣人"和阿军去帮忙搬来一套桌椅。他们找了小杰一起去。

小杰站起身要离开教室时，却听见吴美琪在跟她的邻座咬耳朵："我们真倒霉！没事转来一个怪胎，一定是别的学校都受不了他，我看如果是怪人比赛，他才真的是'国士无双'！"

国士无双

【成语出处】《史记·淮阴侯列传》

诸将易得耳。至如信者，国士无双。

【成语释义】一个人的才智极为高超，而且在这一国之内无人能出其右。

【近 义 词】一时之选

【反 义 词】吴下阿蒙

众口铄金

我这个人向来最严肃的，你也知道。

周末，“铁三角”约好在“老地方”见面。

“还好你们找我出来，我在家里快无聊死了。”阿军点了一大杯可乐。

“无聊是变笨的第一步，你要小心点。”“圣人”喝的是冰红茶。

“先说好，不准笑。”小杰咬着吸管，有一搭没一搭地喝着他的冰果汁。因为他已经完成参加 CA 大赛的作品，想先请这两位看看，虽然他们不一定能给出什么意见……

“好啦。我这个人向来最严肃的，你也知道。”阿军马上收起他的笑脸，装出严肃的表情，还用广东话说，“和平，奋斗，救中国。”

“奇怪，为什么这么严肃的话被你一讲，听起来就很搞笑？”“圣人”不紧不慢地回他。

小杰满脸无奈，默默转身把画拿出来。“圣人”细心地把饮料挪到隔壁桌，将桌面擦拭干净。小杰将画纸摊开，“圣人”和阿军不约而同地“哇”了一声，他们实在没想到小杰会画出这样的作品。

在画纸上方，触目所及，都是深深浅浅的黑色线条，但由不同的颜料材质构成。画的下方使用的是亚克力[①]，黑色线条隐隐约约组织成一栋栋楼房，但是楼房看起来很软；全部的楼房隐隐约约组成一个小区，但是小区看起来是破碎的；再拉远来看，整个小区隐隐约约又是一个躺着的人，那个人睁着黑色的眼睛仰望黑色的天空；天空也是由许许多多黑色炭笔线条和水彩细细画成，黑色的云和黑色的云彼此重叠……

大家沉默了好一会儿，“圣人”才开口问：“作品的名称是什么？”

“《星星坏掉了》。”小杰说。

“哪里有星星啊？”阿军忍不住又开始乱发言，他眼睛一亮，“我知道了！一定就是因为星星都坏掉了，所以什么都看不到，只有一片黑。”

---

① 亚克力：acrylic，丙烯颜料。

“愚昧是毁灭的前奏。”“圣人”瞪了他一眼，“谁说只有一片黑，小杰明明画了那么多东西。”

“所以，”小杰小声地问，“你们都不太喜欢，对吧？”

“我喜欢啊。”阿军抢着说，“一团黑，很酷！”

“我说不上喜不喜欢，只觉得蛮忧伤的。”“圣人”老实回答。

“嗯。”小杰慢慢把画纸卷收起来，“谢谢你们的意见。”

场面好像有点冷，阿军把饮料挪回原位，喝了一大口可乐后说：“你们知道吗？听说新转来的那个‘国士无双’，其实是中邪了。”

“瞎扯。”“圣人”说，“低级的小道消息，老师都已经说过他是抽动秽语综合征了。”

“对啊，我也觉得这样说很没道理，”阿军试着解释，“但是，陈霈真跟黄育宜说，黄育宜跟包子说，包子跟‘老姑婆’说，‘老姑婆’又跟吴美琪说，吴美琪再跟我说……”

“到底说了什么？”小杰听得一头雾水。

“就是说，有人看见‘国士无双’他妈妈带他去庙里面拜神、求符，你们想想看，如果他是抽动秽语综合征，干吗还需要求神问卜？”阿军一口气说完。

“吴美琪怎么跟你说的？”小杰问。

“她在 MSN 上跟我说的啊。”阿军不假思索地回答。

“噢——”“圣人”和小杰异口同声说，“你有她的 MSN 了啊！”

“哎呀，”阿军显得有点不好意思，“这不是重点吧……”

“对，这的确不是重点。”“圣人”接着说，“重点是你刚刚说的那种无聊八卦，往往会造成众口铄金的局面，让当事人遭受莫大的伤害！”

“有这么严重？”阿军似乎被“圣人”严肃的表情震慑了。

“什么金？”小杰问。

“众口铄金。从前有个周景王，他想要造一口大钟，大家都劝他打消这个念头，因为大钟声音不一定好听和谐，而且劳民伤财。周景王理都不理，执意做了大钟。钟做好之后，谄媚他的人就夸赞钟的声音很和谐，他听了很得意。然而，之前劝他的人还是很不以为然地表示，这种劳民伤财的事，人民敢怒不敢言，怎么能叫作和谐呢？而且凡是人民赞同的事，大多会成功；人民所厌恶的，绝对会失败，这就是俗话所说的‘众心成城，众口铄金’。”

“噢……”阿军听得一头雾水，“你讲这一大串，我还是不懂什么是众口铄金。”

“集合了许多人说的话，连金属都可以熔化。”“圣人”说，“可见谣言和舆论的力量有多可怕。”

小杰忽然想起那一天吴美琪的冷言冷语，再加上今天听到的八卦，忍不住用力地点了点头。

众口铄金

【成语出处】《国语·周语下》

众心成城，众口铄金。

【成语释义】比喻众口同声，往往可以混淆视听。

【近 义 词】人言可畏、三人成虎、积毁销骨

生我劬劳

我也好想要拥有这种甜蜜的负荷……

每天早上六点钟，小杰妈妈总是准时起床。

她边忙着唤小杰起床，边帮他准备三明治与麦片，送他出门；然后，身份切换为在自由小学任教的石文菊老师。母子俩穿好衣服，下楼，预约好的出租车已经等在管理室旁。

在世界上数不清的出租车之中，这绝对是令人最有好感的一辆。

清爽的车厢，没有任何多余的广告、摆饰。椅背后方放着当日报纸和文学杂志。车里绝无怪异的冷气霉味，也没有便当的油腻味，司机王十勤总是穿着整齐的衬衫、长裤，虽然不到西装笔挺的程度，却相当得体。

也因此，两年前小杰妈妈决定要按月包车，成了王十勤的主顾。

一周五日，晴雨无缺，黄色出租车总是准时出现。一开始彼此礼貌寒暄，日子一久，渐渐像相熟的朋友。

“今天精神看起来不错！”

“昨晚没睡好吗？”

“下周一会请假吗？没问题。”

王十勤适时的关心问候，不逾越，最常说的一句话就是“没问题”。

最令小杰妈妈感到放松的，莫过于他绝不会将广播调到政论频道。那咄咄逼人的口吻常使她疲惫焦虑，车子里头偶尔播放爵士乐，或是轻快的古典钢琴曲，大约三十分钟的车程，伴她迎接一天的开始。

若是放学，在一阵车水马龙之中，王十勤的车子更是有点像避风港，暂时为她隔开了尘嚣。

这一天，小杰起晚了，连早餐都没时间吃。妈妈边帮他拿着书包，边将早餐装进纸袋里，催赶着他下楼。

“不好意思，今天迟到了。”小杰妈妈和小杰匆匆忙忙坐进出租车，刚坐进去，小杰妈妈就连声道歉，“还得麻烦你绕个路，先送小杰到学校。”

“没问题。”王十勤主动向小杰打招呼，“哈啰。”

小杰有点害羞，轻轻点了点头。

车厢里的空气有了微妙的变化。三个人都很安静。

王十勤从后视镜中望着母子俩。既是语文老师，又是母亲的石文菊，今天化着淡淡的妆，蓄着乌黑亮泽的短发，穿着白色套装，整个人沐浴在晨光里。右座的小杰倚着车窗，有些单薄的身体穿着校服，还略显孩子气，旁边搁着书包和一个画筒。

此时，王十勤心里突然浮现了“家”的错觉。

小杰妈妈望着车窗外载着孩子、风尘仆仆赶向学校的家长，突然有感而发地说：“生我劬劳……真是说得好有道理。”

“啊？”王十勤一时没反应过来，一个红灯将他们拦住。

发现自己说得没头没尾的，小杰妈妈便继续解释：“刚刚看到家长们送小孩上学，想到《诗经》里说：‘哀哀父母，生我劬劳。’真是一点都没错。养育儿女真的很辛苦，得操很多很多心……”

小杰静静地听着，不知怎么的想起了爸爸。或许是因为从前自己也是坐在后座，听爸爸和妈妈聊天吧。聊天的内容已经不记得了，那时他还太小，只留着一些模糊的画面。不过，他还来不及多想，学校就到了。

“来得及吗？”小杰妈妈看了看手表。

“还好。”小杰小声地回答，然后不知是对谁说了一句“拜拜”。

车子再度发动，小杰妈妈才又轻声说：“不好意思，让你赶路了。”

“没问题。”又是这句话。

开着车，王十勤心头仍惦记着刚刚那一幅“家的想象图”，想起单身这么多年，一直没有成家的机会，几次恋爱谈到最后不了了之，他忍不住接续起刚刚的话题：“其实，你会不会觉得，能够牵挂也是一种幸福？有时候，我也好想要拥有这种甜蜜的负荷。”

听着王十勤这么说，小杰妈妈忍不住抬头望向他的背影。一时之间，她竟也想起了小杰的父亲。

生我劬劳

【成语出处】《诗经·小雅·蓼莪》

哀哀父母，生我劬劳。

【成语释义】意指父母生养儿女极为劳苦。

【近 义 词】父母恩勤、昊天罔极

插科打诨

你觉得我适合往演艺圈发展吗？

把要参加比赛的画作交给吴凤老师后，小杰总算如释重负。

吃过午餐，他趴在窗口看着外头那几棵又高又壮的树。那几棵树开始飘下落叶，落叶在空中随着风画圈，然后落下。围墙外头驶过一辆黄色出租车，让他想起前些日子搭妈妈便车上学时，那位亲切的司机先生。说不上来那是一种什么心情，像穿上晒暖了的旧衣服，感觉很体贴、舒服，但心里却有一点点微妙的抵抗，似乎在提醒着：不应该跟他太过熟稔。仿佛他会改变什么。

不明白自己何以有这种复杂的情绪，小杰转过身，看见喧哗的教室里，同学们有的正打闹聊天，有的则坐在位子上看书，他的视线瞥到转学生林国士身上，赫然发现他正苦着一张脸。

这些日子以来，班上渐渐分成两派。一派是支持林国士的，这一派的同学，能体谅他患有抽动秽语综合征，虽然偶尔还是会被他突如其来的怪声音、怪表情吓一跳，也都尽可能装作若无其事的样子，对国士来说，这样似乎可以减少他不必要的歉意。

另一派，当然就是反对的声音了。像陈霈真、黄育宜、吴美琪还有包子那几个人，摆明了不给林国士好脸色看。如果不跟他接触、避而远之，那也就算了，偏偏包子就坐在林国士附近，每次黄育宜去找包子聊天，就爱用她高八度的声音，唯恐别人听不见似的大叫："哎呀，你的手一直抖，好恐怖啊，不要碰我啦。""好吵啊，只不过来借个涂改液，旁边一直有人唠唠叨叨，烦死了。""我们真不知道是造了什么孽，跟一个怪人同班，倒霉透了！"

小杰非常确定那些话都传到了林国士耳里。

虽然这个世界上，本来就不可能人人都是好人，但这种状况还是挺让人讨厌的。小杰很想私下告诉林国士："加油！我们支持你！"但与生俱来的害羞始终让他说不出口，只能呆坐在位子上，自己生闷气。

他的视线飘到不远处，落在正拿着一张湿纸巾擦拭桌子的柯于灵身上，还好她看来是能接受国士的。上一次，她负责发通讯录给大家，国士可能因为太紧张，一边用手接过通讯录，一边忍不住挤眉弄眼，还吐了舌头，但柯于灵只是淡淡地对他一笑。

小杰刚好看到那个笑容，觉得好温暖又好神奇。原来，什么话都不用说，就可以给别人力量。后来回到家，小杰在洗澡时站在浴室镜子前，想要练习一下那种笑容。没想到，沾着雾气的镜子里，只出现一张僵硬的脸。小杰又试着咧开嘴巴，露出一排牙齿，结果，非但没有为诚意加分，反倒显得有几分呆笨。

小杰的视线再度飘回林国士身上。坐在国士前面的包子，转头过来不知道对他说了一句什么，他皱起眉头，好像快哭了。然后，就听见黄育宜恶狠狠地说："少在那边装可怜，不想待在这里，你可以再转学去别的学校啊！"

气氛有些尴尬，阿军突然走了过去，站在林国士身边，像是要跟他聊天。结果，一开口却是模仿黄育宜高八度的声调："哎呀，好恐怖啊，怎么有人绑了一个那么大的蝴蝶结，吓死我了，拜托拜托，走开一点，我最怕蝴蝶结了啦。"

笑声像爆竹一样炸开了。阿军的粗嗓子和高八度音实在很不搭，另一方面，大家都知道黄育宜最以她头发上的蝴蝶结为荣，每天都要更换不同的颜色。

黄育宜愣在原地，气呼呼的，还来不及反击，阿军又继续尖着嗓子说："还有还有，好奇怪啊，我只不过想要来跟国士借个涂改液，旁边怎么出现一个会说话的包子，真是吓死人了。"

这下，刚刚一脸得意的包子也被波及，他也同样来不及反应，阿军立刻又跷起兰花指，接着说："哎呀，你们两个不要一直用这种崇拜的眼神看着我啦，人家也是会害羞的！"说完，还跺了一下脚。班上同学有的大笑到拍手鼓掌，阿胖差点从椅子上跌下来。

黄育宜和包子虽然一肚子气，却无法再多说什么，只是狠狠瞪了阿军一眼，就各自回座位去。

午睡的铃声适时响起，一场冲突居然就这样被阿军化解了。

放学时，阿军还特地等国士的家长接他走之后，才到老地方跟"圣人"、小杰会合。聊起中午的事，"圣人"忍不住对阿军说："想不到你平常最擅长的插科打诨，居然能在关键时刻派上用场！真是养'军'千日，用在一时啊。"

本以为阿军会得意扬扬接受"圣人"的赞美，没想到他边咬着薯条，边口齿不清地问：“那个……差棵打混是什么啊？我又没有动手打人！”

“以前的人在演戏时，”“圣人”解释，“会用一些搞笑的动作和台词让人哈哈大笑，就是插科打诨的意思。”

“这样呀！”阿军于是认真地问，“你的意思是不是我的演技很不错？我适合往演艺圈发展吗？其实，我一直觉得我不输给周杰伦哟……你说呢，小杰？”

“呃……”小杰想了很久很久，差不多有阿军吃掉七根薯条那么久的时间，然后，终于还是说了那句老话，“还好。”

插科打诨

【成语出处】《琵琶记》

休论插科打诨，也不寻宫数调，只看子孝与妻贤。

【成语释义】本指戏剧表演时，以滑稽的动作或言语引人发笑。后泛指引人发笑的举动或言谈。

【近 义 词】插科使砌、打诨发科

【反 义 词】一本正经、不苟言笑

三纸无驴

能够写到第三张纸的，还真不多呢！

天气渐凉，一早起来就下大雨，小杰甚至是被雨声吵醒的。豆大的雨滴敲在窗玻璃上，让人误以为是鸟在啄窗。雨势太惊人，为了安全起见，吃过早餐，妈妈对小杰说："今天别骑自行车了，我送你上学。"

母子俩于是搭上"在世界上数不清的出租车之中令人最有好感的一辆"，司机王十勤还贴心地把车子后半部分退进了骑楼，让他们不必淋雨就可以直接从后座上车。

小杰和王十勤的互动，依然只有"哈啰"和"害羞地点头"。

然而，坐在一旁的小杰妈妈，似乎心情很不错的样子。她边望着窗外的滂沱雨阵，边跟着广播节目音乐的旋律，哼起不知名的歌。

一整天的大雨，大家都显得有些慵懒。

语文课上，吴凤老师提起她最近在看一篇跟澎湖有关的长篇小说，里面写到家里的小孩下雨天就会特别想吃炸的东西，因为“落雨天，吃炸的不燥”，所以会纷纷缠着阿嬷，要吃炸番薯……

小杰想起埔里的阿嬷，过年也总会炸些番薯和年糕给大家当点心，红心番薯裹粉炸过起锅，热腾腾的，拿在手里，一口咬开，香气四溢，真是有够好吃的。小杰想着，等学期结束，又可以回埔里跟阿嬷一起过年了，到时候一定还要拜托阿嬷做她最拿手的碗粿[①]。

因为那部长篇小说，吴凤老师又开始像“传教”一样，鼓吹阅读的重要性：“虽然现在你们都在努力学习各种新知识，每天学习任务都很重，但老师也很希望大家能在生活中培养阅读文学作品的习惯。”

根据老师的“教义”，文学最大的用处就是“没有用”。我们的人生已经充满太多有用的东西，像是成绩啦，成就啦，有时候“没有用的东西或许才是我们最需要的，因为那些看似无用的感动、体会，可以让疲惫的心灵恢复柔软”。

---

① 碗粿：台湾小吃。

“可是我只要一打开小说，看到那么多字，就会想睡觉。”底下的阿胖小声地说。

“别说小说了，我看到诗，就算字数很少，也根本不知道在写什么，也很想睡。”旁边的“老姑婆”附和着。

吴凤老师听到大家窃窃私语，忍不住点了阿胖的名字：“胡明邦，你们两个在讨论什么秘密呀？也跟老师分享一下。”

“我……”阿胖站起来，猛抓着衣角，“我是说，小说我都看不懂啦。”

吴凤老师长长地叹了一口气：“有时候，我读到一部超级棒的作品，都会替那本书感到寂寞。它那么精彩，但只有愿意打开它、阅读它的人，才能够真正感受到它的好。就像一家很好吃的火锅店，你总得亲自去吃过了，才能体会它到底有多好吃吧？”

“吃火锅我是完全没问题啦！”阿胖继续唠唠叨叨，“但是看小说的话……”

老师继续刚刚的话题：“大家都以为书是只要拿起来看，就一定看得懂吗？像你们玩手游不也要层层闯关，才能累积金币和经验值吗？其实，阅读也是同样的道理啊。”

噢，老师也玩手游啊?

阿胖被“请坐”了之后，老师还继续往下说:“缺乏阅读能力，就缺乏写作能力，又怎么可能写出好的文章? 难怪你们交来的作文总是三纸无驴。”

阿胖都还没坐稳，就被老师的话惊了一下，因为他的作文本里，确实出现过“三纸无驴”这句评语。但他不知道那是什么意思，当时也没在意，于是直到现在还搞不清楚这个成语什么意思。他想起老师说过，要有好问的精神，于是颤抖地举起了他那跟麦兜一样的小手:“老师，请问什么是‘三纸无驴’?”

吴凤老师眯起眼睛，给了阿胖一个极满意的微笑:“很好! 不懂就要问! 从前，有个博士喜欢卖弄文笔，有一天他上街买驴子，双方要签订买卖合约，于是他摊开白纸，足足写了三大张跟驴子无关的废话，卖驴的人等得很不耐烦，在一旁催促。他还说，别急别急，我还没有写到‘驴’这个字呢!”同学们听了都笑了起来。

“所以，我们后来就把写文章废话连篇、不得要领的状况，称作‘三纸无驴’。”老师保持着微笑，下了这样的结论。

正当大家心虚地猜想着，自己是否也属于“三纸

无驴”的一员时，老师居然又淡淡地说：“不过，依我这几次批改作文的经验，我看你们最大的问题并非三纸无驴啊……”

大家的眼睛瞬间一亮，不知道吴凤老师接下来会怎么说。

“根据我的观察，能够写到第三张纸的，还真不多呢！现在的年轻人都流行极简主义吗？”吴凤老师脸上带着慧黠的笑容。

三纸无驴

【成语出处】《颜氏家训·勉学》

问一言辄酬数百，责其指归，或无要会。邺下谚云：“博士买驴，书券三纸，未有驴字。”

【成语释义】讽刺写文章废话连篇，不着边际，不得要领。

【近 义 词】词不达意、废话连篇、博士买驴

【反 义 词】斐然成章、钩玄提要

奇货可居

这么奇特的货物居然也可以做得出来！

周末，太阳探出头来。小杰懒洋洋地起床后，发现妈妈已经出门了。留了字条，说跟朋友去山上踏青。望着妈妈的字条，小杰才突然发现自己从来没有想过，妈妈是不是也有一些可以谈心的好朋友。印象中香枝阿姨、金苹阿姨，是妈妈比较常联络的朋友。她们和妈妈，也是“铁三角”组合？今天妈妈是跟两位阿姨一起出游吗？

小杰用烤箱热了蓝莓贝果，冲了一杯牛奶，吃饱后，抓过头发，换上薄长袖衬衫、牛仔裤，再穿上新买的白色帆布鞋，就准备出门了。

他跟“圣人”、阿军约好，一起去“冬日限定公仔大展”。

三个人在地铁车厢里闲聊，“圣人”和小杰都穿着轻便，阿军倒是背了个大包包。

“圣人”开玩笑地问他：“等一下要去公仔展买菜吗？”

阿军笑着摊开背包，跟大家分享他带的东西，除了钱包和手机，令人奇怪的是竟然有零食、《黑轮君》，甚至还有雨伞。

“今天应该看得出来是晴天吧……”小杰纳闷儿地看着他。

“不不不，”阿军说，“你永远都不会知道，什么时候会下雨……”

为了防止他在车厢里表演撑伞的动作，小杰马上结束了这个话题。

来到了公仔展会场，果然人山人海。三个人排了长长的队，兑换预售票的赠品；又好不容易再找到队伍的尾巴，耐心排队等待入场。

进到会场后，马上看到阿军最爱的豆腐人[①]，一字排开，气势十足！“圣人”爱的则是香港的树仔[②]，非常符合他“爱与和平”的人生目标。沿途不断出

---

① 豆腐人：游戏《可爱豆腐人》中的人物。

② 树仔：《我爱树仔》一书中的角色。

现令人惊喜的小玩意儿，像是“会劈腿的鸡”“刺青兔”……小杰逛到一个名为“不被祝福的爱”的摊位，觉得太妙了，马上呼唤两个伙伴过来。

“是哆啦A梦跟大雄在接吻的T恤啊，果然是不被祝福的爱。”

“他们这样应该算……人兽恋？”阿军的关注点果然与众不同。

“我觉得……更大的问题应该是大雄还未成年吧？”“圣人”的发言也不一般。

但这个话题没有持续太久，三人马上又被人潮推着前进到下一摊。

这一次，小杰的视线被紧紧黏住了。因为玻璃柜里摆着三种颜色的阿童木，其中一只古铜色的做工非常精致，除了质感佳，还保留了阿童木特有的俏皮感。

摊位的老板热情介绍着：“我们这一款只进货两只，数量有限，奇货可居哟！”

小杰一听到“只进货两只”，无比心动，但是一看到标价，立刻无比心痛——就算把历年来所获得的压岁钱都拿出来，还是不够。

“圣人”小声问：“奇货可居的意思是？”

阿军抢着回答：“大概是说，这么奇特的货物居然也可以做得出来吧。”

老板一听，忍不住笑了：“你很有想象力，不过不是那个意思啦。”

阿军不好意思地摸了摸头。

“这个‘奇货可居’，我们做生意的最清楚了。”老板耐心解释着，“战国时代，有个很有名的商人叫吕不韦，他虽然事业成功，但很清楚当时商人的社会地位很低。于是，他想办法协助在赵国当人质的秦国公子子楚，后来这位子楚顺利回到秦国，被立为储君，更继位当了国君，顺理成章请吕不韦当他的丞相。”

“也就是他押对宝了？”阿军问。

“没错。”老板笑着说，“因为他看准了那个叫子楚的是‘奇货’，相信可以通过他获得名利。像很多人购买公仔，除了纯粹喜欢、收藏，也有人是抱着投资的心态，因为这些公仔数量有限，以后应该有升值的空间。”

买不起限量版的阿童木，小杰就买了一个画了阿童木的纸抽过过瘾。

只要自己喜欢的东西，都可以称得上是“奇货”吧。

临走时，竟然还遇到买得不亦乐乎的吴凤老师。小杰数了一下，老师手上大概拎了十多个袋子……

阿军现学现卖，赶紧上前问："老师，你买了这么多，是不是打算等以后这些公仔绝版，就奇货可居啦？"

奇货可居

【成语出处】《史记·吕不韦列传》

子楚，秦诸庶孽孙，质于诸侯，车乘进用不饶，居处困，不得意。吕不韦贾邯郸，见而怜之，曰："此奇货可居。"

【成语释义】比喻利用某种专长或有价值的东西来谋利。

【近 义 词】囤积居奇、操奇计赢

色厉内荏

阿嬷都已经那么老了啊！

电话声无预警地响起。

小杰耳机里的五月天，在第五首歌和第六首歌的空当，不到两秒钟的时间，安静了一下，刚好就听到了电话铃声。

小杰快速将 MSN 的状态改为“离开”，冲到客厅，拿起电话。

“喂？”原以为是妈妈打电话回来，交代什么事，她最近忙着学校里的活动，已经好几天半夜才回家了。

“小杰？”没想到，电话那头竟传来熟悉的声音，“我系（是）阿嬷啦！”

“阿嬷！你怎么会打电话来？”小杰的闽南语说得不好，大概也是太少练习的缘故，只有“阿嬷”两个字是标准发音。

“我会晓啊。”阿嬷在众多孙子的训练之下，已经培养了相当良好的普通话听力水平，但她还是说闽南语流利些，“你的电话号码有八个字（八个数字），头前加零一一啦，阿嬷已经会晓背（会背了）。”

上次过年时，阿嬷曾经秀过她的“小抄”，上面有她写的几个电话号码：大伯的、姑姑的、小杰家里的、阿嬷自己的姐妹的……小杰看着那号码，扑哧一笑：“我今马（现在）有手机啊，你甘欲（想不想要）我的电话号码？”

阿嬷也笑了：“你罕得（难得）有一句闽南语讲尬这呢（这么）标准！不过我的簿仔（号码簿）已经没所（地方）再抄新的号码啊。”

“还有后壁面（背面）啊！”小杰把纸翻过来。

“啊，对噢，阿嬷拢（都）没想到。”说着，便把小杰的新号码也记了上去。阿嬷写字奇慢，写的字跟小朋友的一样可爱。

电话里，阿嬷又问起那个老问题：“你呷饱未呀（你吃饱了没呀）？妈妈犹未下班噢？”

小杰赶紧说吃饱了，不然阿嬷可能又要闪送米糕或麻油鸡汤过来了。

“我系欲（想）打电话甲（跟）你讲，你住在台北，要注意贼仔，今马快要过年了，很多贼仔偷，昨日阿伯厝内（家里）就遇着一个。”

“是噢？”小杰吓了一跳，“有没有怎么样？”

“那个贼仔犹搁金少年（很年轻），看起来缘投缘投（帅帅的），想不到欲学歹（要学坏），看我一个老大人在厝内，本来搁坏声坏嘴（口气很差），叫我紧甲钱拢（全部）交出来。我甲伊（跟他）讲，我一个老大人，哪有啥米（什么）钱？老命一条，搁活嘛没几年啊……”

“阿嬷，你很强，那个是抢匪啊，你还敢这样跟他说。”小杰真是佩服老人家的勇气。

“结果，他足袂爽（很不高兴），乱七八糟搜衣柜，衫裤拢呼伊（衣服、裤子全被他）丢落到地上，刚好你大伯转来（回来），大声喊：贼仔，好胆莫走！伊惊一下，看到外面已经有警察，整个人紧跪下来。抑是你大伯甲巧（比较聪明），欲转来厝的时阵（时候），看情势不对，马上打电话乎（给）警察啦。”

“没想到，阿伯比你更强！”小杰说。

电话那头传来阿嬷爽朗的笑声：“好啦，我没啥米特别的代志（事情），只是交代你家己（自己）要小心一点。还有，饭要多吃点，拢呷袂大箍（都吃不胖），等你过年转来埔里，阿嬷一定欲煮好料的乎你呷（给你吃）。”

妈妈回家后，小杰转述了这段“阿嬷遇贼记”，妈妈听着小杰破烂的闽南语笑到肚子痛，笑完之后，擦着眼角的泪水说：“哎呀，其实还是蛮危险的，还好那个贼色厉内荏，如果真的对阿嬷怎么样，那还得了！”

“真的是好险。不过那个贼并不色啊……他也没有忍吧。阿嬷都已经那么老了……”小杰说着也觉得怪不好意思的。

“什么跟什么啊！”妈妈笑得更厉害了，“色厉内荏不是那个意思啦。”

“不然呢？”小杰追问。

“从前孔子说，那些翻墙进入别人家里的盗贼，外表非常严厉，内心却十分怯懦，很担心被人拆穿，所以称他们‘色厉内荏’，这个词也可以用来形容那些表里不一的人。”

“噢，还有，”小杰露出了无奈的表情，“阿嬷叫我要吃胖一点。她说过年时要检查。”

“这可糟糕，”换妈妈露出了无奈的表情，“我要怎么样才能在短时间内，让你达到阿嬷的标准呢？”

色厉内荏

【成语出处】《论语·阳货》

色厉而内荏，譬诸小人，其犹穿窬之盗也与！

【成语释义】形容外表严厉而内心怯懦。

【近义词】外强中干、虚有其表

【反义词】外柔内刚、外圆内方

削足适履

我真是太幸福了！

自从新学期换了体育老师，班上的女同学突然开始热爱起体育课。

过去每逢体育课，她们不是称病缺席，就是懒散无力。现在却连上课时间都还没到，就一阵骚动："待会儿又是体育课！""好紧张又好期待噢！""真希望学校帮我们多排几堂体育课！"

原因无他，长相酷似日本男演员妻夫木聪的新体育老师何齐，不仅有着阳光般的笑容，兴致一来，还会模仿一段韩国偶像团体 Super Junior 的 *Sorry, Sorry* 舞步，所经之处，总是尖叫声四起。

为此，别的班上轮不到他的课的女生，还羡慕不已。

只是，何齐老师的课，一点也不轻松。他会用他充满元气的声音劝说:“大家平常都久坐教室，运动量不够，既然难得上体育课，一定要好好训练你们。多多流汗，才能缓解你们的压力！”具体做法很简单，就是每堂课的开端，都要跟着他做体操、跑三千米!

过去只要提到跑步，必然哀鸿遍野，说也奇怪，当何齐老师跑在前面，用他好看的笑脸鼓励着大家:“加油！再跑两圈就到了！”“还剩五百米，不要放弃！”同学们双脚再酸、鞋子再重，都好像可以继续坚持下去了。

小杰球类运动不太在行，但是像跑步或游泳这种能独立完成的运动，似乎掌握得比较好。

阿军一边跑还一边跟他聊天:“以前的体育老师要是看到现在的画面，会伤心死了。”

“为什么？”小杰问。

“你几时看过吴美琪愿意下场跑步？每一次不是说她肚子痛，就是说她忘了带运动裤！”

“你还真关心吴美琪。”小杰淡淡地说。

“还好啦……”阿军没想到小杰会揭穿他，显得有点尴尬，“老师不是说同学之间要互相关心吗？我也很关心柯于灵，也很关心‘圣人’啊。我最关心你啦。”

“你还真好意思说。”小杰嗔怪地看了他一眼，一鼓作气跑向了终点，成为班上前几个跑完的人。

“干吗不等我！”阿军也跑完了，刚气喘吁吁地停下来，就看到不远处，吴美琪整个人跌倒在跑道上。

何齐老师马上跑了过去，将她扶起来，先跑完的几个人也过去帮忙，一起将她送到保健室。她的整个膝盖与地面摩擦，破皮流血，老师要她先脱掉鞋子，让护士阿姨帮她消毒上药。脱掉鞋子之后，才赫然发现，她的左脚小趾，也隐隐渗着血。

护士阿姨小心地帮她把袜子脱掉，帮伤口止血。

这时，只见何齐老师皱着眉头，注视着吴美琪的脚和她的鞋子。吴美琪抬头看见老师虽然有些严肃但帅气不减的眼睛，正望着自己的脚趾，突然觉得有些害羞，脚也在护士阿姨的手里动了一动。

“吴美琪，”何齐老师问，“你这双是新鞋子吗？”

“嗯。”她害羞地点了点头，原来老师看出来了……这确实是她为了上体育课特别准备的一双鞋子。

“但是，就算是新鞋子，也不至于让你的脚流血啊……”老师显得有些困惑。

“鞋子稍微小了一点。”吴美琪没有说的是，为了买下这双她觉得最适合上何齐老师的体育课的鞋子，她特别搭了两趟地铁、跑了三家店，才买到这个款式仅剩的最后一双，只可惜，尺寸还是稍小了一点。但是为了漂亮，考虑了许久之后，吴美琪仍然决定买下。

“所以是买的时候，不小心买错了吗？”何齐老师又问。

“是因为……”吴美琪小声地说，“我很想要这一双。”

“我曾经听过削足适履的说法，想不到你居然上演了真人秀！”何齐老师语气中充满了不可思议。

吴美琪才正要开口发问，膝盖上的伤口正好擦了双氧水，她痛得叫了一声，然后声音颤抖地问：“那……是……什么……意……思？”

“就是为了穿上某双鞋子，拿刀子把脚削小。”

吴美琪望着何齐老师，眼里写满了崇拜，也顾不得脚痛了：“哪会有人真的那么傻，拿刀子把自己的脚削小？”

“你为了买喜欢的鞋款，就算尺寸不合，也硬要把脚塞进去，不就是一个血淋淋的例子吗？”老师看着吴美琪说，“况且，你居然还穿着不合脚的鞋子跑步，这多么危险！你看你，不就跌倒了吗？”

吴美琪听着何齐老师的话，双眼渐渐泛起淡淡的泪光。

本以为是这番晓以大义的话语，让她稍微清醒与反悔了，没想到，她慢慢抬起了眼睛，像在演偶像剧一般，说道：“老师，我真没想到你会为我担心……我……我真是太幸福了！”

削足适履

【成语出处】《淮南子·说林训》

骨肉相爱，谗贼间之，而父子相危；夫所以养而害所养，譬犹削足而适履，杀头而便冠。

【成语释义】鞋小脚大，故将脚削小以适合鞋的尺寸。比喻拘泥成例，勉强迁就，而不知变通。

【近 义 词】生搬硬套、杀头便冠

【反 义 词】因地制宜、因时制宜、量体裁衣

第三章

星星之屋的回忆

沆瀣一气

我跟她之间的距离只有零点零一厘米。

自从上次阿军为林国士解围，偶尔就会看见他们两个下课时开心聊天的画面。本以为是阿军不死心，想持续他“插科打诨”的“事业”，走近一听，才发现他们竟然在聊电影！

事情的开始，源于某一个下雨天，阿军拿出他的雨伞，帅气地打开，并且说出那句已经说过一百次的“你永远都不会知道……”，国士竟没有回他一声狗叫，也没有做任何怪表情，而是非常自然地接了一句“什么时候会下雨”。

阿军又惊又喜，撑伞的手停在半空中，就像颁奖典礼上，听到宣布他获得最佳男主角时，整个人定格了一样。

一问之下，才发现国士也看过同一部电影，并且非常喜爱。

“我们最接近的时候，”国士才说了上半句，阿军马上接着说：“我跟她之间的距离只有零点零一厘米。”说完，两个人开心得像中彩票一样，几乎要拥抱在一起。

最令他们印象深刻的，还有剧中主角狂吃菠萝罐头的画面。才一提到“菠萝罐头”，国士和阿军就又异口同声地说：“我开始怀疑在这个世界上，还有什么东西是不会过期的。”默契之好，令一旁围观的同学瞠目结舌。

因为大家都没看过那部影片，也不太了解他们到底在说什么，但国士和阿军就这样开始一来一往地说着彼此印象深刻的台词，而且最神奇的是，每一次对方几乎都能流畅地接招。

最后，阿胖终于忍不住说：“你们两个还真是‘沆瀣一气’啊！”

“啊？”连这个短短的疑问，也几乎是异口同声。

阿胖先用一种“你们有所不知”的眼神，扫射了一下附近围观的同学，然后清了清喉咙，开始解释：“唐朝有个主考官叫崔沆。发榜后，一个叫崔瀣的考生考上了。当时的习惯是，只要考上了都算主考官的门生。”

“所以，他们其实是父子吗？他们同姓！”阿军忍不住问。

“你很聪明，发现了重点，但这两个人并不是父子。其实，他们不但同姓，而且名字里的‘沆’‘瀣’两个字连起来，正好就是指夜里的露气的意思。于是当时的人纷纷议论说他们是‘沆瀣一气’。后来，这说法就用来比喻彼此志同道合、意气相投。”

“哇，阿胖好博学！”“圣人”佩服地说，“不过，我听吴凤老师说过‘沆瀣一气’现在有贬义，所以还要慎重使用！”

柯于灵听了忍不住问：“既然你们这么‘沆瀣一气’，应该很了解彼此吧？”没想到，这两个现代的“崔沆”跟“崔瀣”，又开始互接起台词：“其实了解一个人并不代表什么，人是会变的。”

大家都觉得他们走火入魔了！小杰听着，却忍不住细细咀嚼起这句话来。

人真的很容易改变吗？眼前的校园生活，生命中的亲人、老师和朋友，都会改变吗？仔细想想，最大的改变常是因为意外吧？

他想起多年前那一场毁灭性的地震。

那一天，妈妈回外婆家照顾患了急症的外公，家里只有爸爸和他。

有些印象已经变得模糊，但隐约还记得爸爸在他的耳边唱歌，要他快些睡。他乖乖地在歌声中睡着了。直到半夜，一阵巨响传来，紧接着是剧烈而可怕的摇晃，他惊醒过来，开始放声大哭，要找妈妈，正在画画的爸爸立刻跑过去抱住他。他们还来不及逃出去，整个屋子就像游乐场里最恐怖的游乐器材，不断上下摇晃。

不知道过了多长时间，爸爸紧紧抱着他，那些从四面八方崩落的土石不断压在爸爸的身上，爸爸的身体像一个盾，阻挡了那些石头与灰尘。他不敢乱动，静静躲在爸爸怀里。

直到爸爸一动也不动。

地震结束了，小杰仍在爸爸的怀里，动弹不得。他唤着爸爸，爸爸却没有理他。从怀抱的缝隙中，小杰看见家里到处都是散落的石块，天是黑的，地是黑的，星星也是黑的，就像坏掉了一样。

他试着回想睡觉前爸爸唱的那一首歌。在爸爸熟悉的怀抱里，他就这样静静地在黑暗中等待。

等着，永不结束的夜晚，终于结束……

等着，有人在瓦砾堆中找到爸爸和他……

等着，也许是又一次可怕的余震……

想起这些的时候，小杰忍不住闭上了眼睛。

紧紧闭着眼睛，他想象自己也是一颗坏掉的星星。

沆瀣一气

【成语出处】《唐语林·补遗》

崔相沆知贡举，得崔瀣。时榜中同姓，瀣最为沆知。谈者称："座主门生，沆瀣一气。"

【成语释义】现多用于贬义，泛指臭味相投的人结合在一起。

【近 义 词】气味相投

【反 义 词】格格不入、圆凿方枘

与虎谋皮

你头又不大，怎么一直当冤大头！

过年了。

除夕这天，妈妈带着小杰回埔里，跟阿嬷、大伯一家人一起吃年夜饭。大伯的家在地震中幸运地逃过一劫。小杰过去所住的地方，应该仍是一片断壁残垣。这么多年了，似乎也没有勇气再回去看看它的模样。

大伯开车到车站接他们，小杰下车后，左手拎着特地为阿嬷准备的日式点心，右手把 iPod 收进背包，一转身，看见阿嬷已经站在门口：“在灶脚（厨房）的时阵，听到这台车的声音，我就知影（知道）恁转来啊。”

埔里没有台北那么阴冷，阿嬷穿着薄外套，看起来很有精神的样子。

“阿嬷！”小杰高兴地上前抱了她一下。只有在见到阿嬷的时候，少年才变回了小孩子。

阿嬷笑得咧开了嘴：“小杰，你越来越大汉（高大）喽！顶一摆（上回）搁比阿嬷尬矮，今马已经比阿嬷尬高了！”

“阿嬷，你每次念我的名字，都很像是叫我‘小姐’，害我很不好意思呢。”小杰有些尴尬地说。

阿嬷笑着说：“我说得不标准，无要紧啦，你听有就好。”

大伯也帮腔：“她还记得你名字算很不错了，每次伊要叫我，就会阿俊、阿清、阿昆叫老半天，但是，我明明就叫阿明！”

阿嬷仍然笑呵呵的：“我亲像部队里面管阿兵哥的班长，把全部的名都点过一遍，总会点到一个正确的嘛。”

大伯家是独栋小楼，院子里种些花草，小池子养了几条锦鲤。晚餐由伯母、妈妈，还有比小杰大两岁的堂姐之之一起合力完成。

比小杰小一岁的堂弟轩海，则忙着跟小杰玩 Wii Fit[1]的“呼啦圈”。玩的时候，得踏上平衡板，扭着腰，

---

① Wii Fit：一款体感动作游戏。

累积身上的呼啦圈数，时不时还要倾斜身体，去接凭空抛来的呼啦圈。小杰跟轩海紧盯电视，表情严肃，很认真地晃来晃去。阿嬷刚好端着花枝丸从厨房走出来，看着他们滑稽的样子忍不住哈哈大笑。

年夜饭，按照惯例大家都要吃一株芥菜，祈求“长命百岁”。桌上摆着豪华冷盘、笋干蹄髈、佛跳墙、清炖狮子头、金沙虾球、烤鲑鱼、双色炒鲜蔬……伯母特别为小杰炸了鸡块和天妇罗，还有手工制作的提拉米苏与数种水果当作饭后甜点，真是太丰盛了。

“真的很好吃。”小杰忍不住又夹了一块虾球。

“我看你整个寒假都应该住埔里，让阿嬷好好给你补一下，保证跟轩海一样福气啦！”堂姐之之笑着说，顺便捏了捏轩海的胖脸颊。

“就是说呀，你看他一天到晚玩 Wii Fit，还是这么丰满。”伯母也加入了揶揄的阵容。

轩海仍然笑眯眯地吃着蹄髈，真是个开朗的孩子。

饭后，小朋友们说了吉祥话，领了红包，大家开始玩牌七，也就是接龙。这可是为了迁就牌技相当蹩脚的小杰，因为他只会这个。

于是，东西南北，分别坐着大伯、之之、轩海、小杰，大家来了数个回合。连着几次都是大伯赢，小杰一直输。

之之忍不住说：“小杰，你怎么一直输！”

小杰显得相当无奈：“都是大伯太厉害啦，能不能让让我们？”

大伯笑着说：“玩牌七想赢我，还希望我让你们，你们根本是与虎谋皮吧。”

大伯话音刚落，轩海就又苦恼地盖上一张牌，抱怨：“到底是谁把黑桃七藏起来了！”接着又问：“什么是雨虎魔皮？是说你像雨天的老虎一样顽皮吗？”

之之不假思索地说：“还有谁会比你皮？”

“大过年的，就别拌嘴了吧。”大伯笑着解释，“周朝有个人很喜欢皮衣，也喜欢美食。有一次，他想制作一件昂贵的皮衣，还想办一场有很多羊肉的盛宴，于是分别去和狐狸、羊商量。他话都还没说完，所有的狐狸就都快快逃往深山，所有的羊儿也彼此呼叫着，躲进了树林里。结果，这个人皮衣没做成，羊肉盛宴更没戏唱。这是为什么呢？因为他找错了商量的对象。”

“他很笨！”轩海笑说，“用脚想也知道那样没用。”

“后来，与狐谋皮，就慢慢发展成与虎谋皮，跟狐狸要皮都没用，跟老虎要当然更不行啊。就像人称‘埔里赌神’的我，怎么可能玩牌输给你们三个小毛头？”

解释完毕，大伯才神秘兮兮地亮出他手上最后一张牌，正是大家久候不至的黑桃七。

大家开始清算自己手上累积的点数：轩海“小头”，之之“中头”，小杰又当了一次“大头”。

而窗外，正好响起了爆竹贺岁的热闹声音。

与虎谋皮

【成语出处】《太平御览》

周人有爱裘而好珍羞，欲为千金之裘而与狐谋其皮，欲具少牢之珍而与羊谋其羞。言未卒，狐相率逃于重丘之下，羊相呼藏于深林之中。

【成语释义】比喻商量的事与对方有利害冲突，事情必办不成。

【近 义 词】水中捞月、枉费心机

【反 义 词】探囊取物、反掌折枝、手到擒来

秉烛夜游

你的蜡烛应该很快就烧光了。

新年假期，到处都是人。埔里也挤满了来自各地的游客。平常安静的小镇，显得过分喧嚣。早上，吃过阿嬷特制的碗粿后，大伯开口问大家：“要不要一起去云林古坑喝咖啡？”

“喝咖啡有必要跑那么远吗？”伯母忍不住说，“我去市场旁边那间‘迷咖’帮你买一杯，你要拿铁还是卡布奇诺都没问题。”

“不免去‘迷咖’，我‘灶脚’帮你泡一杯就金赞（特别棒）啊。”想不到阿嬷也会说冷笑话。小杰扑哧一声笑出来。

过年一直待在家也挺无聊的，大家终于还是接受了大伯的建议，开车上路。天气不错，也没有特别堵车。小杰一耳听 iPod，一耳听大家聊天；之之在看书；

伯母跟小杰妈妈在交流美白心得；阿嬷在吃茶梅；大伯跟着电台的音乐，哼着不成调的歌；轩海……在打呼噜。

绕了些山路，终于抵达古坑。毫不意外，满满的都是人。

好不容易找到了停车位，好不容易挤进一家三层楼高的咖啡馆——号称是古坑地区最早开始种咖啡树的。在店里，之之、轩海、小杰抢着帮忙端咖啡，一家人坐在山谷之间，冬日温暖的阳光照拂着。阿嬷看着大家都到齐了，一脸满足，虽然偶尔也会不小心透露出一点伤感。

“以前最爱饮咖啡的，就是阿程啦。”阿嬷回忆着小杰的父亲，“逐摆（每次）拢半暝饮咖啡，画图画到天光。叫伊莫饮遐呢多（那么多）咖啡，拢讲不听。透早起床，问伊欲呷啥米？伊拢讲伊饮一杯咖啡就好。”

“难怪！”小杰妈妈笑着说，“我们结婚后，什么电饭锅、烤箱、热水器，他都没有最先考虑，一心要挑一台专业咖啡机，真的是只要喝咖啡就会饱了。”

“阿程最爱说咖啡是他的灵感啦。”大伯笑着说，“不过他的图画得真是好。如果说埔里的名产是艺术家，我看我们家的名产就是他的画啦。最近还有人跟我联系，想帮他再办个展。”

爸爸的画真的很棒——小杰忍不住也觉得与有荣焉。

离开古坑之后，大伯又带大家去吃山产，还路过一个相当诡异的游乐场，里面有很多动物，小卖部卖各种自制冰激凌。于是大家搭着古早时代的小火车，去看动物，看完再吃冰。天色大黑才终于回到埔里，本以为就要打道回府，大伯却绕过台湾地理中心碑，继续往山路开去。

“三更半暝，不转去厝内困（睡），是欲去佗位（哪里）？”天一暗，阿嬷的眼睛就看不清东西。

“我还不想回家！”轩海不打呼噜了，精神很好。

小杰看着窗外渐高的地势，远处似乎有灯火。

“人生在世，有机会就要秉烛夜游。”大伯轻快地转着方向盘，又绕了一圈山。

“什么油？我们的车没油了吗？”轩海问。

“你这蠢材，老爸是叫你要及时行乐。”之之忍不住敲了轩海的头。

“很痛啊，不要打我啦。”轩海又问，“为什么要及时行乐？是说想玩 Wii Fit 就一直玩的意思吗？”

“因为难得过年，所以才想说应该秉烛夜游。”大伯笑着说，“你要是每天都玩 Wii Fit，我想你的蜡烛应该很快就烧光了。”

车子停在虎头山上。大家陆续下车，小杰贴心地搀扶着阿嬷。风有些大，但是一走到平台上，往下一看，每个人不约而同地“哇”了一声。

“好美啊！”小杰忍不住赞叹。

“我想，你难得回埔里，应该让你看一看我们的夜景。”大伯说，“以前汉族人陆续迁入埔里，泰雅人在夜里从高处往下一看，万家灯火，好像天上的星星一样，就把埔里取名为‘星星之屋’。现在，虎头山是有名的飞行场，天气好的时候，会有很多人来这里练习飞行伞。”

小杰站在妈妈身边，听着大伯的介绍，想象空中布满飞行伞的画面，仿佛被什么触动了，鼻头有点酸酸的。

原来，他曾经和爸爸一起住过的地方，是一间星星之屋吗？

秉烛夜游

【成语出处】《古诗十九首·生年不满百》

昼短苦夜长，何不秉烛游。

【成语释义】感叹时光易逝，须及时行乐。

【近 义 词】及时行乐

【反 义 词】闻鸡起舞

色衰爱弛

因为他把我画成一棵树。

回台北后，妈妈和小杰开始整理爸爸的画作。既然要举办个展，妈妈希望把他几个不同创作阶段的特色都表现出来，也让大家能记得曾经有过这样一位艺术家。

边整理着画，妈妈边跟小杰分享每一幅画背后的故事。

“你看这幅，是之前你爸爸要追我的时候画的，他画了一棵大树，然后说那棵树是我，我心里面很紧张，想说他是在暗示我太壮吗？”

小杰说：“你们两个太搞笑了吧！”

“后来他解释，其实是因为我让他感觉很安心，像一棵树一样。”

小杰看着那棵树，它是用各种颜色的水彩涂抹而成的，是一棵很温柔的树。

“后来我答应他的追求，也是因为他把我画成一棵树。我想，既然我在他心里的形象是树，就没有所谓色衰爱弛的问题了吧。”

“色摔爱池？把颜色摔进爱的池子？”小杰问。

“不是的。”妈妈说，“这话的意思，是说靠着美丽的外表获得爱情的人，一旦老了、丑了，当初那一份爱也就跟着变质了。”

“听起来很深奥的样子。”小杰似乎还是没有办法真正体会这个成语的意思。

“还有这幅，看得出来爸爸在画你吗？”妈妈把画递给了小杰。

“呃，”小杰尴尬地说，“还好。”

因为画纸上，明明就画着一只猫。

“爸爸说你刚出生时，每天半夜哭着要喝奶粉，简直像小猫咪一样。”

“所以你都半夜起来冲奶粉给我喝吗？”

“我才爬不起来。”妈妈红着脸说，“那时候我刚进学校教书，坐完月子去上班，每天都有忙不完的工作。回到家，好不容易把你哄睡，我就累到不行了。半夜你哭，我完全听不到。”

“所以……你们就让我饿肚子？”小杰瞪大了眼，“好狠心啊。”

“当然不是啦。爸爸那么疼爱你，你一哭，他就慌了，偏偏你又不喜欢用奶瓶。”

“不用奶瓶要怎么喝？”

“用碗啊！”妈妈笑着说，“爸爸就手忙脚乱地舀奶粉，冲热水，又嫌烫，还得喂你喝……”

小杰想象着那画面，不知道碗上会不会也沾到一点颜料？

好不容易，将画都分类、打包完毕，天色也晚了。妈妈说：“来不及煮晚餐了，去吃面吧？”

母子俩又来到牛肉面馆。新春时节，门口摆了一盆水仙，花开了，增添几分雅致。老板娘笑着问：“今天还是一样吗？”

小杰和妈妈同时点了头。面端上桌，小杰呼噜呼噜地吃着，妈妈吃得慢些。小杰都快吃完了，忍不住对妈妈说：“吃饭的时候不可以心有鸿鹄哟。”

妈妈看着小杰吃完了古早味牛肉面，也将甜点吃光了，终于像是鼓足了勇气似的开了口：“小杰，其实，我有事想跟你说。”

“什么事？”小杰喝了一口茶，“你要不要先把面吃完再跟我说？”

“没关系，我好像没什么胃口。”妈妈放下了筷子，“本来这次去埔里，我一直希望有机会跟你阿嬷和大伯他们说，但又想到还没有跟你提过，因此，最后还是什么都没有说……”

似乎是一件很严肃的事，小杰坐直了身子。妈妈接着说：“你记得那位见过几次面的王十勤叔叔吗？”

“开出租车的司机叔叔吗？”小杰眼里闪过一丝犹豫，像是被什么预感抓住，他说，“我有印象。”

“其实这几年，我跟他就像朋友一样。”妈妈说，“除了搭他的车上下班，这半年来，偶尔我也会私下跟他见面。”

所以，有时候妈妈夜归，也不是忙着学校的事？跟朋友去山上玩，也是跟王十勤叔叔一起去？一时间，许多念头在脑中飞快跑过，小杰无法一一捉住。

“王叔叔年纪跟我差不多。过年前，他问我，可不可能考虑和他共组一个家庭……”妈妈的话还没有说完，小杰就霍地站了起来：“那爸爸怎么办？”

小杰想起那一棵树，那棵不会色衰爱弛的树，爸爸很爱妈妈的啊。

“爸爸已经过世很多年了，我……”妈妈也语塞了。

小杰望着妈妈，他不是不希望她过得快乐，只是，只是没想到当改变到来，心里面有种无法解释的抗拒，像潮水一样淹没整个身体。

不知怎么，他想起了那天阿军和国士背诵的台词："其实了解一个人并不代表什么，人是会变的。"

忽然，他觉得妈妈好陌生。人果然是会变的。

小杰眼睛一热，泪水不争气地掉了下来，视线也模糊了。

小杰听不见妈妈接下来说的话，转身跑出牛肉面馆，以他最快的速度，跑进城市的黑暗之中。

色衰爱弛

【成语出处】《韩非子·说难》

昔者弥子瑕有宠于卫君。卫国之法，窃驾君车者罪刖。弥子瑕母病，人闲往夜告弥子，弥子矫驾君车以出。君闻而贤之曰："孝哉，为母之故，忘其犯刖罪。"异日，与君游于果园，食桃而甘，不尽，以其半啖君，君曰："爱我哉，忘其口味，以啖寡人。”及弥子色衰爱弛，得罪于君。君曰：“是固尝矫驾吾车，又尝啖我以余桃。”故弥子之行未变于初也，而以前之所以见贤，而后获罪者，爱憎之变也。

【成语释义】 指靠美貌得宠的人，一旦容颜衰老，就会遭到遗弃。

【近 义 词】 色衰爱寝、秋扇见捐

【反 义 词】 永结同心、白头偕老

玩岁愒日

将一块一块零散的碎片拼成完整。

小杰跑出牛肉面馆，使劲跑着，跑过了好几条街，才发现自己脑子里一片空白。眼前的道路是熟悉的，却也是陌生的，该去哪里才好？心里似乎有一种情绪在发酵——不想回家。因为还不知道该怎么面对妈妈。是一种……被背叛的感觉吗？小杰也说不上来。

眼前赫然出现了“老地方”的招牌。几个正红色的英文字母，写在奶油黄的底色上，平常总爱和阿军、“圣人”来这里聊天。想起了他们，也想起自己身上根本没带钱，连要进去买杯可乐，坐下来思考一下也不可能。

看来，只好去投靠他们了。

不过，小杰从来没去过“圣人”家，仔细想来，对他家的一些细节也不太了解。他家里有几个兄弟姐妹、爸爸妈妈做什么工作，似乎都没听“圣人”提过，也许因为他本身就已经是一个太耀眼的存在吧。

阿军家倒是去过好几次。离“老地方”不远，楼下是家自营的影碟出租店，一家人住在楼上。阿军有两个哥哥，但年纪比他大很多，一个在当兵，一个在外地念大学。影碟出租店是他妈妈经营的，他爸爸在工业区一家公司当经理，是个看起来很有威严的人。他爷爷、奶奶都过世了，家里人口很简单。小杰边考虑着，边有些紧张地往阿军家走去，心想阿军不在家该怎么办。直到看到影碟出租店的招牌亮着，小杰才松了一口气。

“赵妈妈好，我想找一下赵其军。”小杰怯怯地走近柜台。

赵妈妈看到小杰，开心地拿柜台上的糖果给他吃，要他自己上楼。

敲了阿军房间的门，阿军看见是小杰，惊讶地说：“哇，你从埔里回来了啊？”小杰点了点头，默默地走了进去，地上摆着一大堆散落的拼图。

“阿军，我今天可以借住你家吗？”

“好啊好啊，我快无聊死了！”阿军兴奋地说，“你先帮我拼这边。”

小杰看着已完成的部分，是一个戴墨镜的金发女人，阿军正在拼的部分，则是中文字的“重”“庆”，画面有一种复古的情调，但看不出来是什么。小杰蹲下来，看着阿军的手来回比对、挑选着，将一块一块零散的碎片拼完整。

“你光看，都不动手！”阿军抱怨，“一起拼比较快啦。”

小杰伸手拿了一块拼图，停在半空中，思索了很久，始终没有放下去。

“发什么呆啊？”阿军用手在他眼前挥了挥，“你今天不太对劲儿啊。”

“可以像你这样，没有烦恼，快乐地拼着拼图，真好。”小杰说。

对于突如其来的称赞，阿军突然有点尴尬：“我怎么会没烦恼，我不过是拼个图，我爸就嫌我玩岁愒日……”

“什么？”

“我也是反问他‘玩岁愒日’是什么？他就把报纸往桌上一丢，眼睛瞪得很大，说我都不读书，连‘玩岁愒日’是贪图安逸、虚度光阴都不知道！”阿军叹了口气，“所以，我就把拼图搬回房间，躲起来拼，省得又被他唠叨。”

小杰边听着，思考着什么似的，边把手上那片拼图丢回去：“如果我妈打电话找我，别说我在你家啊。”

“为什么？”阿军说，“你今天真的怪怪的……该不会是失恋了吧！”

“什么鬼！”小杰幽幽地说。

“说到失恋，我可以说是你的前辈了。”阿军马上摇身变为“过来人”，将手搭在小杰肩上，又开始背起他最爱的那部电影的台词，“每个人都有失恋的时候，而每一次我失恋呢，我都会去跑步，因为跑步可以将你身体里的水分蒸发掉，让我不那么容易流泪……”

小杰还来不及分辩，阿军就放下拼图，拉着他的手：“走！我陪你去跑步！”

玩岁愒日

【成语出处】《左传·昭公元年》

赵孟将死矣。主民，玩岁而愒日，其与几何？

【成语释义】意指贪图安逸，虚度光阴。

【近 义 词】 无所用心、饱食终日

【反 义 词】 孜孜不倦、夜以继日、焚膏继晷

野人献曝

他以为全世界只有他知道晒太阳可以取暖……

拗不过阿军，小杰硬是被拉到一个邻近的大公园，两人并肩站在一棵好几层楼高的樟树下，阿军帅气地做出预备姿势："这里没有跑道，将就一下吧。"说完，他一马当先冲了出去，边跑还边说："快！比赛看谁先跑到滑梯那边！"

虽然有点莫名其妙，却又不甘心输给阿军，小杰也随即追赶，很快就赶上了阿军。没想到，快跑到滑梯附近时，阿军又说："来回跑十趟才算！"

两个人就这样在春天仍带点凉意的夜里，一趟又一趟地跑着，跑得气喘吁吁、满头大汗。最后，阿军率先抵达终点，小杰则差了两步。

"哈！获胜！"阿军揩去额头上的汗水，比出胜利的手势。

“我们……到……底为……什么……”小杰边喘边说，“要这样跑啊……我……我又没失恋……”

“什么！”阿军拍了一下他的头，“我还想说我野人献曝，跟你分享我的失恋特效药。”

“野人现铺？”小杰还在喘，“是说……你床铺……要借我睡吗？”

“嘿嘿，你不懂吧！”阿军很得意，“其实我本来也不懂啦，是神童教我的。据说以前有个很穷的农夫，他以为全世界只有他知道晒太阳可以取暖，打算把这个发现禀报给国君，想因此获得重赏，结果，当然是被大家取笑到不行啦。像这种因为见识浅薄，只能提供一些无聊意见的，就叫作野人献曝。”

“原来如此。”

“不过这句话也可以是一种谦虚的用法，你应该听得出来我刚刚是在谦虚吧！”

小杰喘完了，淡淡地说：“还好……”

“既然不是失恋，那你是怎么了？”阿军问，“你今天真的有点怪怪的。”

“我……”小杰欲言又止，想了一下，终于说，“之前没有跟你说过，其实，我爸爸在我很小的时候就过世了。”

“难怪从来没听你提过他，你每次都只会提到你妈妈。我也不好意思多问，本来以为你爸跟你妈离婚了。”

“我爸是因为‘九二一’大地震过世的。”小杰说。

“那次地震真的超可怕。”阿军说，“那时候我还很小，记得我妈后来有好长一段时间都要开灯睡觉，她说不知道什么时候会再地震。”

“那次地震我家全毁了。”小杰说，“之后，我妈就带着我离开埔里，上台北生活。”

“这么说来，要不是‘九二一’大地震，我们也不见得会成为同学，更别说成为好朋友了！”阿军忍不住又要背出他最爱的电影台词，“每天你都有机会跟别人擦身而过，你也许对他一无所知，不过也许有一天，他可能成为你的朋友或者知己……”

听着阿军背诵的电影台词，小杰说：“记得吗？你曾经背过一句‘其实了解一个人并不代表什么，人是会变的’。今天我妈突然跟我说，她可能会再跟别人结婚。”

阿军小心翼翼地问：“你不希望吗？”

小杰沉默了一会儿，没有回答。

橘色的路灯照着他们所站的游戏区，地上铺着黑色软垫，除了滑梯，还有几只造型有点滑稽的塑料玩具，一座铁制爬梯、一排单杠、一溜秋千……小杰坐进其中一个秋千，就这样荡了起来，忽高忽低的。

阿军也坐进另一个秋千。两个人比赛谁荡得高。荡着秋千的时候，好像暂时摆脱了地球引力，也摆脱了一些烦恼。

虽然，终究还是要回到地面。

小杰从秋千上一跃而起，转身用手将晃动中的秋千抓住："我真的不知道怎样比较好。"

"不然我们去问问'圣人'好了？"阿军灵机一动，"'圣'人献曝，再怎么说，也比野人献曝好一点吧！"

野人献曝

【成语出处】《列子·杨朱》

自曝于日，不知天下之有广厦隩室，绵纩狐貉。

【成语释义】比喻平凡人所贡献的平凡事物。

鹑衣百结

只是需要一点时间来调适。

决定找“圣人”一起讨论之后，阿军对小杰说：“我们直接杀去他家？”

“这样不好吧。”小杰有点为难，“你忘了他常说，‘惊喜与惊讶只有一线之隔’，况且，我也不知道他家的位置。”

“我去过一次。”阿军说，“有一回已经说拜拜了，我才想起来要还他东西，就骑车赶上他，后来一路跟到他家。”

两个人慢慢散步到“圣人”家的巷子口，阿军才拿出手机拨电话给他：“‘圣人’！恭喜发财，红包拿来！我在你家楼下，快下来迎接我。”

小杰听不见电话那头说了什么，只看见阿军吐了吐舌头：“好啦，我们等你。”

挂上电话后，阿军说："他说，要等他二十分钟，我们先去便利店买饮料。"两个人都选了运动饮料，帮"圣人"买了罐热红茶，在店里的位子上坐着等他。

结果，过了二十分钟，"圣人"还没有出现，他们只好很无聊地观望着商店外的行人。便利店的玻璃窗就像电影院的幕布，播放着真实的人生。

小杰的目光被两个奇特的人吸引。他们穿着工作服，外罩反光背心，戴着耳罩，手上握着一根长长的铁棍，下缘接着一片圆形金属器，贴着地面前进，并发出"咳咳咳"的声音。看了半天，看不出到底在干吗。于是，他推了推阿军，示意他看。

"是在侦测有没有地雷吗？"小杰想了很久之后问。

"可能是在帮地球看病吧。"阿军给了个诗意但不负责任的答案。

奇特的人刚走远，跟在后头登场的是一个流浪汉。他全身上下的衣服布满各式各样的破洞，裤脚还一高一低，没穿鞋，缓缓走向一个等公交车的女孩，不知道对女孩说了什么，女孩摇了摇头，就走开了。

"他的衣服实在是……破得太彻底了。"阿军下了结论。

"对呀，我们这里偶尔会出现一些鹑衣百结的人。”“圣人”的声音从后头飘出。

“你真是神出鬼没！”小杰惊讶地回头望他。

“是你们看得太出神，根本没发现我已经走进来，店员还喊了‘欢迎光临’呢！”“圣人”不疾不徐地说。

“所以，像你这样突然出现，就是你刚刚说的那个什么‘纯一百洁’吗？你们这里真的很妙，我只听过‘纯洁’，还真没听过‘纯一百洁’。”阿军说。

“无知是毁灭的预告片。”“圣人”拍了一下阿军的头，“所谓的鹑衣百结，指的是衣服破烂不堪。鹑鸟尾巴光秃，就像缝补过许多次的破衣服一样——我是在回应你刚刚看到的那个流浪汉啦。”

“你看，‘圣人’懂很多吧，找他来就对了！”阿军边说，边看了看手表，“不过，你是不是也太磨叽了，出个门要打扮三十分钟？”

“谁说我在打扮？”“圣人”没好气地说，“谁让你那么会挑时间，我刚好在帮爷爷洗澡。”

“帮你爷爷洗澡？”小杰和阿军同时睁大了眼睛。

“对呀。”“圣人”说，“我爷爷的膝关节严重退化，走路不方便，没办法自己洗澡。本来我们请了一个菲佣帮忙，但她过年期间回国了。”

“所以家里只有你和爷爷？”小杰问。

“我妈在我上小学的时候，就跟我爸离婚，搬走了。我爸则一直在上海做生意，很少回台湾。像今年，赶回来吃了年夜饭，大年初二又飞回去，我怀疑他在那边另有一个家……说不定我其实还有弟弟或妹妹呢。”

小杰惊讶地听着。难怪“圣人”这么独立，又鲜少谈起家里的事。

“你们怎么突然想到来找我？”“圣人”说，“不会真的是来要红包的吧？”

阿军很快将来龙去脉解释了一下。“圣人”专注地听着，然后，用他超级有说服力的口吻说：“不管怎样，最重要的是别让你妈妈担心。小杰只是需要一点时间来调适。”

“是吗？”小杰问。

“时间是隐形的药。”“圣人”说，“我妈刚搬走时，我每天都很生气。气我妈，气我爸，气老师，气同学，气爷爷，气我的铅笔盒，气我的书桌。好一阵子什么东西都不吃。”

“后来呢？”阿军问。

“后来才发现，不管你多生气，世界都不会改变。”“圣人”说，“从那时候起，我就知道，唯一能改变的，只有自己。”

阿军边听，边连连点头，对小杰说：“那我先跟你妈妈联络一下，别担心，你想在我家住几天都可以。”

小杰望着阿军和“圣人”，忽然觉得，自己是不是太不成熟了？

鹑衣百结

【成语出处】	鹑衣：《荀子·大略》 子夏贫，衣若县鹑。子曰：“子何不仕？”曰：“诸侯之骄我者，吾不为臣；大夫之骄我者，吾不复见。”柳下惠与后门者同衣而不见疑，非一日之闻也。争利如蚤甲而丧其掌。 百结：《晋书》 董威辇，每得残碎缯，辄结以为衣，号曰百结。
【成语释义】	形容衣服破烂不堪。
【近 义 词】	衣衫褴褛、悬鹑百结
【反 义 词】	衣冠楚楚、西装革履

巴蛇吞象

别客气，这么多东西我吃不完啦。

为了不让小杰苦陷于闷闷不乐的情绪，阿军约了“圣人”一起去动物园玩。

他们约好在地铁站碰面，到了约定时间，人也到齐了，阿军却频频看着手表：“再等一下下就好。”

眼看着又过了一班车，小杰正想问阿军到底在搞什么，竟然看见柯于灵从转角处小跑着过来。

“不好意思！我迟到了。”柯于灵连忙跟大家道歉，“刚要出门，我妹缠着我，帮她找贴纸，就耽误了时间。”

“这……”“圣人”和小杰实在太惊讶，于是指着柯于灵望向阿军，“她……”

“哎哟，”阿军连忙解释，“因为那天她来我家租影碟，我就顺便问她要不要一起去动物园。我怕她临时反悔，才没先跟你们说啦。”

“原来你们都不知道啊。”柯于灵担心自己是个不速之客，“可以让我参加吗？”

“你愿意一起去，当然很好啊。”“圣人”说，还推了推小杰，“对吧？”

“对啊。”小杰有些害羞地望着她。一些日子没见，她似乎变得更漂亮了。长长的头发用一个发结随意绾起来，衣服是多层次的白色和浅蓝色，外面罩着一件碎花的羊毛薄外套，笑起来总是那么甜。

一行四人到了动物园之后，决定先搭游客列车到山顶。排了队，上了车，等游客列车缓缓开动，阳光从树叶间筛落，两侧有着大型蕨类。风吹动着柯于灵的发丝，她伸手把几绺遮到眼睛的发丝拨开。

“我们会先看到什么动物？”她问。

“圣人”低头研究地图：“我们先去企鹅馆，然后再去两栖爬虫动物馆。”

“太好了！”阿军完全随声附和。

小杰则有些怔忡地望着柯于灵，真不敢相信，竟然会和她一起逛动物园！才想着，企鹅馆就到了。大家都扒在玻璃上，观看企鹅摆动身子，有些笨拙又有些灵活的样子，真逗趣！“国王企鹅的黄色耳斑跟下颚好可爱啊。那种黄色感觉很神秘，好像很难在调色盘上调出来。”小杰说。

“不知道它们会不会想家？”柯于灵问了个有点伤感的问题。

告别了企鹅，一行人走到两栖爬虫动物馆，那里有可爱的印度星龟、相当不好惹的小丑箭毒蛙……此外，数量最多的就是蛇！大名鼎鼎的百步蛇、来自北美洲的西部猪鼻蛇、眼镜蛇，全都以它们的特殊斑纹令人感到畏惧，却又深深吸引了人们的目光。

小杰跟在柯于灵旁边，偷偷观察她的表情，只见她一脸又爱又怕的样子。

看完之后，大家信步往山下走，阿军忍不住喊饿：“我今天没来得及吃早餐啦。所以，好饿啊，现在超想吃热狗、大薯、可乐、双层芝士牛肉汉堡……老实说，我觉得现在的我甚至还吃得下麻辣香锅、烧酒鸡、烤牛排、排骨便当、烧肉粽……”

“我看你根本是巴蛇吞象。”“圣人”取笑他。

“巴蛇？”阿军问，“刚刚我们有看到这种蛇吗？”

“巴蛇是四川的巨蟒，”“圣人”解释，“相传古时有巴蛇能吞食大象，经过三年，象的骨头才被吐出。后来，这句话就被用来比喻人贪心。”

“我……我只不过是肚子饿而已。”阿军委屈地为自己辩解。

为了避免阿军因为肚子饿而吃掉动物园里的动物，大家火速前往他指定的快餐店，点了一大堆他刚刚报过菜名的食物，找了空位坐下来。阿军把薯条倒出来，跟大家分享：“别客气，这么多东西我吃不完的，我又不是巴蛇。”

“那可说不定！”“圣人”故意笑着说，“你可别没吃饱，待会儿又喊饿。”

没想到，柯于灵喝了口可乐后，突然对“圣人”说：“其实，刚刚听你说巴蛇吞象，我觉得很有感触。”

“为什么？”“圣人”惊讶地问，“该不会你也想吃麻辣香锅、烧酒鸡、烤牛排、排骨便当、烧肉粽……”

“不是啦。”柯于灵咬着可乐的吸管，想了一会儿，说，“因为我爸爸曾经是个成功的企业家，一心想要赚更多的钱。妈妈总是劝他，有比钱更重要的事。爸爸却冷笑着反驳了她，还说，有钱不赚，难道是傻子吗？”

“看来你爸跟我爸一样，把工作看得比家庭重要。”“圣人”说。

“那时，我妈也是说他巴蛇吞象。”柯于灵说，“他气得摔门离开。没想到，最后他投资的一大笔钱，全都赔掉了。”

“是吗？”阿军咬着汉堡，瞪大了眼睛。

“后来，他又回到之前小本经营的状态，也许赚的钱没那么多，”柯于灵说，“可是，不再没日没夜地忙碌，也多了点时间陪我们，我反而觉得这样更好。”

小杰默默地听着，没有说话。原来，每个人都有一个不为人知的故事啊。

不知道，像他这样，既希望妈妈获得幸福，又不那么希望妈妈再嫁，会不会也是因为心里养了一条巴蛇？

巴蛇吞象

【成语出处】《山海经·海内南经》

巴蛇食象，三岁而出其骨。

【成语释义】比喻过分贪心。又作“人心不足蛇吞象”。

【近 义 词】得寸进尺、贪得无厌

【反 义 词】知足无求、知足常乐

生灵涂炭

感激像这样的和平年代。

整个晚上，小杰一直盯着爸爸画的那一幅素描，视线在同一处停留过久，终于渐渐模糊起来……小杰别过眼睛，打算去厨房倒杯水喝。

打开门，才发现妈妈缩在沙发上看电视。从阿军那里回自己家后，他和妈妈就一直维持着一种礼貌、客气的状态。妈妈绝口不提再婚的事，他也没再多问。虽然知道问题其实没解决，就像一张白纸上的透明水渍，那么淡，但就是存在。

妈妈看见小杰出来倒水，便问："想吃葡萄吗？我来洗。"

小杰咕噜咕噜地喝着水，说："还好。"

"要不要看电视？"妈妈问。就像过去许多个夜晚，他们并肩窝在沙发上，看影集、卡通、新闻。有时一起大笑，有时感动流泪，不懂他就发问，妈妈便耐心解释。似乎已经好些日子，都不曾那样了。

什么时候开始改变的呢？

是自己进入青春期后，开始把焦点放在朋友身上吗？或者，是自己宁愿在房间上 MSN、听音乐，越来越少出来跟妈妈聊天？

带着一点怀念的心情，小杰默默坐到了妈妈身边，妈妈用手臂揽住他："哇，你的手好凉，冷吗？"

小杰笑了笑说："还好。"

妈妈将她身上天空蓝的大围巾分给小杰一半。小杰望着屏幕上枪林弹雨的画面，是一个报道伊拉克战争的新闻专题。镜头拍着等待重建的巴格达[1]，士兵哀悼同袍，怀抱着婴儿的妇人无助奔跑，愤怒且哭泣的青年对着军队咆哮……最触目惊心的是战火下的孩子，小杰看着那些与他同龄，或者比他更小的孩子，在战争中家破人亡，他们无辜的脸庞衬着身后的烽火，感觉是那么突兀，令人不忍直视。

接着，他看见一张照片，一个住在巴比伦城附近村庄的少年在一次美军直升机袭击的过程中，被严重

① 巴格达：伊拉克首都。

烧伤，双眼几乎失明。他将一张自己毁容前的黑白照片覆在左眼上，右眼则是纯净的宝石蓝，少年就这样静静凝视着镜头，面无表情……

妈妈忍不住叹了口气说："一旦发生战争，就免不了生灵涂炭，小孩子总是最大的受害者，他们还那么小啊。"

"真的好惨，比大地震还可怕。"小杰说，"但是我刚刚好像没有看到森林。什么是森林图探？"

妈妈决定起身洗葡萄，边走边说："生灵涂炭是形容人民处于极端艰苦的困境。就像战争一开打，平静的生活被毁了，不仅每天提心吊胆，连吃饭都成了问题，所以，我们要感激像这样的和平年代。知道吗？其实地球上有很多小朋友，他们连温饱都有问题，有的是因为战争，有的是因为贫穷。"

小杰静静地听着妈妈说话，就像过去许多个他与妈妈两个人共度的夜晚。未来如果加入一个新的角色，是更好，还是更坏，他其实无法想象。

会不会，他只是害怕改变？在这个生活了十多年的空间，他已经如此熟悉的一切，突然多出一个"父亲"，不正像妈妈所说的"战争一开打，平静的生活被毁了"？

妈妈将洗好的葡萄端来，放在小茶几上面，葡萄泛着漂亮的深紫色。小杰伸手拿了一颗葡萄，慢慢将皮剥开，试着想象沙发上坐着三个人的感觉。

“好吃吗？”妈妈问，“是同事家乡种的，据说是水果比赛的冠军哟。”

“还……”小杰本来想说“还好”，但是葡萄在嘴里咀嚼出一点点酸紧接着便是丝丝的甜，于是改口说，“还蛮甜的。”

电视上继续播报着巴格达前些日子所发生的爆炸事件，小杰不禁又想起那个被毁容的巴比伦男孩，不知道他现在过着怎样的生活。把籽吐出来的时候，突然发现，此时此刻，自己能够吃着妈妈为他准备的葡萄是多么幸福。

生灵涂炭

【成语出处】《晋书·苻丕载记》

先帝晏驾贼庭，京师鞠为戎穴，神州萧条，生灵涂炭。

【成语释义】形容人民处于极端艰苦的困境。

【近义词】 水深火热、民不聊生、赤地千里、哀鸿遍野

【反义词】 四海升平、安居乐业、国泰民安、丰衣足食

第四章

追寻记忆的起点

风行草偃

希望他的努力，你们都能看得见！

开学了。

大家似乎还没从假期中恢复过来，心情有点浮躁，教室里弥漫着一丝骚动气息。第一堂课是吴凤老师的课，她抽点了几个同学，问大家寒假做了什么。接着就宣布，这个学期开始，学校会特别注重环保。不仅在水龙头和洗手间装上省水装置，增植绿树，强调垃圾分类，也鼓励同学少喝瓶装水、少用一次性筷子，校长还说他接下来都不开车，改骑自行车，希望能有风行草偃的效果。

“自行车我们每天都骑啊，校长很落伍，”阿军说，“其实我们早就在过环保生活啦。”

阿胖自从上次被老师夸奖过“很好！不懂就要多发问”后，再次勇敢地举起他因为过年大吃大喝，而更加与麦兜有几分神似的小手问："老师，请问什么是风行草眼？"

吴凤老师转身把"风行草偃"写在黑板上："这句话出自《论语》，代表上位者以身作则，下面的人自然就会效法、学习。所以，校长是希望他的努力，你们都能看得见！"

老师才说完，国士就轻轻发出两声犬吠，因为整整一个寒假都没听到，居然有种久违了的亲切感，大家都笑了起来。

国士有些不好意思地低下了头。

"然后……"老师睁大了眼，"我有好消息要宣布！"

"老师终于要结婚了？"包子只是跟邻座咬耳朵，但说得太大声，大家都听到了，笑声爆得更开。

"谢谢你们这么关心我的幸福，"老师说，"可惜时机未到。我是要宣布我们班的陈郁杰同学，获得了 CA 大赛的特别奖！"

"哇！"阿军叫了出来，大家也都一副激动的样子。小杰则因为太意外，不知道该怎么反应。

"我们一起给他一个爱的鼓励吧！"老师说，"恭喜小杰。"

小杰害羞地接受了大家的恭喜，眼眶感觉有点热热的。他看见“圣人”、阿军、柯于灵，还有好多同学，脸上带着笑容望着他，真诚地为他欢呼。

那一瞬间，好想要让爸爸知道啊……

如果爸爸知道，他把那一夜自己躲在爸爸怀里，忍受着地球的摇晃，忍受着对黑暗的恐惧，努力想要看到一点光亮，却什么也看不到的心情，画成了《星星坏掉了》，还得了奖，会不会很高兴呢？

还是身为专业艺术家的爸爸会笑他的作品太过稚嫩？

无论如何，那是一份小杰真心想要送给爸爸的礼物。

当心里这么想着的时候，说也奇怪，忽然就特别想再回到那个地方看看。这么多年来，那一片断壁残垣有人整理过吗？记忆中的最后一眼，家里到处是散落的石块，天是黑的，地是黑的，星星也是黑的……

这样的想法，小杰没有告诉任何人，只是努力融入同学之中。学习着老师教导的知识，默背着新学的英语单词，在周而复始的课堂上发呆，每周跟着何齐老师跑三千米……偶尔仍然跟“铁三角”成员约在“老地方”，看阿军如何为二号餐或七号餐心猿意马，或者，也会在 MSN 上跟柯于灵闲聊……

但是，这种种都无法驱散心里那份莫名其妙的寂寥之感。

或许是因为，他始终介意妈妈的沉默，感觉自己像是耽误了她的未来，有种难以解释的愧疚，就像一块压在心上的石头。

日子就这样又过了两个月。

一个天气回暖的星期日下午，妈妈约了王十勤到家里来，表面上是请他帮忙更换几个坏掉的灯泡，其实是想制造一点机会，让他跟小杰相处。

结果，小杰在房间里躲了一个下午，直到晚餐时分，才终于露了脸，用很低的声音打了声招呼。

“哈啰。”王十勤同样还是语气温和，脸上挂着笑。

一行三人，前前后后，不快不慢，来到了牛肉面馆。

老板娘看见小杰和妈妈，亲切地问：“今天还是一样吗？”才说完，马上又改口：“咦？不对，今天不太一样。”眼神落在王十勤身上，便递上了一份菜单。

王十勤接过菜单，略为浏览之后说：“我点古早味牛肉面，谢谢。”

小杰有点惊讶地抬眼看了看他，但没说什么。

老板娘满意地收起菜单，到后头准备去了。

食物端上桌时，王十勤才发现：“哎呀，原来我跟小杰点了一样的东西。”小杰“嗯”了一声，拿起筷子夹面，吃了两口，终于像是鼓足勇气似的对妈妈说：“妈，我想要出去走一走。”

“现在？”妈妈露出不可置信的表情，担心小杰又像上回那样夺门而出，“不先把面吃完吗？”

“不是啦……”小杰不敢看妈妈，只望着汤碗，边卷着面，“我是指，走一段比较远的路。我想回小时候我们住的那里看看，不知道现在变成怎样了。”

“走路回埔里？”妈妈声音高了八度，“那多危险！等暑假时，我再陪你回去，好不好？”

“我已经想好久了。”小杰放下筷子，不知道该如何解释这些日子以来盘旋在心上的那份寂寥感，“我真的很需要离开一下。”

本来，他也想过就先拖着吧。但因为妈妈找来了王十勤，小杰才忽然发现，问题从来不会主动消失，往往只是被忽视、搁置。

“可是，你知道的，我现在没办法请假，等到放暑假的时候……”妈妈的身子倾向小杰，语气有些无奈，感觉很脆弱。

“其实不需要你陪，我只是必须回去看看！一个人，走回去，看看。”小杰也觉得自己讲得好吃力，但他知道自己非做不可了。

“小杰，我……”妈妈握住他的手。

餐桌上陷入了一阵紧绷的胶着与不安，王十勤突然打破沉默：“小杰，我陪你一起走吧！”

小杰和妈妈都以不可思议的眼神望着他。

“我不需要人陪。我已经长大了。”小杰再次强调，他不希望这趟旅程有这么一个意外的旅伴。

“是啊，小杰已经长大了，不需要陪了。”王十勤望着妈妈，又微笑着望向小杰，笃定地说，“那么，让我跟着你走吧。”

妈妈惊讶地说：“真的可以吗？”

王十勤挑起一筷子面条，笑着说了他最常说的那句：“没问题。”

风行草偃

【成语出处】《论语·颜渊》

君子之德风，小人之德草，草上之风，必偃。

【成语释义】 比喻在上位者以德化民。

【近 义 词】 风行草从、上行下效

【反 义 词】 尸位素餐、伴食中书

引婴投江

爸爸要把他拿去丢掉。

妈妈拗不过小杰的强力请求，答应帮他请假。唯一的条件，就是小杰必须答应让王十勤跟随他一起出发。小杰虽然心里觉得很别扭，却也没有其他办法，只好接受了。

大家知道小杰要“走路”的事，都有些惊讶，但都送上最大的祝福。阿军感伤地说：“小杰，我超想跟你一起走的，这样我就不用上学了！可是我哀求我老妈一百次了，她还是不肯……”

小杰对他笑了笑，他知道阿军是因为担心他，才想跟他一起走的。

“小杰，先派你去勘察地形，如果你觉得这个行程值得推荐，我们暑假就可以不去动物园了！”“圣人”开玩笑地说。

“路上车很多，自己要小心点。”柯于灵细心叮咛着。

每个人也都准备了小礼物，让小杰带着上路。

“圣人”准备的是迷你手电筒，可以系在背包上，半夜路暗可以派上用场。阿军准备了一顶帅气的鸭舌帽——长途走路除了雨淋，还有日晒。柯于灵准备了一个护身符，是从大甲镇澜宫[①]求的，有妈祖的神力庇佑。妈妈则为小杰准备了一个纯白的计步器，可以计算他这一路上的行走距离和步数，还送他一个 iPod shuffle[②]，iPod 已经够轻巧，可要带上路仍然太重了。

小杰为自己准备了内衣裤、一本厚壳的图画纸笔记本、粉蜡笔数支（看到什么有趣的东西可以画下来）、跟妈妈借的数码相机、矿泉水、钱包。

王十勤则还带了一些药品、地图。

出发之前，王十勤为此行规划出路线。因为担心小杰走不了太多路，决定以“慢游”的方式，边看边走，边走边看。行程宽松，没有赶路的问题。他找了许多资料，除了沿途的旅游景点，他知道最重要的是

---

① 大甲镇澜宫：台湾大甲镇庙宇，奉祀妈祖。

② iPod shuffle：苹果音乐播放器，重量只有 22 克。

“怎么走”。他发现一本备受好评的散文集——《跟我一起走》，作者用诚恳的文字，写出他步行台湾各地的故事与心情；其中一段，正是讲述他从台北走回员林的经历。王十勤简直如获至宝，不管是内容还是实际的走路经验，都是太好的参考书了！

终于来到出发的这一天。一大早，两人先搭地铁到台北车站，把这里当作起点。

刚开始，小杰不知道该跟王十勤聊什么，便戴着耳机，听熟悉的音乐。王十勤不以为意，走在小杰左后方，帮他留意后方的来车，避免他离车道太近。一路上，只有车子呼啸而过的声音、旁侧工地的噪声、偶尔路过的人的交谈声。就这样，他们跨出了台北市，感觉到空气中有了些许的温差。

出发前，他们都先吃过妈妈准备的早餐，肚子并不饿，为了避免半路找不到洗手间的窘境，也很节制地喝着水。

王十勤偷偷观察着小杰：稚气的身子已经抽高了，却还是带着一点小朋友的可爱，眼神澄澈得像是要把谁看穿一样；直而细的头发，怕整理不方便，没有“抓得很帅”，只是戴上了阿军送的帽子；表情有点倔强，但更多的是慧黠。不知怎的，偶尔离他稍远，望着他的背影，会感觉到一股强烈的孤独感像水汽一样渗出来，看久了，会心疼。

小杰其实也偷偷观察着王十勤。他个子很高，黝黑的皮肤，利落的短发，看起来很结实，不像有些中年人那种渐渐松弛的皮肤。他爱笑，笑起来的时候，眼角出现几条鱼尾纹，却有一种奇妙的、令人信赖的感觉。他似乎总是保持礼貌的距离，却不令人感觉冷漠，那就是妈妈喜欢他的原因吗？

如此奇妙的组合，一个男人，跟一个少年，既不是父子，连朋友也称不上，却展开了相同的旅程。只能说阿军爱背的那句台词真是太贴切了——“每天你都有机会跟别人擦身而过，你也许对他一无所知，不过也许有一天，他可能成为你的朋友或者知己……”

然而，老天爷并不怎么赏脸。

过了新庄之后，竟开始飘起蒙蒙细雨。两个人套上准备好的雨衣，打算挺步前进，但那雨丝渐渐成为雨点，最后，简直像雨做的子弹，豆大的雨点打在身上，若要贸然前行，只怕会相当狼狈。

王十勤更担心小杰会着凉，以至于后面的行程被迫取消。因此，他拉了拉小杰：“前面有家泡沫红茶店，我们先进去躲一躲。”

“可是……”小杰露出了为难的表情，“我们不是预定今天要走到桃园吗？”王十勤来不及解释，先带小杰小跑着躲进了店铺，脱下雨衣，拿出毛巾让小杰拭干头发，各点了杯饮料，才笑着对他说：“虽然我们有既定行程的安排，但如果不能因为天气而有点小小的变通，就等于是引婴投江了。”

小杰喝了口热乎乎的古早味红茶：“什么江？”“从前有个人路过江边，看见有人正打算把婴儿丢入水中，婴儿哭得很惨，便连忙阻止了他。问了原因才知道，原来婴儿的父亲很善于游泳，所以认为婴儿一定也很会游，不怕水。”王十勤说，“会有这样的想法，就是因为遇到问题不懂得变通，没办法随着事件或环境的不同，采用不同的应对之道。”

“原来是这样……”小杰说，“我还以为那个婴儿像电影《本杰明·巴顿奇事》里的本杰明一样，一生下来就很老，所以他爸爸要把他拿去丢掉。”

王十勤笑着说：“说不定你说的才是真的，不然谁那么傻，真以为把婴儿丢到水里就能游泳，太没道理了！”

饮料喝尽，休息了一会儿，雨也停了。王十勤细心地把两件雨衣折好，对小杰说：“我们出发吧！”

引婴投江

【成语出处】《吕氏春秋·察今》

有过于江上者，见人方引婴儿而欲投之江中，婴儿啼。人问其故，曰："此其父善游。"其父虽善游，其子岂遽善游哉？以此任物，亦必悖矣。

【成语释义】讽刺那些不能因时而变的迂腐之徒。

【近 义 词】食古不化、刻舟求剑、胶柱鼓瑟

【反 义 词】日新又新、推陈出新

沦肌浃髓

天气像一枚长长的夹子……

所幸，第一天还算顺利地走到了桃园，找了家看起来干净的旅馆，过了一夜。因为身体的疲劳，两人很快就沉沉睡去。第二天一早醒来，路过快餐店，小杰吃了爱吃的蛋堡，王十勤喝了必喝的咖啡，两人精神抖擞继续上路。

虽然出发前宣称“不需要人陪”“已经长大了”，真的有个人跟在身边做伴，感觉其实没有原先想的那么差。但是，这样的心理转变，小杰是不肯轻易承认的。他仍然戴着耳机，前一夜充饱电的音乐播放器正大声播放着心爱的歌。沿途偶尔经过一些槟榔摊，里面有女生穿着清凉服装，小杰尴尬地别过头去，却又不禁想：柯于灵现在应该正在上课吧？在上哪一堂课呢？语文？英语？体育？

这一刻，他才忽然感觉到自己真正从一种惯性中抽离开来了。摆脱了学生的身份，离开了妈妈的照顾，成为一个“在路上”的人。那滋味，真的有些特别。

王十勤似乎总维持着相当适当的距离。小杰走得快些，他就跟着快些；小杰脚力乏了，他就自动调慢了步伐。偶尔看见便利店，两个人也还算有默契，为走路设下适当的休息空当。

虽然交谈得不多，但王十勤看起来相当自在。当小杰停下来，说要帮路边一架用废铁组成的变形金刚画素描时，王十勤就自己去附近兜兜转转，等小杰画完了，他也刚好出现，二人脸上挂着微笑，继续向前走。

终于，在夜幕降临时，抵达了预定停留的湖口乡。

两人逛过老街，决定吃地道的客家菜：姜丝大肠、香煎台湾鲷、茶油炒饭、炒剑笋、老菜脯鸡汤……小杰胃口很好，吃个精光。

晚间，借宿老街附近一家老旅馆。为了避免背包过重，两人换洗衣服没有带太多，沿途必须自己洗衣服。两个人洗过澡，挤在小小的浴室里，把带来的洗衣粉装进空矿泉水瓶，用水冲开，小杰倒了些在袜子上，想随便搓搓了事。

王十勤看了，忍不住将他的袜子拿过来，示范着：“像袜子的底部，你得用手稍微搓一下才会干净。”

小杰有点害羞地说：“好，我自己来。”又把袜子给拿了回来，使劲地搓了起来。费了一番工夫，总算顺利完成。王十勤帮忙把水拧干之后，为了能干得更快，还用大浴巾将衣服包裹起来，请小杰拿着一端，他自己执起另一端，朝反方向用力拧。最后，将洗好的衣服用旅馆里的衣架一一晾起来，让空调将它们风干。

终于完成生平第一次洗衣，小杰满足地坐在床沿上，边喝着可乐，边打量着旅馆的内部摆设，忍不住说：“这家旅馆应该比我的年纪还大……”

“这不稀奇，”王十勤接着说，“它极可能比我的年纪还要大！”

小杰忍不住扑哧一笑：“真想不到，旅馆居然是你的前辈……”

第二天早上，吃了包子和豆浆，两人准备上路前，小杰有点迟疑——是否应该跟王十勤聊聊天呢？他每天跟着自己这样走，会不会无聊？

但想了好一会儿，终于还是戴上了耳机。

这一天，预计要从湖口走到头份。

只是，少了刚上路时的新鲜感，每天行走好几万步带来的疲惫也渐渐发酵。虽然精神还不错，但背包很重，脚掌也磨破了皮。走着走着，倦怠的心情开始骚动，小杰越走越慢了。

“要休息一下吗？”王十勤问，“还是我帮你拿背包？”

小杰摇了摇头。

没想到，看似永远没有尽头的这一条路，渐渐与西滨公路贴近，只相隔约莫五十米，前方出现了海。

“是海！”小杰兴奋地摘下了左边耳机，往前跑去，一鼓作气奔上了海堤。放眼望去，一大片海埔湿地的尽头就是海。海堤虽然与海隔着一段不小的距离，但天气很好，漂亮的云朵飘浮在天空，大海看起来湛蓝无比。

一阵海风袭来。王十勤问：“今天气温比较低，风吹起来，凉意沦肌浃髓。要加件外套吗？”

“没关系，我还好。”小杰反问，“你刚说轮机夹谁？”

“沦肌浃髓，是渗透到肌肉和骨髓的意思。”王十勤说，“这个成语也用来形容对某件事感受深刻，或是接受了别人深厚的恩惠。”

小杰摘下另一边耳机，边听王十勤解释，边努力呼吸空气中潮潮的海洋气味。

王十勤也卸下了背包，眯起眼睛，望着晴朗的远方。

一只海鸥悄悄振起翅膀，从他们并肩眺望的身后飞过，然后飞过湿地，飞向最蓝的海。

沦肌浃髓

【成语出处】	《淮南子·原道训》
	不浸于肌肤，不浃于骨髓。
【成语释义】	原意为渗透到肌肤、骨髓。后比喻感受深刻或受到深厚的恩惠。
【近 义 词】	浃髓沦肤、铭心刻骨
【反 义 词】	无动于衷

胸无点墨

肚子里没东西，不就是很饿吗……

感谢那片海。

原本禁锢在盆地里的身体，好像被释放了。

小杰将 iPod shuffle 暂停，不再总是戴着耳机。偶尔看到特别的风景，比如造型奇特的房子，或是没见过的树，便转过头跟王十勤分享一下。也聊一些同学间发生的趣事，像是“圣人”的格言强迫症、阿军的电影中毒、重度哈日的吴凤老师，还有“无双”的国士……

王十勤津津有味地听着。

路永远往前延伸，这是小杰感受最深的事。他们走着走着，经过乡村，经过城市，经过稻田，经过商店，经过白天，经过黑夜……原来，这个世界，是只要你愿意跨出步伐，就有路等着。密密麻麻、通向无数目的地的路，如同这座岛屿的血管。

接下来的几天，又从头份走到了后龙，然后是大甲，然后是丰原。

原本小杰有些害羞地称呼王十勤为“王叔叔”，王十勤却觉得不用这么拘谨：“就叫我十勤啊，像朋友一样。”

小杰想想，叫他“十勤”也好。“十勤”的身份很复杂，不如就去掉所有身份，事情可能会变得简单一些？

况且，这些天的相处，王十勤也真的毫无长辈的姿态。真要形容，应该比较像是一个体贴的大哥哥吧！

一路上，他们都沿着一号省道走，原本过了大甲应该往清水前进。王十勤特意拐了个弯，带小杰来到丰原。这一天，出发得较早，所以抵达丰原时天色仍亮，小杰忍不住问：“我们再往下走一段？”

好像走上瘾了一样。

“要不要去谷关温泉看看？”王十勤提议，“我们从这里搭车去，回程再搭车到台中，然后继续往南走。”

别说是谷关温泉了，就连离台北较近的马槽温泉小杰都很陌生。几次跟妈妈出游，也多半是大城市，像东京、巴黎，都没有泡温泉的机会。

带着一点点好奇，小杰点了点头。搭上大巴，经由山路来到谷关。因为非周末，顺利地要到了一间空房，两人晚餐后便在附近散散步，空气很清新。接下来，当然要试试温泉啦。饭店里有装潢得颇为典雅的露天水池，小杰有点紧张地跟着王十勤行动，把衣服脱掉之后，置入附有钥匙的小柜——老实说，要赤身相对，小杰实在很害羞，记忆中，他也没有跟爸爸一起洗过澡。

小杰拎着毛巾，跟在王十勤身后，走进了热气弥漫的大众池。简单梳洗之后，王十勤挑了一个人少的角落，先试了水温，然后就放心地将整个身体慢慢浸入水里。小杰也依样学样，想赶快将整个人浸入水里，避免赤裸相对的尴尬。没想到，脚才伸入水中，小杰马上惊呼："好烫！"又整只脚缩了回来，犹豫地蹲在池边。

王十勤哈哈大笑："慢慢来，再过一会儿就能适应了。"

王十勤挑的角落，离泉源出口较远，温度已稍稍低些。花了一点时间，慢慢习惯水温之后，小杰也能下水了。

把整个身体浸入水里，好像被谁暖暖地拥住一样，血液循环变得很快，这些天走路的疲劳似乎逐渐减轻。

热气氤氲中，王十勤问：“还可以吗？”

小杰点了点头：“很舒服。”

“小时候，我爸偶尔也会带我来。”王十勤说，“那时我就想，这么热，我才不要泡。没想到后来一泡就上瘾了。”

“你从台北来这里泡温泉？”小杰问。

“不，我是台中人。高中毕业后才搬到台北去的。”话匣子打开了，他又接着说，“之后就在台北住下来了。念完大学，去当兵，退伍后开始工作。”

“所以，你从那时就开始开出租车吗？”因为太热，小杰已经满头大汗，起身在池畔稍坐一下。

“我一开始是在出版社当编辑，”王十勤也跟着起身，温泉水因此波动着，“后来妈妈生了重病，需要更多的薪水付医药费，也需要更有弹性的工作时间，所以我才改行开出租车。”

小杰的脚仍浸在温泉里，认真地听着。

“我一直对写作很感兴趣。”王十勤继续说，“本来觉得自己胸无点墨，见闻又不广，开出租车后却听了好多故事……我妈后来过世了，隔一年，我爸也跟着过世。我还是继续开出租车，希望有一天，能把那些听来的精彩故事变成我的故事，最后把它们写出来。”

“胸无点墨是什么意思？”小杰问。

“胸无点墨就是肚子里没什么墨水的意思，我是觉得自己书读得太少啦。”王十勤笑说，“虽然如此，我还是很喜欢买书、读书。”

“你要是吴凤老师的学生就好了，她一定会很高兴。”小杰说。

“为什么？”王十勤不解地问。

“因为她很喜欢鼓励我们多读文学书。”小杰笑着说，“她最爱说：‘文学最大的用处就是没有用处。’”

“我当学生时很浑，喜欢逃学。”王十勤说，“所以她可能会很头痛。”

“十勤，”小杰想了一下，说，“胸无点墨也可以用来形容肚子饿吗？肚子里没东西，不就是很饿吗……”

“好像没有人这样用。”王十勤望了一下满头大汗的小杰，“不过，你是不是肚子饿啦？”

小杰有点尴尬地点了点头。

“我们收拾一下，回房间吧。”王十勤拉着他起身，“泡温泉本来就容易肚子饿，先喝点水，刚刚你在外面画素描的时候，我已经去附近的商店买好泡面啦。”

“你太厉害了。”小杰惊讶地望着他。

王十勤边用毛巾擦干头发，边笑说：“每次泡完温泉，我的肚子也都好饿啊。”

胸无点墨

【成语出处】	《五灯会元》
	匙挑不上个村夫，文墨胸中一点无。
【成语释义】	意指读书太少。
【近 义 词】	不识之无、目不识丁
【反 义 词】	博学多才、满腹经纶、满腹珠玑、学富五车

按图索骥

旧的方式并不适用于现在……

第二天一早，王十勤和小杰又意犹未尽地泡了一次温泉。天色渐亮，飘着山岚，露天水池的人也没那么多。谷关温泉属弱碱性碳酸泉，没有吓人的硫黄味，感觉很好。吃过早餐，两人搭车前往台中。

“一大早泡温泉，好像精神特别好。”小杰望着窗外的山谷，绿意蓊郁，因为阳光被云朵遮住的缘故，山峦上形成了一些阴影。

“要是每天起床都有温泉可以泡，大家或许就不会赖床了。”王十勤边说边从背包中找出一张手绘地图，“待会儿到了台中，我一定要按图索骥，带你吃遍我小时候最爱的小吃！”

“暗图所记？”小杰研究起那张斑驳的手绘地图，“意思是，你这张地图上做了很多标记的暗号？”

“哈哈，不是这个意思。西汉有个人名叫梅福，他看见朝廷做事专断，甚至沿用过往择才的方式，不肯改变。于是，他就上书，直言劝谏这种做法就好像拿着周朝人所画的马，到现在的市场里去寻找千里马一样，当然会找不到。”王十勤解释，“因为，时间、空间都已经改变了，旧的方式并不适用于现在。”

“那我们按图索骥，会不会也……”小杰话说了一半。

“你很聪明。”王十勤说，“本来这个成语用来比喻做事拘泥成规，呆板不知变通。不过，它也可以形容按照所掌握的线索来办事。”

“也就是，我们要照着这张地图，一家一家去吃的意思吗？”

“没错！”王十勤露出“孺子可教也”的满意笑容。

所幸，卖蜜豆冰、肉包、意面、卤肉饭、麻叶羹、豆花的店都仍“健在”，小杰每样都赞不绝口，把肚子吃得鼓鼓的，两人才继续上路。

途中，还经过了王十勤的母校。

“等我，我想画一下。”小杰望见校门口有一棵很漂亮的雨豆树，正值开花期。据说以前王十勤在此就读时，它就这么高了。经过这么多年，这棵树既没有变高，也没有变矮。小杰专心画着素描时，王十勤偷偷在旁边拍下照片。

多年以后，这会是值得记忆的一刻吧？

从台中走到草屯，住了一夜，然后，就一步一步往埔里迈进了。

上路以来，每晚睡前，王十勤都会拨电话跟小杰妈妈报个平安，也让小杰跟妈妈说说话，复述一下当天的行程。而小杰妈妈总会仔细弄清楚他们所在的位置，她还得跟阿嬷汇报呢！

“阿嬷说，我怎么会连头份跟后龙属于同县市都搞不清楚……”妈妈笑着说，“所以我学聪明了，我买了份地图，把你们走过的地方，用红笔画起来。”

也因此，经由这样的层层汇报，阿嬷当然比卫星导航系统更清楚小杰大概几时会到达埔里啦。果然，当王十勤随着小杰的指引，走进熟悉的巷弄，阿嬷已经等在门口了。

“阿嬷！”小杰三步并作两步，飞奔过去。

“小杰，你曝甲乌墨墨（晒得好黑），我拢认袂出（完全认不出）你喽。”阿嬷说，转头看见王十勤比小杰还黑，“噢，你曝甲比小杰阁较乌（晒得比小杰还黑）！”

王十勤脱下帽子，笑着问候：“阿嬷，你好。”还递上了在台中买的伴手礼。“哎呀，搁真厚礼。”阿嬷赶紧把两人带进屋子里，对王十勤说：“这摆，真正有够多谢你。我听伊妈妈讲伊想欲走路转来埔里，我足紧张，想讲一个囡仔哪有可能行遐迩（那么）远的路。好佳哉（还好）有你，哪无，实在不知欲按怎（怎么办）！”

“阿嬷你放心啦，小杰很乖。”王十勤说。

“你拢不知影（你都不知道），日时哪伤紧张（太紧张），暗时就会困无眠（失眠）。”阿嬷扶了扶老花眼镜，想起了什么似的，“我真失礼，灶脚有准备水果、茶水欲呼恁呷，拢袂记得（都忘了）。”

说着，就请王十勤先在客厅休息片刻。其他的人，要么上班，要么上学，只剩她在家。阿嬷要小杰到厨房帮她端水果。

“你先捧这杯茶去乎王先生饮。”阿嬷说着，然后就开始利落地切起奇异果。小杰端了茶，又跑回厨房，看见阿嬷的手上虽然布满粗茧，却可以准确地给奇异果削好皮，甚至不用砧板，直接切分成小块，忍不住赞叹：“阿嬷，你真正有够厉害！我拢袂晓切水果。”

“小杰，阿嬷已经遐迩老啊，你一直甲我呵啫（夸奖），我嘛是会歹势（我也会感到不好意思）。”

“真的啦。”小杰望着阿嬷说。阿嬷熟练地用刀切完奇异果，又开始切梨子。

“小杰啊，我有话欲甲你讲。”阿嬷装作不经意地，边切水果边说，“我听你妈妈讲，这位王先生，有打算欲甲伊结婚。但是，听讲你不欢喜。”

小杰垂下了眼睛，没说话。

“彼阵（那时）你抑搁真小汉（还很小），不知影厝内的状况，”阿嬷的声音听起来很温和，“其实当初你爸爸欲甲你妈妈结婚，女方的家长真无谅解（理解），嫌你爸爸画图赚没钱，不放心将你妈妈嫁乎伊。”

“我没听妈妈讲过。”小杰说。

“可是你妈妈真坚持，伊讲伊有在教书，会晓赚钱，伊会当（可以）照顾全家伙。”阿嬷接着说，“好佳哉有你妈妈，你爸爸才会当放心画图，慢慢画出淡薄仔（一点点）名声。谁拢想袂到，竟然就遇到大地动（地震），你爸爸遐迩仔少岁就来过身（这么年轻就过世了）……你妈妈一个人把你饲大汉（养大），真正足辛苦，今马（现在）既然伊有幸福的机会，阿嬷欲来拜托你，你一定要支持伊，哪无（要不然），阿嬷实在足对不起伊……”

说着，阿嬷渐渐哽咽了。

望着阿嬷，小杰仿佛下定了决心似的："阿嬷，我知影（知道）。我已经长大了，我不会再让你们烦恼。"

按图索骥

【成语出处】《汉书·梅福传》
今不循伯者之道，乃欲以三代选举之法取当时之士，犹察伯乐之图，求骐骥于市，而不可得，亦已明矣。

【成语释义】比喻做事拘泥成规，呆板不知变通。后亦比喻按照所掌握的线索办事。

【近 义 词】按迹循踪、顺藤摸瓜

【反 义 词】大海捞针、无迹可寻

恒河沙数

一滴眼泪像流星般滑过左颊……

小杰帮忙把水果从厨房里端出来，脸上的神情一时还来不及调整，王十勤觉得有些怪怪的，但也不方便多问。

吃完水果，阿嬷拿出事先准备好的一张地图，是之之、轩海依照大伯的口述精心完成的。上头的商店、图书馆、酒厂、饭店、餐厅、庙宇，全都有着小巧可爱的造型。路旁偶尔还点缀着一两棵树，河流、青山也都涂上了漂亮颜色，地图上的箭头清楚标示出如何从阿嬷家，走到小杰小时候居住的地方。

于是，王十勤和小杰带着一点紧张和兴奋出发了。

“不知道会变成什么样……”小杰已经抹去刚刚脸上的飘忽神色，眼神重新变得澄净，好像要去见一个老朋友般，笃定地前进着。

“你想象过它的样子吗？”王十勤问。他原本想问“刚刚阿嬷跟你说了什么”，却终究还是没有问出口。

“我只记得，那时候到处是散落的石块，整个房子摇个不停。”小杰说，“所以，它现在应该是一片废墟吧。毕竟，我们再也没有回来过。屋子毁了，听说邻居也都搬走了。”

对一个只有四岁的孩子来说，那似乎是一段太伤痛的记忆了。王十勤忍不住伸手搭着小杰的肩膀，给他力量。

“好像再转两个弯就到了！”小杰比对着手上的地图与眼前的路标，脚步突然放慢，忍不住深吸一口气，再一步一步沿着指示，往前走去。

“我对这一片红砖墙有印象。”小杰说，“我记得有一次在这里看到一只蝴蝶，很高兴，不肯走。我以为蝴蝶是从砖墙里孵出来的，硬要在那里站着看，天黑了都不肯回家，妈妈很生气，叫爸爸硬把我拖回家……如果没有记错，我们就住在砖墙的右后方。”

砖墙只剩半堵，但视线被一面新盖的水泥墙遮住，在墙的后方，那属于小杰记忆的起点，现在变成什么样了呢？

小杰轻轻小跑步起来，弯向右侧的小路，出现在眼前的竟然是——

一片宽阔的草地。

夕阳的光线柔和地映照着，透着一点金黄色，草地一直连接到后头的山脉。放眼望去，没有破损的房子，也没有被修复的痕迹，这块土地，重新获得了生命。

小杰往前走了几步，不太确定地又回头看看："应该就是这里吧。"

"这里？"王十勤不太懂他的意思。

"地图上说，从红砖墙进来之后，大约十步的距离。"小杰把地图递给了王十勤，眼睛里似乎汪着一点泪光，"我从来没有想过，这里成了一片草地。"

夕阳照着他们，在草地上拉出了倾斜的影子。

"十勤，可以帮我吗？"小杰从背包中取出一幅画，因为没放进画筒，稍微有些折到了，但是小杰并不在意，"我想把这幅画，埋在这里。"

王十勤摊平了画作，那些深深浅浅的黑色线条、躺着的人所仰望的黑色天空和黑色云朵仿佛就要从纸上倾泻出来……

两个人到附近找了一些扁长尖细的石块，笨拙地挖着土。

可能是工具不佳，挖了好久，直到夕阳偷偷坠落，天空挂上夜幕，黑色像颜料泼在两人身上，才终于挖出一个浅洞。

小杰细心地将画埋好，再将土一抔一抔地覆盖上去，双手都因此沾满了泥沙："这幅画，是送给爸爸的。"他轻轻地说。

"爸爸一定会很开心。"要不是因为手太脏，王十勤很想摸摸小杰的头，给他一个最饱满的微笑。

小杰将背包卸下，整个人侧躺在新覆好的泥土堆上，试着揣摩当初他所看到的画面，没想到，当视线与天空正面相对，映入眼中的竟是无数发光的星星。

"好多好多星星！"小杰惊呼。

王十勤也躺了下来，望着天空："真的！真的多到恒河沙数。佛经里形容数量很多，就说像是印度恒河里的沙一样多到不可计数。”

小杰望着星空，它确实像是一条挂在天上的河。

一切是这么不可思议。

“知道吗？这些年，你妈妈其实很自责。她总是忍不住想，如果那天，她没有回娘家，而是待在家里，是不是就可以帮上忙？不会让爸爸独自照顾你，甚至在地震中丧失了生命。”王十勤说，“但是，这些心情，她根本不敢对你说。”

“为什么？”小杰问。

“她说，地震之后好长一段时间，你都不哭不闹，只是静静坐着，在画纸上画着黑漆漆的图。直到有人大声唤你，你才好像从睡梦中醒过来一样，问着‘爸爸呢’，你妈妈听着，心里面总是好难过……”

这么一说，小杰才忽然发现，自己真的不太记得地震后所发生的事了。记忆总是只停留在那一片阴影般覆盖着的印象里。他还记得，一阵巨响传来，紧接着是剧烈而可怕的摇晃，爸爸紧紧抱着他，整个屋子就像游乐场里最恐怖的游乐器材，不断上下摇晃。

后来，是谁救出了他，他一点印象也没有了。

眼睛里的最后一个画面：天是黑的，地是黑的，星星也是黑的，就像坏掉了一样。

“我想，我那时候不明白，为什么一场大地震过后，爸爸就从世界上消失了？”小杰轻轻地说，“为什么，爸爸没有带我一起走？”

王十勤望着小杰，不禁想，这十年来，他一直把这样的伤痛藏在心里吗？他忍不住有些鼻酸地说：“我想，那一定是因为爸爸希望你好好长大，替他经历他不曾经历过的人生。”

小杰在黑暗中点了点头。一滴眼泪像流星般滑过左颊。

春天的风一吹动，草地上就有了浅浅的波浪。

他们一起躺着，看天上恒河沙数的星星。

原来，星星并没有坏掉，只是躲起来了。

恒河沙数

【成语出处】《金刚般若波罗蜜经·无为福胜分第十一》

以七宝满尔所恒河沙数三千大千世界，以用布施。

【成语释义】就像印度恒河的沙一样多到不可计数。形容数量极多。

【近 义 词】不可胜数、多如牛毛

【反 义 词】凤毛麟角、寥若晨星

成语录

【人生的转折点】

不胫而走：比喻事物不用推广，也能迅速传播。

饮鸩止渴：比喻只求解决眼前困难，而不顾将来更大的祸患。

心猿意马：心思如猿猴跳跃、快马奔驰般难以控制。比喻心思不专注集中。后亦用于比喻心意反复不定。

口蜜腹剑：形容一个人嘴巴说得好听，内心却险恶，处处想陷害人。

掷地有声：比喻文章文辞优美，后用来形容语言铿锵有力。

夜郎自大：比喻骄傲无知的肤浅自负或自大行为。

【心中的那片草原】

心有鸿鹄：形容工作或学习不专心。

国士无双：一个人的才智极为高超，而且在这一国之内无人能出其右。

众口铄金：比喻众口同声，往往可以混淆视听。

生我劬劳：意指父母生养儿女极为劳苦。

插科打诨：本指戏剧表演时，以滑稽的动作或言语引人发笑。后泛指引人发笑的举动或言谈。

三纸无驴：讽刺写文章废话连篇，不着边际，不得要领。

奇货可居：比喻利用某种专长或有价值的东西来谋利。

色厉内荏：形容外表严厉而内心怯懦。

削足适履：鞋小脚大，故将脚削小以适合鞋的尺寸。比喻拘泥成例，勉强迁就，而不知变通。

【星星之屋的回忆】

沆瀣一气：泛指臭味相投的人结合在一起。

与虎谋皮：比喻商量的事与对方有利害冲突，事情必办不成。

秉烛夜游：感叹时光易逝，须及时行乐。

色衰爱弛：指靠美貌得宠的人，一旦容颜衰老，就会遭到遗弃。

玩岁愒日：意指贪图安逸，虚度光阴。

野人献曝：比喻平凡人所贡献的平凡事物。

鹑衣百结：形容衣服破烂不堪。

巴蛇吞象：比喻过分贪心。又作“人心不足蛇吞象”。

生灵涂炭：形容人民处于极端艰苦的困境。

【追寻记忆的起点】

风行草偃：比喻在上位者以德化民。

引婴投江：讽刺那些不能因时而变的迂腐之徒。

沦肌浃髓：原意为渗透到肌肤、骨髓。后比喻感受深刻或受到深厚的恩惠。

胸无点墨：意指读书太少。

按图索骥：比喻做事拘泥成规，呆板不知变通。后亦比喻按照所掌握的线索办事。

恒河沙数：就像印度恒河的沙一样多到不可计数。形容数量极多。